LA NOCHE NO SERÁ ETERNA

Oswaldo Payá Sardiñas (La Habana, 1952-2012). Intelectual y líder cívico cubano, profesor de Física e Ingeniero en Telecomunicaciones. En 1988 fundó el Movimiento Cristiano Liberación, que en mayo de 2002 entregó a la Asamblea Nacional cubana las 11.020 firmas necesarias en apoyo al Proyecto Varela: una iniciativa ciudadana para solicitar un referendo a favor de las libertades fundamentales del individuo y en contra del régimen totalitario cubano. En octubre de 2003 el MCL, a pesar de la represión del régimen castrista, logró entregar otras 14.000 firmas al parlamento nacional. Fue el ganador del Premio Sájarov 2002 del Parlamento Europeo a la Libertad de Conciencia. En el 2005 se le otorgó el título de Doctor en Leyes *Honoris Causa* por la Universidad de Columbia, Nueva York. Fue nominado cinco veces al Premio Nobel de la Paz. El domingo 22 de julio de 2012 fue asesinado junto a su joven colaborador Harold Cepero Escalante (1980-2012), en un atentado ejecutado por la Seguridad del Estado del régimen cubano.

Oswaldo Payá

LA NOCHE NO SERÁ ETERNA

Peligros y esperanzas para Cuba

De la presente edición, 2018:

© Ofelia Acevedo Maura, viuda y albacea de Oswaldo José Payá Sardiñas
© Editorial Hypermedia

Editorial Hypermedia
www.editorialhypermedia.com
www.hypermediamagazine.com
hypermedia@editorialhypermedia.com

Edición: Editorial Hypermedia
Diseño de colección y portada: Herman Vega Vogeler
Corrección y maquetación: Editorial Hypermedia

ISBN: 978-1-948517-06-5

PRÓLOGO

Dos amigas nuestras —tanto de mi esposo como mías—, quienes han trabajado duro para que este libro llegue un día a publicarse, opinan que soy yo quien debe escribir este prólogo. No estoy segura de que sea una buena idea, pero voy a intentarlo.

Recuerdo tantas conversaciones entre Oswaldo y yo acerca de la necesidad de que él empezara a escribir. Hasta título le había puesto a un primer libro, hace ya unos diecisiete años, que nunca llegó del todo a concretar.

Oswaldo Payá Sardiñas trabajaba diariamente como ingeniero especialista en electromedicina, profesión que disfrutaba y amaba, pero su labor al frente del Movimiento Cristiano Liberación, no solo en la dirección y coordinación del trabajo, sino también en la búsqueda incesante de caminos pacíficos que permitiesen a los cubanos conquistar los derechos fundamentales que nos han sido negados por la dictadura castrista, fue su verdadera vocación, para la cual se preparó desde muy joven, y a la cual sentía el deber de consagrarle todos sus esfuerzos.

De ahí la fuerza de su liderazgo, que trasmitía confianza, seguridad y optimismo a los que lo escuchaban, devolviéndoles una nueva esperanza. Hasta nuestra casa llegaban personas buscando consejo u orientación ante los más diversos conflictos humanos. Oswaldo trataba de atenderlos, la mayoría de las veces en detrimento de su necesario descanso y del compartir familiar. Él lamentaba profundamente no poder ofrecer a nuestros hijos todo el tiempo que necesitaban y que él deseaba darles.

Siempre supimos lo mucho que Oswaldo nos amaba y, también, que todo el sacrificio de su vida era primeramente para que nuestros hijos pudieran vivir en libertad y paz en la tierra que Dios nos había regalado como hogar. Fuimos muy felices, disfrutamos cuanto pudimos nuestra vida familiar. Él estuvo siempre ahí para nosotros. Y aun lo sigue estando, porque en Dios nuestro amor permanece más allá de la muerte. Por mucho que aun nos cuesta entender algunas cosas.

Trascurrían los días y, cada vez que podía, Oswaldo se sentaba a anotar las ideas que le interesaba abordar. Yo sentía que era esencial que él escribiera el libro, y él también lo sentía así. Me apenaba lo abrumado que siempre estaba. Ante tantos planes que aspiraba a desarrollar, se le hacía difícil hallar el tiempo concreto para escribir. Recuerdo las veces que yo le insistía diciéndole: «Oswaldo, mi amor, con lo que has escrito basta para varios libros. Por favor, empieza ya a darle forma al primero. Dedícate al libro».

Pero para él la urgencia era otra: la necesidad, cada vez más apremiante, de lograr movilizar al ciudadano común en la toma de decisiones políticas. El Proyecto Varela lo logró y el impacto que produjo sobre la dictadura pudimos comprobarlo por la desmedida respuesta del régimen. Era esa la clave.

No fue hasta el año 2011 que Oswaldo comenzó a seleccionar las ideas y a decidir el objetivo de este primer libro, cuyo propósito no es otro que, como él mismo explica, «el de ayudar a descubrir que sí podemos vivir el proceso de liberación y reconciliación y caminar al futuro en paz».

«Hay que llegar con este mensaje al pueblo, devolverle la confianza es nuestro reto», me decía Oswaldo. Por eso es urgente explicarles a todas esas personas que, dentro y fuera de Cuba, se preguntan «¿por qué los cubanos han soportado tanto?». Porque ya son muchos los años que llevamos sometidos al aislamiento informativo, debido al control absoluto de todos los medios de difusión en manos del estado comunista, que se ha encargado de imprimir en las mentes de los ciudadanos la idea negativa, ilegítima y antisoberana de que ese régimen es perpetuo, arruinando así la esperanza de los individuos de que vendrán verdaderos cambios por los que ascenderemos a una vida plena. Por eso, como decía Oswaldo: «para encontrar una respuesta, primero hay que comprender y conocer cómo hemos vivido los cubanos hasta hoy». A ese desafío se enfrentó mi esposo cuando decidió el tema de este libro.

Evoco, ahora con dolor, lo que le dije cuando elaboró la declaración *No al cambio fraude, sí a la Liberación*: «Oswaldo, por esto vamos a pagar un precio muy alto... Para un poco, dedícale el tiempo que puedas al libro». A pesar de tener conciencia plena de lo que significa en Cuba trabajar por los derechos humanos y la democracia con honestidad e independencia, sabiendo del inmenso peligro que corría, de las amenazas contra su vida proferidas por la Seguridad del Estado, y del aumento de la vigilancia sobre nosotros, cuán lejos estaba yo de imaginar, cuando le dije aquello, que en pocos meses sería la muerte el precio que le anuncié aquel día.

Y fue así que Oswaldo logró por fin terminar este libro. Lo hizo al tiempo que elaboraba documentos públicos, a nombre del Movimiento Cristiano Liberación, donde defendía siempre la verdad y los derechos de los más pobres y marginados, contra aquellos poderosos que, amparados en las desventajas que como ciudadanos tenemos los cubanos, tratan ahora de fabricar un falso nuevo orden dentro del sistema, al que él denominó el Cambio Fraude.

Mi esposo Oswaldo Payá vivió en coherencia con su pensamiento. Asumió las limitaciones, exclusiones y discriminaciones que sufren todos aquellos que en Cuba no se someten ni por el chantaje, ni por el miedo. Sabía de los riesgos que conlleva buscar la verdad y la justicia, sobre la base del perdón auténtico y la reconciliación, dentro de un régimen que se cree dueño absoluto de la vida de cada ciudadano y al que solo le interesa conservar el poder a toda costa.

Por eso a finales de 2002, en su discurso de aceptación del Premio Sájarov a la Libertad de Conciencia, en el Parlamento Europeo, Oswaldo Payá expresó: «La primera victoria que podemos proclamar es que no tenemos odio en el corazón, por eso decimos a quien nos persigue y a los que tratan de dominarnos: *Tú eres mi hermano, yo no te odio, pero ya no me vas a dominar por el miedo, no quiero imponer mi verdad ni que me impongas la tuya, vamos juntos a buscar la verdad.* Esa es la Liberación que estamos proclamando».

Yo, y también todos los que lo conocieron, sabíamos que él había escogido libremente ese camino como consecuencia de su fe en Jesús. Y, como Jesús, que Oswaldo estaba dispuesto a dar su vida luchando por dejar a sus hijos y a su pueblo un mundo mejor al que él encontró. Oswaldo tenía la certeza absoluta de que es posible y es lo que Dios quiere para todos nosotros. Esa era también la certeza que motivaba la vida de Harold Cepero: su vocación política al servicio de su pueblo lo llevó a abandonar el Seminario donde estudiaba para sacerdote y retornar al MCL. Harold solía acompañar a Oswaldo en los viajes por casi todo el país, a medida que iba creciendo y consolidando su liderazgo dentro del Movimiento.

Cuando la tarde del 22 de julio de 2012 recibí desde Madrid la noticia de lo que le había ocurrido al auto en que Oswaldo Payá y Harold Cepero viajaban, mi corazón supo inmediatamente lo que mi mente se negaba aceptar, porque siempre pensamos que a las personas que amamos nada malo les puede ocurrir. Pero ya todo estaba previsto aquella tarde por los asesinos desde el poder.

Mis hijos quedaron huérfanos. Los padres de Harold perdieron a su querido hijo mayor. El Movimiento Cristiano Liberación perdió a su fundador y Coordinador Nacional, y a uno de sus jóvenes más queridos y prometedores, miembro también del Consejo Coordinador.

La oposición pacífica perdió ese día a un líder genuino, el arquitecto e impulsor principal del Proyecto Varela, quien siempre defendió a la oposición como la auténtica vanguardia en la lucha por los cambios, más allá de calumnias y suplantaciones, y quien siempre buscó caminos, no siempre debidamente reconocidos, de unidad y de consenso. Ahí están las iniciativas ciudadanas Todos Unidos, Base Común, Unidad por la Libertad, y Unidos en la Esperanza, un fruto del Diálogo Nacional.

El pueblo de Cuba perdía ese día al luchador incansable por el derecho a los derechos de todos los cubanos. Un hombre que siempre mantuvo la esperanza y la confianza en su pueblo, la certidumbre de que entre todos podemos decidir, diseñar y construir un futuro de libertad y paz «en esta tierra hermosa que Dios nos dio», según sus propias palabras.

En cuanto a mí, yo perdí al hombre maravilloso con el que decidí compartir para siempre mi vida.

Ahora no contamos con su voz, la que nos trasmitía esos mensajes llenos de optimismo y esperanza que tanto nos animaban, pero en este libro suyo Oswaldo Payá nos invita a mirar hacia el futuro con confianza, a mantener viva esa esperanza, y darnos cuenta de que podemos por nosotros mismos salir del marasmo donde la dictadura cubana quiere vernos hundidos. Porque la solución está en nuestras manos. Porque el Camino del Pueblo ya está trazado.

Ofelia Acevedo Maura
La Habana, 22 de noviembre de 2012

AGRADECIMIENTOS

Somos pocas las personas que conocíamos que mi esposo estaba escribiendo un libro. Inicialmente solo yo, y mi trabajo consistía en animarlo, fundamentalmente. Durante este periodo Ernesto Martini (Fredy) con infinita paciencia, escribió las lluvias de ideas que Oswaldo le dictaba. Gracias, Fredy.

Cuando Oswaldo lo dio por finalizado, fue una amiga nuestra, que prefiere el anonimato porque vive en Cuba, siempre tan discreta y tan capaz, quien lo acogió en sus manos para organizarlo y revisarlo. Ella le dedicó muchas horas de agotador trabajo, según los criterios por él orientados, y entre ambos trabajaban para ponerlo a punto, cuando ocurrió el atentado contra Oswaldo. Pasado un tiempo, decidí que era muy necesario terminar su trabajo y darlo a conocer, y me incorporé como pude a dicha empresa, pero fue ella la que magistralmente logró completarlo y ordenarlo, respetando con sumo cuidado no alterar las palabras ni el mensaje que quería trasmitir Oswaldo en su libro. Ella sabe que mis hijos y yo le agradecemos mucho todo el tiempo que dedicó.

Qué decir de nuestra querida amiga María Cristina Pulido, a ella le tocó la revisión final. Te agradeceremos siempre las noches que dejaste de dormir para revisarlo una y otra vez, en los únicos momentos que podías dispensar. Gracias por tu fidelidad, cercanía y acompañamiento a nuestra familia. No tenemos forma de compensar tanta disponibilidad. Por todo, gracias, Mary.

También a nuestros amigos y editores Juan Carlos Nieto y su esposa Mar Bermejo. Ellos, con mucha generosidad, hicieron todas las correcciones ortográficas y tipográficas, y finalmente editaron excelentemente este libro. Gracias amigos míos, por su trabajo y sus afectos.

Gracias al pequeño grupo de religiosas y sacerdotes que conocían de esta empresa, y quienes, con sus oraciones y acompañamiento, aportaron la alegría y la fortaleza necesarias para concluir esta obra, en medio del dolor que nos embargaba. Siempre están en nuestro corazones.

Gracias por adelantado a las personas que harán posible su publicación, los que conozco y los que no, mil gracias por todo.

Gracias al Señor de la Historia, que escribe derecho en renglones torcidos. En sus manos ponemos el inmenso esfuerzo que es este libro, escrito, finalmente, con mucha premura y terminado de un tirón, como quien presiente que se acerca la hora del poder de las tinieblas.

Ofelia Acevedo Maura

MI INTENCIÓN:

UNA REFLEXIÓN SOBRE CUBA EN ESTE MOMENTO CRUCIAL

Tal como dice el título de este libro, el pueblo de Cuba llega a este momento crucial de su historia teniendo ante sí, y viviendo, peligros y esperanzas.

Peligros, porque después de vivir esta experiencia de 53 años sin libertad, y en el momento de los cambios, el régimen sigue negando sus derechos y trata de imponer un cambio que es una nueva alteración. Este «cambio» es una deformación más, donde los pobres quedan pobres y los nuevos ricos más ricos y ricos únicos, todos sin derechos, ni libertad ni democracia.

Al mismo tiempo hay esperanzas, y de eso trata este libro. Porque sí hay alternativas de cambios auténticos hacia la libertad, hacia la democracia y hacia una sociedad más justa y humana, la cual podemos construir entre todos.

El peligro aumenta con el tiempo porque el régimen impone el cambio falso o deformado, valiéndose de toda la desventaja acumulada en el pueblo cubano en 53 años: la desinformación, el miedo hecho cultura, la pobreza, la dispersión, la desconfianza, la atomización, el síndrome de indefensión, la ausencia de sindicatos libres y organizaciones estudiantiles que respondan a la voluntad de sus miembros, la negación del derecho al pluripartidismo, un sistema legal elaborado para negar muchos derechos y un sistema de represión, control y vigilancia todavía eficaz. Se vale del miedo al régimen, del miedo al cambio, de la pobreza de la mayoría, de todas las deformaciones sembradas y mantenidas durante estos años por el propio régimen.

Entonces, el pueblo cubano tiene que preguntarse: ¿Qué pasó? ¿Qué era bueno y malo? ¿Qué potencialidades tenemos? ¿Por qué las cosas son así ahora?, e inclusive, ¿por qué somos o actuamos así? Una terapia eficaz, una solución justa necesita de la toma de conciencia del daño, de las causas del daño y de la posibilidad muy real de superarlo. Pero también es necesario denunciar ante cada uno de nosotros, ante todo el pueblo y el mundo, que 53 años sin libertad están siendo usados como recurso desleal para sentenciarnos a un futuro sin libertad. Es como una de esas galeras donde los remeros, con su esfuerzo, permiten que el barco avance, pero no pueden decidir el rumbo del mismo porque son esclavos y están en las fosas sin poder subir a cubierta. Entonces es el momento de cambiar el rumbo del barco, su tripulación y su comandante o capitán. Estos han mantenido a los pasajeros, que son los mismos remeros, esclavizados y sin poder decidir. ¿Por qué? Porque el nuevo rumbo que impone esa vieja tripulación y sus sucesores tampoco lleva a la libertad.

El libro no es toda la historia ni un tratado de cada tema. Existe la tentación, cuando se habla sobre cualquier tema de Cuba, de hilvanar asunto con asunto y querer decir todo de todo y decir todo de todos los tiempos. El ambicioso objetivo de este modesto libro es el de ayudar a descubrir que sí podemos vivir el proceso de liberación y reconciliación, y caminar al futuro en paz.

Más que hablar de partes, es importante que el lector transite sucesivamente cada tema y el conjunto, preguntando y dando respuesta a estas preguntas que propone el texto: Cubanos, ¿dónde estamos ahora? ¿Cómo llegamos aquí? ¿Adónde nos quieren llevar ahora? Y, ¿dónde queremos ir y cómo podemos ir?

El libro no es una revelación de sucesos alcanzados mediante la obtención de información sobre lo que se mueve o se movió en las altas esferas del poder, ni sobre chismes de palacio, porque de ninguna manera es esa mi esfera y nunca he tenido acceso a esos ámbitos. Ya mucho se ha hablado; digamos que hay saturación de libros y otros trabajos que tratan sobre los jerarcas del comunismo en Cuba, sobre la vida o muerte de Fidel Castro y sobre el mundo del palacio y los estados mayores. Todavía se hablará más, pero no en este libro.

Aquí hablaremos de lo que ha sufrido, soñado y vivido el pueblo. Porque este libro está escrito desde la vivencia de pueblo, de las víctimas y de su resistencia a los opresores. No tengo otra experiencia que la del cubano que ha vivido en Cuba con cada limitación, miedo y sueño de otros cubanos de a pie, y si tengo otra experiencia es la de rebelarme contra esa dominación.

Lo he escrito desde lo que hemos vivido y sufrido como seres humanos, y desde la esperanza de libertad y el espíritu de reconciliación y liberación que ya experimentamos los cubanos. Los cubanos de a pie, para decirlo más preciso.

Aunque el libro las contiene, vamos aquí mucho más allá de las descripciones, los relatos, los lamentos y las denuncias. Hay reflexión, análisis para facilitar lo que he llamado una «autoterapia».

Esta vez miramos al futuro con determinación. Tenemos una visión del cambio y del futuro, sabemos qué hay que hacer, cómo lograrlo, y que es posible lograrlo. Sí hay caminos pacíficos para el cambio donde los cubanos, con nuestra propia «autoterapia», nos curamos, donde reconociendo a cada cubano como hermano nos abrimos a la reconciliación y a la solidaridad, donde renaciendo en la esperanza nos levantamos y donde por amor a nuestros hijos, a la libertad y a la Patria, caminamos hacia los cambios y logramos, sin odio y sin miedo, nuestra liberación.

PREÁMBULO

Señoras y señores: aclárenme ustedes si comprenden mejor, pues no puedo conciliar la imagen que ofrece el gobierno sobre lo que era Cuba antes de la Revolución con el hecho de que, entonces, hubiese algo más de seis millones de personas vivas en este país.

Si los ricos eran una minoría, acaso unos miles, y si solo unas decenas de miles de habitantes pertenecían a la clase media, según dicen, no me explico: ¿Cómo los cubanos comían, tomaban agua y viajaban?, ¿dónde vivían, pues solo unos pocos tenían casas?, ¿cómo no se murieron todos de enfermedades si la atención médica era solo para los que pagaban?, ¿cómo había música y fiestas? y ¿cómo se vestían, pues casi todos debían andar con harapos excepto los ricos?

 De verdad que no me explico, siguiendo esa versión de la historia que me repiten desde hace 53 años, cómo la gente leía los anuncios y los catorce periódicos diarios que había tan solo en La Habana, pues, según cuentan, casi nadie sabía leer porque apenas había escuelas, y la mayoría de estas eran solo para ricos. ¿Cómo había tantos negocios y comercios, si los pobres no podían comprar nada y vivían, si es que vivían, todos en chozas? ¿Cómo se sostenían tantas emisoras de radio y canales de televisión, si solo unos pocos ricos las escuchaban y veían? Creo que había más de 25 emisoras de radio y cinco canales de televisión en La Habana. Seguramente eran para hacer «propaganda y trabajo» ideológico para la dictadura de Batista. Me pregunto si serían como las mesas redondas que trasmite la televisión ahora pero, claro, para apoyar la dictadura de Batista.

No sé ni cómo Cuba era un país, pues posiblemente, según esa versión «socialista» de la historia, todo se hubiera paralizado y la mayoría de la gente habría muerto.

Además, por lo que han enseñado en las escuelas y la propaganda revolucionaria, en aquel tiempo casi nadie era decente; la mayoría de las mujeres, que eran pobres, tenían que prostituirse para alimentar a sus hijos. ¡No entiendo nada! ¿Cómo se entretenía la gente si no tenía posibilidad de ir al cine, ni de tener radio ni televisión, ni de ir a bailes, pues estaban harapientos, ni de tomarse un refresco ni una cerveza porque nadie, excepto los ricos, tenía nada?

Y si hoy un refresco cuesta el salario de un día, entonces, seguramente, debía ser mucho más caro. Cuba, según afirman los ideólogos comunistas, que lo saben todo, era un gran prostíbulo y todos los comerciantes y funcionarios eran corruptos y ladrones; por eso la «Revolución» les quitó todo. Así que la Isla sería un caos donde todos los que podían andarían con pistolas y tirando tiros para imponer orden.

¿Cómo es que hay tantas y tantas casas y edificios bien hechos, bonitos y duraderos, y tantas ruinas?; muchas ruinas de lo que parece fueron instituciones, comercios, tiendas, fábricas, cines, escuelas, pueblos y barrios enteros. Ruinas de líneas de ferrocarril, de centrales azucareros, de casas de viviendas, de edificios de apartamentos, de conventos e iglesias que, según dicen, son de «antes de la Revolución». ¿Cómo hicieron todo eso en aquella sociedad llena de corrupciones e injusticias? Una resistencia sin igual del cubano frente a la erosión destructiva del comunismo.

¿Qué hacía la gente cuando se casaba, si no había permutas ni se construían barbacoas de dos pisos dentro de un apartamento de una sola habitación? ¿Cómo no se moría de tristeza al no tener una casa de una habitación donde vivir con sus padres, abuelos, hijos y nietos? ¿No? Hasta que llegó la Revolución y, según afirman los que dictan esa versión de la historia, todo fue creado.

Seguramente en tiempos de Batista muchos más cubanos huían clandestinamente en lanchas y balsas por la madrugada, porque seguramente el Departamento de Inmigración de aquella dictadura les negaba el permiso de salida o la tarjeta blanca, si es que era blanca en ese tiempo. Y seguramente para que los cubanos pudiesen salir del país debían pagar un impuesto mucho más alto que ahora, porque si ahora cobran 3.600 pesos, que son 150 CUC, que es el sueldo de 10 meses de un trabajador hoy día, el Departamento de Inmigración del gobierno de Batista, que era malo, cobraría mucho más por el permiso de salida, si es que lo daba. ¿O no? ¿Cómo era?

Ciertamente, antes de 1959 había pobreza, no pocos vivían en pobreza extrema, es verdad que no tan masivamente como ahora en el 2012, ni vivían con tanto hacinamiento, ni existían tantos barrios marginales, pero sí había pobreza, miseria y mucha. Ni había tanta prostitución como ahora, pero la había y era horriblemente penoso, no como ahora, que es un verdadero estatus social, pero la había. Casi tanto desempleo como ahora había, pero no tanto. Era extraordinario que en una familia hubiese algún preso y, sin embargo, ahora es extraordinario que haya una familia cubana en la que no haya estado alguien preso alguna vez. Muchos trabajadores explotados había. Entre estos, muchos jornaleros agrícolas y empleadas domésticas que no podían levantar la mirada ante sus jefes, que se comportaban, no todos, como amos posesivos. Aquello tenía que acabarse, tenía que ser superado porque era injusto y verdaderamente inhumano y humillante. Pero ahora, 53 años después de haberse realizado una revolución cuyo fin, según los que la llevaron a cabo, fue «acabar con la pobreza y las desigualdades», hay más pobres, más pobreza y más desigualdades. Lo que ocurre ahora, a diferencia de aquellos tiempos, es que los pobres de ahora son tan pobres que ni siquiera pueden decir que son pobres.

La pobreza que sufrían muchos en las ciudades y en las zonas rurales era verdaderamente despiadada. Aunque había programas de maestros rurales y de ciertos servicios médicos, lo cierto es que los niveles de analfabetismo eran altos en esas zonas. También había muchos habitantes de las zonas rurales intrincadas y de la periferia de los poblados que, en materia de salud pública, sufrían un total abandono. Niños famélicos llenos de parásitos, familias enteras vestidas con harapos y descalzas, viviendas primitivas que eran verdaderas chozas, y la sentencia de por vida a vivir en esa pobreza sin esperanzas. Pero lo más cruel, si es que puede haber algo más cruel que eso, eran los abusos de los que eran víctimas por parte de personajes propietarios o usurpadores de tierra que les explotaban. El apoyo de la fuerza pública o de la Guardia Rural a este abuso no estaba institucionalizado, ni podemos decir que era general, pero sí bastante extendido; por algo la mala fama y la impopularidad de esa Guardia Rural entre los campesinos y ciudadanos, en general, de la época anterior a 1959.

La Revolución trajo una esperanza para esas multitudes, dispersas en todo el país pero multitudes al fin y al cabo, de pobres que vivían en el abandono. Se construyeron escuelas o se hizo llegar un maestro hasta las zonas más alejadas de los poblados; se construyeron policlínicos y se extendió el sistema de salud primaria y secundaria de manera que alcanzara hasta a la familia que viviera en las zonas más remotas. A esto se le sumó el servicio hospitalario gratuito que, con sus defectos y limitaciones, ya fue accesible a todos los que lo necesitaban, aunque a veces distantes de sus domicilios. Se incluyó, con el tiempo, un programa materno infantil que monitorizaba y atendía a las embarazadas para asegurarles un parto exitoso y el cuidado neonatal. En los primeros años, se realizó una Reforma Agraria que convirtió a muchos arrendatarios en propietarios, o más bien en un tipo de usufructuarios, pues no podían vender esas tierras. Las complejidades de esta Reforma Agraria, sus luces y sombras, son materia de todo un trabajo más exhaustivo que otros han realizado y no es objeto de este libro, pero el caso es que millares de familias se beneficiaron de ese proceso. Si algo estaba claro y si algo, al paso de los años, está cada vez más claro para todos, es que en Cuba no deben volver jamás ese tipo de abusos de fuerza contra el pobre.

Eso no niega que hay ahora en 2012 abuso, explotación, represiones y abundantes prohibiciones normadas, legalizadas o no, pero en todos los casos fruto de la «política oficial» que ha sumergido a multitudes en la pobreza y en un estado de vida marginal en barrios insalubres, o en el hacinamiento y la insalubridad en las propias ciudades. En este texto se describe más de una vez esta situación. Antes de avanzar, recordemos lo que ya afirmamos: el peor problema de los pobres en Cuba es que no tienen voz para decir que son pobres y, si lo dicen, hieren al régimen, y eso es convertirse en objeto de más represión. El panorama en muchas zonas rurales es de muchas personas mal vestidas o vestidas de la manera en que en cualquier país visten los mendigos y ¡cuidado no peor!; de cinturones de chozas o casas improvisadas que muchas veces son derribadas de manera inhumana por las autoridades usando *bulldozer* y fuerza policial; de miles de jóvenes y no tan jóvenes sentados en las aceras, en los parques y las orillas de las carreteras, sin trabajo y sin oportunidades. Muchos pobres, más que nunca, y mucha pobreza muy despiadada, ya que es la pobreza impuesta por la falta de oportunidades y por las prohibiciones que al final han determinado grandes diferencias entre una nueva clase rica minoritaria y otra multitudinaria pobre, en la que se incluye la mayoría de la clase trabajadora.

El régimen comunista chino en su cinismo opresivo ha proclamado «un país, dos sistemas» como vía para que los jerarcas sean los nuevos «supercapitalistas» poderosos dentro del totalitarismo, es decir, dentro del comunismo salvaje, híbrido de lo peor del capitalismo y la ausencia de derechos civiles y políticos del comunismo.

Pero el régimen totalitario en Cuba encontró la fórmula impúdicamente aplicada de «dos países, dos Cubas y un solo sistema». Una Cuba llena de miserias y limitaciones y sin oportunidades para los trabajadores y para la mayoría pobre, y otra, cada vez más cínicamente exhibida, de una minoría con todo el poder y todos los privilegios, que ahora ya se asoma como los nuevos capitalistas, sin control ni conocimiento de la ciudadanía. Decimos esto sin odio de clases, ni odio de ninguna clase, pero denunciando la injusticia y la ceguera con que es sostenida. Como veremos, a esta modalidad de capitalismo salvaje ligada al comunismo bajo la consigna de «socialismo o muerte» se le puede llamar «el capicastrismo». Hay algo aquí que no corresponde. Valdría la pena preguntarnos: ¿Qué pasó con todo? y ¿cómo fue que llegamos aquí?

IMÁGENES DE UNA HISTORIA

SECUENCIA I

ÉPOCA PRERREVOLUCIONARIA

Lo primero que hay que aclarar, para que los jóvenes conozcan y los no tan jóvenes recuerden, es que la negación a los cubanos del derecho a salir de Cuba y entrar libremente, y todos los mecanismos de extorsión, control, restricciones y prohibiciones, son un aporte de «la Revolución». Antes de 1959 los cubanos entraban y salían de Cuba cuando querían y sin pedir permiso ninguno y por el tiempo que querían, aun en las otras dictaduras que sufrió nuestro querido país.

Después del golpe de estado de Batista el 10 de marzo de 1952, se produjo una gran frustración en el pueblo porque, cualesquiera que fueran los antecedentes políticos, en Cuba, aunque no perfectamente, funcionaron el sistema democrático y la sucesión por elecciones desde el año 1940. En ese año se aprobó una nueva constitución muy avanzada en materia social y muy precisa en materia de derechos ciudadanos y de libertades individuales. Todavía se invoca como «la Constitución del Cuarenta».

Sobre esta etapa de la dictadura de Batista y la revolución que les hizo huir, han hablado muchos testigos e historiadores. Fue violenta y los intentos de solución por las vías cívicas eran ahogados por la represión de aquella dictadura o por las acciones de numerosas agrupaciones que se enfrentaban a Batista con métodos violentos. Una de las estrategias revolucionarias fue la guerrilla en las montañas del oriente del país y también en las provincias centrales. Otra fue la llamada lucha clandestina en las ciudades, que fue tomando auge en las ciudades de La Habana y Santiago de Cuba principalmente, pero también en otras ciudades y pueblos.

Esta última lucha organizada, conocida históricamente como «la clandestinidad», al igual que la guerrilla dirigida por Fidel Castro, incluía la

31

lucha contra el ejército, atentados contra militares y políticos, sabotajes en el sector agrícola y en las ciudades, y podía incluir desde la quema de un campo de caña hasta una bomba en el baño de un cine, pasando por la voladura de las vías que suministraban agua potable a la ciudad.

Desde mi punto de vista, en Cuba no hubo insurrección popular. Esto no disminuye el valor de los que se enfrentaron con las armas a la dictadura de Batista, pero no hay que decir que fue masivo. Sus protagonistas saben que no eran muchos los que se enfrentaron en desigualdad numérica y de medios a un ejército no muy grande y de no muchos recursos y minado por la corrupción interna, pero de muchos más recursos y soldados que la guerrilla.

No se puede afirmar que todos los militares participaban de esa corrupción, pero sí que ese ejército y ese poder se desmoralizó porque defendía un poder inconstitucional e ilegítimo dirigido por jefes (no todos) que hasta en la represión y en la guerra contra los insurgentes fueron corruptos. Por vender, llegaron hasta a venderle a sus adversarios rebeldes armas e información sobre movimientos estratégicos y tácticos, hubo casos en que vendieron hasta la sangre de sus subalternos.

No juzgo las intenciones que tenían cada uno de los revolucionarios, pero puedo decir que ha habido una parcialidad al hablar de las víctimas de ese proceso. Esto ha llevado a una moral de cliché, en la que si una persona moría poniendo una bomba en un cine era un héroe, pero si un soldado joven parado en su posta, era liquidado por un ataque revolucionario, según esta «moral», era un «casquito» de la tiranía, sin padre o madre o nadie que llorara por él. Pero a la altura de los años considero que ya es hora de pensar que esos también eran seres humanos con padre, madre, hijos y seres queridos, al igual que los revolucionarios, que también fueron muchas veces aniquilados en combate, y otras después de ser capturados y salvajemente torturados por las fuerzas represivas, que no en pocos casos los asesinaban cuando ya no había más dolor que causarles.

De alguna manera, los hijos de la generación inmediata posterior a esos sucesos y testigos de los sucesos que siguieron podemos decir: de ese golpe de estado, de la violencia para derrocar a la dictadura que vino, de la que se instaló para afianzar y mantener la nueva dictadura (que ya tiene más de medio siglo), de la violencia que se hizo después para derrocar sin éxito a esta otra, nunca vino ni la libertad, ni la justicia, ni la democracia, ni la paz. No es este libro un tratado sobre la no violencia ni tampoco sobre la eficacia de la violencia, porque no creo que el fin justifique los medios. Pero el pueblo de Cuba ya tiene acumulados, en sobreabundancia, dolor y frustraciones por ser víctima de engaños, de violencias supuestamente liberadoras y de violencias para sostener regímenes que le arrancaron su vida y sus derechos. Suficiente para decir: «Nunca más la violencia, hagamos otro camino».

Si bien aquella tiranía, la de Batista, al igual que esta, era inhumana con sus adversarios, esta, desde antes de tomar el poder, deshumanizó el juicio contra la otra parte; es decir, el lenguaje y la manera de presentar los eventos sangrientos suponían a los soldados y agentes de Batista como entes cuyas muertes no había que lamentar. Esto se extendió después en los juicios inmediatos al triunfo de la Revolución, en los que se condenaba a muerte a miles de personas, unos culpables de crímenes, otros verdaderamente inocentes. Muchos fueron fusilados; algunos antes de los juicios que se redactarían después de los fusilamientos.

Entrar en este tema puede traer muchas polémicas, pero creo que, para poder vivir un verdadero proceso de reconciliación, es un paso ineludible reconocer la humanidad, es decir, la condición humana, de todas las víctimas de un conflicto que dura hasta ahora.

La dictadura de Batista, como todas las dictaduras, no tenía ninguna razón de ser. En enero de 1959, se derribó ese poder tiránico, que fue ocupado por otro poder tiránico en nombre de la Revolución, pero no para establecer la democracia ni construir la justicia, sino para instalar en el poder a una familia (Los Castro) por encima de los ideales, inclusive, de aquellos que dieron la vida en esa Revolución.

Batista usó la fuerza para instalar su poder y beneficiar a un grupo de militares y amigos, convirtiendo el gobierno en un sistema de clientela política donde robar los recursos públicos era el beneficio directo del ejercicio del poder político, aunque no fueran así todos los funcionarios y militares. El ejercicio de este poder, además de corrupto y represivo, era mediocre.

Sin embargo, el país funcionaba por el enorme mecanismo autónomo que la sociedad cubana había creado durante muchos años. Funcionaba la economía gracias a la mayoritaria pequeña empresa familiar, a las grandes empresas y a millones de trabajadores de todo tipo en la ciudad y en el campo. Funcionaba por el sistema público de salud y educación y otros servicios atendidos por empleados y profesionales, maestros y funcionarios dedicados, honestos y con altísima calidad de trabajo.

En la sociedad cubana, aun sin las libertades políticas que faltaron durante las dictaduras de Machado y Batista, se había desarrollado una verdadera cultura de la libertad que no se puede reducir a términos políticos. Hablamos de la mentalidad abierta del cubano y de un ejercicio constante de su iniciativa privada, de la prensa libre, de la palabra libre, de la creación artística riquísima, de la movilidad sin limitaciones, de la inventiva y de la innovación, del emprendimiento para crear lo suyo, lo propio, lo de la familia, sin negar la solidaridad, la caridad y el sentido patriótico.

De ahí las huellas de las numerosas, grandes y pequeñas obras privadas, sociales y estatales que se pueden ver, muchas en ruinas, en nuestros pueblos, carreteras, bateyes y ciudades, donde la demostración de lo que digo brota a cada paso a la vista de cualquier observador cubano o extranjero. Todos se preguntan: ¿qué habrá pasado aquí? Y todos afirman: ¡Cuánta obra hermosa y cuánta obra productiva tuvo que haber en Cuba!

Una cultura afirmada en las posibilidades de moverse a cualquier lugar, dentro y fuera de Cuba, con una moneda, el peso cubano, que era más fuerte que el dólar. Me refiero a una sociedad organizada con un gran sentido de la educación formal, no a una sociedad solo definida y comprimida por reglamentos o preceptos, sino más bien por las buenas costumbres y la decencia de la mayoría, pobre o rica. Todas estas virtudes hacían de nuestra Isla un lugar donde existía el orden y el respeto entre las personas y en la que el cubano y el extranjero sentían el espacio abierto para vivir sin muchas prohibiciones.

Esta cultura de la libertad en la sociedad cubana no pudo ser neutralizada por los prejuicios raciales y prácticas racistas humillantes de algunos sectores de la sociedad, ni por las limitaciones y la represión del gobierno de Batista. Tampoco ha podido ser anulada totalmente por el régimen comunista, pero hay que decir que el golpe de estado y la dictadura de Batista atentaron contra esta cultura de la libertad al suprimir algunos derechos civiles y políticos y el de elecciones democráticas.

SECUENCIA II

Los primeros días después del triunfo de la Revolución

Algo que me llama la atención en la historia, y que confirma la autonomía de la sociedad cubana, es que el país continuó funcionando, sobrevivió sin gobierno.

Batista se va en la madrugada del 1 de enero de 1959. Salieron en estampida muchos funcionarios, ministros, altos oficiales y los familiares más cercanos de estos. El país quedó, en la práctica sin administración central y sin muchas administraciones locales, quedó sin gobierno. Fidel Castro entró en Santiago de Cuba el 2 de enero de 1959 y en La Habana el 8 de enero. Todos pudieran pensar que el país sería el caos y que el desabastecimiento sería general y tétrico, pero nada de eso. Salvo alguna discontinuidad de días, más bien de horas, en el país continuó funcionando todo. La electricidad y el agua no faltaron, las bodegas siguieron vendiendo alimentos excepto algunas horas de huelga convocada por Castro el 1 de enero. Funcionó el correo, que era estatal, las casas de socorro y los hospitales estatales y privados, los restaurantes y bares, la zafra azucarera, la industria, el transporte público. La vida no se detuvo.

Era muy fácil para el grupo de Castro solo ocuparse de tomar el poder político y desmontar lo que quedaba del otro gobierno porque había una sociedad que funcionaba por sí misma, en automático. Algo que en los primeros años y en poco tiempo, como veremos, el nuevo poder revolucionario se ocupó de destruir y desmontar. De esta manera, desde el agua para tomar hasta la leche de los niños, el transporte, el pan, sin excepción la ciudadanía dependería ahora del gobierno y, con el tiempo, del Partido Comunista. El triunfo de la Revolución se encontró que la cultura de la libertad sería su aliado inicial, pero un aliado al que trataría de extinguir en poco tiempo, pues esa era su misión oculta. Pero la instalación del régimen de Fidel Castro desde el primer día atentó contra la esencia misma de la cultura de la libertad del pueblo cubano al tratar de dominar y controlar todos los aspectos de la vida de los cubanos. Sin embargo, puede hablarse de una resistencia de los cubanos por mantener viva esta cultura de la libertad que, aunque ha sido grave y profundamente dañada, aún no se ha rendido ni ha sido definitivamente derrotada en este duelo entre el poder y el espíritu (el poder opresivo y el alma humana).

Sí, ha sido un verdadero duelo entre dos partes bien definidas. Por una parte el cubano luchando porque sobreviva su riqueza espiritual, su carácter emprendedor, su alegría y espontaneidad, su solidaridad humana, religiosidad y fe, «su deseo de vivir», su obsesión por moverse y conducirse libremente y por hacer prevalecer la cultura de la libertad incubada durante siglos en nuestra historia. Por la otra parte, el régimen de Fidel, y ahora de Raúl Castro, imponiendo el miedo, las prohibiciones e intromisiones hasta en lo más íntimo de la vida, y múltiples condicionamientos. Los que ahora caracterizan a Cuba como país de mulatas lindas, buen ron, cubanitos simpáticos y ocurrentes, salsa y playas bonitas, están viendo solamente lo que pueden disfrutar abusando de la desventaja que, por falta de derechos y libertad, tiene el pueblo de Cuba.

Es el momento para dejar bien claro que aquel proceso en contra de la dictadura de Batista, que finalmente la derrotó, no empoderó al pueblo. No le dio el poder a los ciudadanos, sino al contrario, concentró, con un sistema calculado para ese fin, todo el poder político-militar, todos los poderes administrativos y cuanto poder y control se puedan tener sobre una sociedad, en un solo hombre. El ciudadano fue instrumento de los nuevos gobernantes para desmontar todo el poder de la tiranía anterior y todos los poderes de los diferentes sectores sociales, aunque esos sectores, como la prensa, los pequeños negociantes, trabajadores, vecinos, estudiantes y propietarios entre otros, no estuvieran directamente ligados a esa tiranía. El comunismo privó a todos los sectores sociales de su poder cívico, de sus espacios y, cuando no pudo fagocitarlos, los anuló.

Como intento demostrar en este libro, en 1959 comenzaba un proceso mucho más profundo en el que hasta lo más normal, lo que se había logrado en siglos por esta sociedad, inclusive a nivel cultural, comenzó a desmontarse. Todo quedaría bajo control de Fidel Castro. Los militares, los intelectuales y todos los ciudadanos tendrían que ser incondicionales a su poder o no podrían sobrevivir políticamente y en algunos casos ni siquiera físicamente. El poder que comenzaba a instalarse rápidamente estableció controles sobre todas las actividades sociales, culturales y económicas. Trató de dominar la religión, la juventud y hasta el alma de cada cubano, pero esto no lo logró totalmente. Entonces desató su persecución implacable contra lo que no podía someter y contra todo el que se resistió a esa dominación. Esta dominación se instauró primero bajo el signo de «la patria y la revolución»; después, de «el socialismo y el comunismo», y prosigue así hasta hoy que estoy escribiendo este libro. Fue, y es, un proceso con el terror de fondo, para absorber todos los espacios que, en toda la historia de Cuba incluyendo la colonia, ningún poder político pretendió controlar y dominar de forma tan absoluta. Definitivamente se instalaba el totalitarismo.

SECUENCIA III

DESARROLLO DEL PROCESO, LOS DÍAS Y AÑOS SIGUIENTES (LA FRUSTRACIÓN)

Después de 1959, muchos de los que pelearon contra Batista y apoyaron de cualquier forma la Revolución se decepcionaron por diversas causas, pero las más manifiestas fueron: no corresponder a la incondicionalidad absoluta que Fidel Castro exigió para su persona desde siempre y percatarse de que el ideario revolucionario de reinstaurar la Constitución de 1940, superando las injusticias existentes, había sido traicionado al comenzarse a instalar un régimen totalitario comunista entregado a la geopolítica de Moscú.

Este asunto de la incondicionalidad funcionaba implacablemente. Los que manifestaban alguna diferencia eran apartados o encarcelados con cualquier argumento, según el nivel de los asuntos y los cargos. Estas «exclusiones» comenzaron a aplicarse contra muchos de los que lucharon en la Sierra Maestra o en las ciudades o de cualquier manera contra Batista.

Muchos de estos luchadores revolucionarios tuvieron que exiliarse tempranamente. Otros fueron encarcelados y no pocos pagaron con sus vidas. Algunos disimuladamente se apartaron poco a poco, otros lo hicieron por el camino pero ya a costa de desertar durante un viaje al exterior o escapando de la Isla por diversos medios. Se cerraba cada vez más el círculo. Otros permanecieron con pasión, fidelidad o simulación, ¿quién lo sabe? Algunos de estos personajes históricos, que han permanecido, son de la élite del alto nivel del poder y disfrutan de su pertenencia a la nueva clase mientras no caen en desgracia política.

En poco tiempo comenzaron a crearse nuevas organizaciones opositoras que produjeron acciones contra el gobierno de Fidel Castro, la mayoría violentas y con los mismos métodos con que se había hecho la Revolución:

alzamientos en las montañas, sabotajes y atentados. Era la experiencia de lucha inmediata anterior. Es más, en Cuba casi no había otra que la violenta. Una metodología muy similar a la usada para derrocar a Batista, solo que ahora se les llamaría «contrarrevolucionarios» y ya no serían más clandestinos sino «terroristas». Era significativo que muchos de los que lucharon contra Batista ahora lucharan contra Fidel con los mismos ideales y entereza y con los mismos métodos.

La Revolución triunfante tuvo el apoyo que parecía mayoritario, con himnos, gritos y sueños, con la participación y el aporte generoso y entusiasta de cubanos de todos los sectores: blancos y negros, propietarios y trabajadores, muchas mujeres, jóvenes y viejos, católicos, masones, santeros y protestantes. La Revolución tuvo, en su triunfo, el apoyo de la mayoría de los pobres y también de muchos ricos, periodistas, religiosos e intelectuales que la apoyaron ya desde antes de su triunfo.

Antes y después del triunfo de la Revolución hubo de todo: sueños, amor, heroísmo, pasión, entusiasmo, odio, envidia, pero una vez logrado el triunfo, mucho miedo y total ausencia de la libertad.

Hubo de todo pero nunca libertad. Esa es la paradoja.

No había opción. Podías darle con total autenticidad tu corazón a la Revolución, pero si no se lo dabas te lo arrancaba, dejabas de ser persona para convertirte en un «gusano». Con qué realismo se cumplió aquella frase de Martí en su poema «La Rosa Blanca» cuando dice: «el cruel que me arranca el corazón con que vivo».

El poema en su conjunto es un canto al perdón en su expresión más cristiana. Hoy más que nunca los cubanos debemos escucharlo aun con ese corazón desgarrado.

También con el triunfo de la Revolución se superaron injusticias. Desde el principio se eliminaron prácticas racistas que tal vez pasaban como normales para aquellos que no las sufrían, pero que eran intensamente humillantes. Había parques, como el parque Leoncio Vidal en Santa Clara, donde parecía «normal» que los negros caminaran por la periferia sin tener la «insolencia» de pasear por el interior.

En Cuba, el racismo no alcanzaba el nivel de otros países, pero en ciertas regiones y ciudades, y de parte de ciertos sectores, sí existían prácticas discriminatorias que además de violar la Constitución, violaban los derechos humanos y el sentido más elemental de humanidad.

Por eso estas injusticias terminaron como tenían que terminar, de una vez y en un solo día. Porque en enero de 1959 a nadie se le podía ocurrir decirle a un negro: «usted aquí no puede estar o entrar aquí». Y el pueblo vio que era bueno, porque eso era verdaderamente bueno. Aunque después surgieron formas de racismo que se mantienen hasta hoy y, aunque humillantes, manipuladoras y discriminatorias, muy pocos se atreven a denunciar.

Comenzaron a superarse los abusos que algunos propietarios de tierras y de negocios ejercían contra campesinos desposeídos y explotados, contra trabajadores, especialmente de pequeños negocios y empleados domésticos que apenas podían levantar la mirada frente a sus jefes. Claro, esto no se puede generalizar porque también existían empresarios y empleadores que trataban con respeto a sus empleados, pero el hecho es que los que abusaban ya no podían seguir abusando y todas estas formas de injusticia se suprimieron en un tiempo relativamente corto.

Terminó aquel abuso pero surgió un nuevo abusador: el Estado cubano, con sus nuevos mandones que ahora exigirían y exigirían al subalterno, levantar la mirada, sonreír y dar gestos de aprobación mientras se les explota.

Fue a alta velocidad que se impuso el lenguaje del odio, no solo contra los miembros de la antigua dictadura, encarcelados, fusilados, marginados, sino que comenzaba otra guerra del poder, como ya mencionamos, contra todo lo que sería incompatible con la revolución socialista y el poder absoluto de Fidel Castro: la religión y la propiedad, pero también con el tiempo, la historia, la familia, la decencia, la juventud, el rock y todo aquello que por su naturaleza llamarían «moral burguesa», y contra todo aquello que representara la libertad e independencia del ser humano.

Profesores de escuelas, artistas, locutores, los nuevos y leales dirigentes sindicales y estudiantiles y hasta los propios gobernantes llegaban a expresarse directamente con ese lenguaje de odio, injuria, infamia y amenaza a la manera del minuto de odio que describe George Orwell en su obra *1984*. Aunque los discursos eran mucho más que un minuto. Un verdadero frenesí de odio contra «los gusanos», contra los imperialistas, una hemorragia de ofensas y de advertencias para intimidar a todos, inclusive hasta a los que compartían las tribunas.

Estas expresiones de terror no eran, ni son, un hecho aislado. Todos sabían y saben que pueden ser preámbulo o advertencia de encarcelamientos, juicios sumarios o largas condenas, expulsiones del trabajo, la universidad o los institutos.

Miles de cubanos gritaron «paredón», que era la petición a coro de fusilamiento, primeramente para los criminales del régimen de Batista, reales o supuestos, y después para los adversarios que surgieron contra Fidel. En general, se pedía «paredón» para cualquier persona que se opusiera al régimen naciente o tuviera la desgracia de ser presentado como enemigo de la Revolución y reo de muerte. Muchos se embriagaron gritando «paredón», pidiendo la sangre y la muerte para los reos. Así nacieron los primeros actos de repudio en los que una turba pedía «paredón» para una familia vociferando frente a su casa. Pero no era simbólico, pues fusilaban a muchos de verdad.

Creo que ese fue un pecado colectivo que alguna vez tenemos que reconocer como pueblo si es que queremos perdonarnos y reconciliarnos, y no seguir sepultados en una vanidad y una soberbia que es fruto del miedo y la desesperanza.

Pero alguien ya comenzó, un cubano pidió perdón

Dramática y conmovedora es la carta de Miguel Ángel Quevedo, director de la revista *Bohemia*[1], a Ernesto Montaner el 12 de agosto de 1969, antes de suicidarse en el exilio. Este periodista, director de la mejor publicación de Cuba y quizás de Latinoamérica, lamenta haber ayudado a construir la mentira de la Revolución y el endiosamiento de Fidel Castro. Pide perdón, algo poco usual, yo diría único en la historia reciente de Cuba. Eso es algo significativo. Ningún cubano ha pedido perdón, o casi ninguno, por haber apoyado a Batista ni por haber sido parte del montaje de la tiranía de Fidel Castro compartiendo acciones injustas o criminales. No soy su juez, pero mi generación ha pagado durante toda su vida estos errores. Ahora tenemos nuestras propias responsabilidades en lo que está ocurriendo, en lo que ocurra y en lo que le dejemos a nuestros hijos. Dios quiera que lo hagamos bien.

Quevedo, denunciando la responsabilidad de muchos en el ascenso y encumbramiento de Fidel Castro al poder, amargamente dice en su carta: «Todos fuimos culpables, por acción u omisión. Viejos y jóvenes, ricos y pobres, blancos y negros, honrados y ladrones, virtuosos y pecadores».

En la revista *Bohemia* se multiplicó por diez el número aproximado de muertos que se habían producido en la lucha revolucionaria. Quevedo afirma en su carta: «Aquella calle contaminada por el odio que aplaudió a *Bohemia* cuando inventó los veinte mil muertos». Aquí confiesa un pecado propio y de otros. Un pecado que el gobierno siguió explotando sabiendo la mentira que envolvía.

Mi opinión es que esta multiplicación de los muertos fue ante todo un desprecio de parte de los propios dirigentes por los muertos que realmente hubo. Porque más allá del número, de un bando y de otro, los que cayeron eran seres

---

[1]   La revista *Bohemia* fue uno de los soportes públicos mayores de Fidel Castro y la Revolución antes de su triunfo.

humanos, cubanos con seres queridos que quedaron marcados con el dolor para siempre. Se comportaron así como si lo importante no fuera la sangre de esas personas sino el impacto que pudiera producir el número.

En esta primera etapa, y por mucho tiempo, hubo padres y madres que renegaron de sus hijos, e hijos que acusaron a sus padres y muchos enfrentamientos entre vecinos, familias, compañeros de trabajo y hermanos de las iglesias.

Aparecieron canciones elocuentes: «si Fidel es comunista, que me pongan en la lista, que estoy de acuerdo con él», o «Cuba sí, yanquis no». Pero es que Fidel decía que él no era comunista, y así decían casi todos los llamados «revolucionarios». La envoltura, a la que no se le puede llamar cultural, que llevaba la «ira popular» contra estos nuevos enemigos de la Revolución, se puede calificar de comparsa. Pero una comparsa donde primaba la chusmería, las palabras ofensivas, las expresiones más vulgares para ultrajar y una agresividad propia de la turba desenfrenada que abusa de la víctima indefensa.

Fidel Castro llegó diciendo: «¿elecciones, para qué?», y muchos aplaudieron porque parecía que ya no hacían falta, ni había voluntad popular porque toda había sido sustituida, más bien usurpada, por Fidel.

«Fidel, Fidel», repetían y repiten aclamándolo como mejor y más grande que todo el pueblo. Su liderazgo se convirtió en una aberración. Ahora no tiene sentido buscar culpables porque en realidad todos hemos sido víctimas.

El asunto es que todavía somos víctimas porque la aberración sigue igual y parece que tiene sucesión y hasta dinastía. Lo mejor es que la juventud y el pueblo en general no están dispuestos a continuar —esta generación— con esa manipulación de su propia vida y quieren una vida nueva.

La descripción es amplia y seguramente surgirán muchas opiniones en un sentido u otro, también surgirán recordatorios de elementos de la realidad que no estén aquí y que sería imposible abarcar en un libro. Solo trato de describir el ambiente y el efecto sobre los seres humanos tal como lo he percibido desde niño, y durante toda mi vida, como parte de una familia que trabajaba durante catorce horas diarias, como alumno de las primeras escuelas después de 1959 y también como católico, que no dejó de ir a misa todas las semanas.

Tengo que decir que los cubanos, en poco tiempo, llegaron a tener bien claro que decir: «si Dios quiere», «Dios te lo pague», «gracias a Dios» o simplemente «Dios mío» era un problema real, por eso muchos silenciaron a Dios de sus labios.

La historia de este proceso está ahí y hoy los «fidelistas» reconocen que siempre tuvieron la intención de implantar el comunismo. Pero si no dijeron que eran comunistas entonces, esos viejos fidelistas de hoy y Fidel Castro mintieron. Y a los pueblos no se les miente.

SECUENCIA IV

GIRÓN

En los días 15, 16, 17, 18 y 19 de abril de 1961, comenzaron unas enormes redadas de los Cuerpos de Seguridad de aquel tiempo, apoyados por delatores, milicianos y el propio ejército. Detuvieron a muchos hombres, pero también a mujeres. ¿Cuántos? Desconozco la cifra exacta pero muchos afirman que cien mil, otros dicen que fueron más. Solamente en La Habana los concentraron en el Coliseo de la Ciudad Deportiva, donde pueden asistir miles de personas en un espectáculo deportivo y muchos más si son concentrados. Los confinaron también en teatros, en cuarteles, en unidades de la policía, en las galeras y fosos de las antiguas fortalezas coloniales. En el Castillo del Morro los mantuvieron hacinados y a la intemperie durante más de diez días, mientras les apuntaban permanentemente las ametralladoras calibre 30 mm y otras armas.

¿A quiénes detuvieron, a clandestinos? A muchos comerciantes y propietarios, a personas religiosas o padres de niños que estaban en escuelas religiosas y miles y miles de ciudadanos que, sencillamente, estaban fichados como «gusanos», es decir, no revolucionarios, aunque no estuvieran militando ni colaborando en ninguna organización armada opositora, calificada por el gobierno como «contrarrevolucionaria». Durante esos días sitiaron iglesias y asediaron muchos conventos.

Era inminente la invasión de cubanos que se habían entrenado y organizado como un pequeño ejército de poco más de mil hombres. Fueron armados y organizados por la Agencia Central de Inteligencia de los Estados Unidos. Desde días antes al desembarco por la Península de Zapata, aviones que eran parte de esa operación bombardearon aeropuertos militares

43

con el fin de liquidar las defensas aéreas del gobierno de Fidel Castro. No lo lograron. La brigada, que tenía los códigos de 2506, desembarcó finalmente en Bahía de Cochinos el 17 de abril. La historia es cruenta y ha sido descrita por muchos protagonistas e historiadores. Casi siempre con cierta parcialidad o con la óptica de cada una de las partes que se enfrentaron.

Con el tiempo comprendí que la metodología de las detenciones masivas fue la misma que siguió Pinochet y que siguieron en España, después del alzamiento dirigido por Francisco Franco en julio de 1936. Los anarquistas, comunistas, socialistas y trotskistas asesinaron a decenas de miles de personas en pocas noches y días de ese mes de julio. Mataban a personas como esas que detuvieron alrededor de los acontecimientos de Playa Girón en Cuba en 1961. En España, en la «zona roja», asesinaron a todas las monjas, seminaristas, curas, laicos católicos, comerciantes, militantes y simpatizantes políticos no rojos y a cualquier posible sospechoso de ser enemigo que no se escondió o escapó a tiempo. Mientras, en la llamada «zona rebelde» hacían lo mismo con dirigentes obreros y militantes o simpatizantes de la izquierda y también con nacionalistas catalanes y vascos, inclusive si eran católicos y si eran curas. Los franquistas hacían lo mismo: los asesinaban.

Esa mentalidad de liquidar al posible enemigo o al adversario, o simplemente de arrasar con todos los no adeptos cuando hay peligro de confrontación o posibilidad de derrota, es propia del comunismo y del nazismo. En Cuba ha sido una amenaza permanente del régimen de Fidel Castro. La metodología de tomar rehenes masivamente para potencialmente liquidarlos se exhibió con las detenciones masivas durante los acontecimientos de Girón y con la orden del gobierno de liquidar a todos los prisioneros políticos si estallaba la guerra durante la Crisis de Octubre. Es bien conocido que el gobierno cubano ordenó minar todas las galeras para pulverizar a los presos políticos que, como animales sin salida, estaban atrapados en esas prisiones. Aunque otros serían liquidados a balazos o de cualquier manera en otros lugares. Estamos hablando de decenas de miles de prisioneros políticos.

Los acontecimientos de Girón aún viven y despiertan mucha sensibilidad, también en mí, y por eso hablo de lo que siento a través de los años. Se enfrentaron cubanos contra cubanos, muchos de ellos muy jóvenes. Los expedicionarios, la mayoría idealistas que estaban convencidos de que era una operación llena de riesgos y con altas probabilidades de caer en combate luchando por liberar a Cuba del comunismo. Miles de jóvenes milicianos y otros cubanos, a su vez luchaban con heroísmo convencidos de que defendían su Patria contra una invasión extranjera. Aunque no era extranjera, venía del extranjero y apoyada por una potencia extranjera. Los ciudadanos, en su mayoría expectantes, con miedo y con sentimientos encontrados porque, si bien muchos no querían el comunismo, tampoco querían sangre entre cubanos, ni invasión ni guerra.

Muchos de los que vinieron en esa expedición que fue derrotada en tres días, e inclusive sus organizadores quizás, ignoraban lo siguiente:

- Que el gobierno de los EUA ya había decidido no apoyar con su ejército la expedición aun si lograban la cabeza de playa que se propusieron.
- Que la aviación, artillería y tanques de Fidel Castro era masiva, tenía más volumen y posibilidades de las que pensaban, que la capacidad de movilización de tropas y milicias era cientos de veces mayor que los 1.300 expedicionarios que desembarcaron, aunque con buenas armas.
- Que el pueblo de Cuba estaba desinformado y ya muy sometido a los mecanismos represivos que tenían desde entonces gran capacidad de intimidación, represión, prevención y control (mientras comenzaba a destruir todo lo que tenía valor, el Gobierno Revolucionario se encargó muy tempranamente de instalar y desarrollar estos cuerpos represivos con apoyo de no pocos delatores que formaron un sistema o red inmensa).
- Que aunque ya en ese momento era discutible si verdaderamente Fidel Castro tenía o no la mayoría, el caso es que el proceso revolucionario estaba aún en auge con muchos seguidores sinceros e idealistas y también con muchas personas llenas de oportunismo y miedo, envidias, ambiciones y odios. Era masivo y tenían conciencia de su plena fuerza, superioridad y de la indefensión total de miles de cubanos de la otra parte a los que llamaban «gusanos» (hay que ver, si Fidel Castro tenía mayoría, quiénes fueron entonces los cientos de miles de jóvenes NO revolucionarios enviados a los campos de trabajo forzado, los que fueron expulsados de la universidad y de los trabajos, y los miles y miles que se iban o trataban de irse; hay que ver por qué tanta vigilancia casa por casa, a cada familia, no precisamente por ser contrarrevolucionarios activos o terroristas, sino para maniatar y mantener bajo coacción a la mayoría de las familias con las que sabían que no contaban y que cada vez menos iban a contar).
- Que las guerrillas de las montañas del Escambray, llamados «alzados» («bandidos», por el régimen), no tenían posibilidad táctica ninguna de apoyarles ni capacidad o fuerza para ocupar poblados importantes.
- Que ya el apoyo soviético era consistente en materia militar, económica y de inteligencia.

- Que ese lugar por donde entraron (una ciénaga), que parecía el ideal para una cabeza de playa, era también una gran trampa en donde quedaron confinados, mientras se movían las tropas de Fidel Castro y donde su aviación los castigó duramente.
- En el año 2011, viendo un documental que pasaba la televisión cubana, un entrevistado, historiador de Ciénaga de Zapata, afirmaba que «desde mucho antes de Girón, estuvo viviendo Fidel casi todo el tiempo aquí, en Zapata». ¿Cuándo Fidel Castro supo que la invasión sería por esa zona? Mi opinión, que no puedo demostrar, es que la invasión desde el punto de vista de la inteligencia estuvo penetrada y conocida por parte de Fidel Castro desde mucho antes. No lo puedo demostrar, pero algún día se sabrá.

Lo anterior no le quita mérito ni heroísmo a los que desembarcaron buscando la libertad de Cuba, su Patria, del comunismo, ni a los que los enfrentaron defendiendo su Patria de una invasión que venía organizada desde los Estados Unidos, aunque en realidad partiera desde Centro América. Fue una batalla de cubano contra cubano, quizás la mayoría defendiendo ideales semejantes pero desde diferentes bandos muy confundidos por las circunstancias.

Girón fue el puntillazo, el giro que consolidó el poder de Fidel Castro; la represión que abrió la senda del aniquilamiento de los grupos de resistencia y conspirativos (que duraron mucho más pero sin posibilidades estratégicas ningunas) y que sirvió de marco para declarar a la Revolución como socialista (comunista).

Detengámonos aquí. La supuesta intención comunista de Fidel Castro servía de pretexto o argumento para la invasión, y se hizo verdad en ese momento, pero era algo que hasta entonces Fidel Castro negaba públicamente y que sus millones de seguidores consideraban una calumnia. Se hizo público: Revolución socialista. Él siempre lo fue, pero lo negó. Entonces le estaba mintiendo al pueblo. Decir que eso no importa mucho es el cinismo de la concepción reaccionaria y despótica que prevalece contra la dignidad del pueblo de Cuba. Porque es decir que el pueblo no merece saber ni decidir sobre algo tan importante en su vida como su vida misma. Cuando alguien, siendo cubano, dice que eso no le importa y no era comunista en aquel momento, es porque el miedo o la pérdida de la autoestima ya le habían degradado mucho su voluntad. Es decir, lo que sepa y quiera el pueblo no importa, sino que lo importante es lo que quiera y diga Fidel, entonces, según ese concepto, el pueblo no vale nada. Eso es lo que pienso cuando escucho todavía a las turbas que hacen actos de repudio a hermanos nuestros del Movimiento Cristiano Liberación, a las Damas de Blanco y a opositores en Guantánamo y otras provincias, mientras gritan: «Pa´ lo que sea Fidel y pa´ lo que sea Raúl, pa´ lo que sea…».

Porque la sentencia de que el pueblo no vale y no cuenta ante los endiosados del poder nos persigue hasta hoy.

Creo que lo que voy a describir ya estaba en la agenda de Fidel Castro. El asunto es que con Girón se produjo el punto de inflexión en la consolidación de las bases del totalitarismo, que aceleraron la expulsión de sacerdotes y religiosas y la afirmación del ateísmo opresivo que ya estaba en marcha desde el inicio, las confiscaciones de negocios, los encarcelamientos masivos, el cierre de salida del país y la sovietización hasta el nivel más alto: el de convertir a Cuba en una base nuclear soviética.

Como ha reconocido Fidel Castro, colocó los misiles nucleares en Cuba dirigidos contra Norteamérica no tanto por necesidad defensiva como por un gesto de solidaridad con la Unión Soviética, tan buena y generosa amiga con la Revolución y con el socialismo mundial; esta mentalidad de Moscú, Madre Patria, fue muy intensa en ese tiempo entre los dirigentes e ideólogos. Después tuvo sus altas y bajas, pero aun cuando los rusos ya no creen en el comunismo, en Cuba los arcaicos del régimen y su prensa siguen con la nostalgia del entreguismo a su Madre Patria Roja.

SECUENCIA V

Pueblos cautivos

Siempre me he preguntado por qué, si todos los campesinos apoyaban la revolución, y esos alzados contra Fidel en la Sierra del Escambray eran tan perversos, hubo que sacar de ese medio a los campesinos, despojarlos de sus casas y fincas.

Porque si era para protegerlos, ¿para qué secuestraron y confinaron a miles de familias en gigantescos campos de concentración durante décadas? Primero la policía, el ejército, la Seguridad, y después todos combinados, desalojaron a los hombres y los llevaron a campamentos de trabajo en Pinar del Río y en Camagüey, en la zona que hoy comprende la provincia de Ciego de Ávila. Estos hombres fueron obligados a trabajo forzado y a vivir en el mismo lugar en barracones que fueron situados en zonas muy apartadas y de inhumanas condiciones de vida, con enjambres de mosquitos permanentemente. Su trabajo consistió en desmontar (tumbar maleza con machetes y otros instrumentos manuales) para preparar el terreno donde ellos mismos tendrían que construir las viviendas para sus familias. El estatus formal no era de prisioneros pero en realidad sí lo estaban. Solo podían salir con permisos limitados mientras permanecían bajo custodia armada.

Mientras tanto, las mujeres (fueran esposas o madres), niños y ancianos pertenecientes a esas familias del Escambray fueron «deportados» a casas en algunas zonas de La Habana bajo custodia y vigilancia.

Finalmente, cuando los hombres confinados terminaron esos «nuevos pueblos», sus familias o parte de estas fueron concentradas junto a ellos en una de las viviendas construidas. Algunas veces en edificios de construcción rústica. De esa manera, el gobierno de Cuba volvía a reunir a las fami-

48

lias deportadas desde el Escambray. Pero el desalojo, la deportación forzosa, la separación durante años y el confinamiento en esos nuevos pueblos no era el final de la «operación». Estos pueblos, conocidos después como «pueblos cautivos», fueron el albergue, el campamento y la prisión real de esas miles de familias durante décadas. Vivieron bajo control y con la necesidad de un «pase permiso» para salir por unas horas o días. Trabajaban en las cercanías, también bajo control. Fueron familias prisioneras, concentradas, sometidas a este castigo cruel durante décadas en que el mundo callaba. Muchos cubanos no lo sabían y otros simulaban no saberlo. Allí, cautivos, nacieron muchos que vivieron en esos pueblos hasta el presente. Algunos de los deportados se fueron del país o, con el paso de muchos años, regresaron a sus provincias de origen, no al Escambray. Regresaban cuando ya había pasado gran parte de la vida y el país estaba totalmente transformado y ya hacía muchos años que no había «alzados».

Estos pueblos cautivos están ahí y en ellos viven gran cantidad de «desalojados» o sus descendientes. Por la carretera de La Habana a Pinar del Río encontramos, desviándonos unos kilómetros, el pueblo cautivo llamado Ramón López Peña. Más adelante, a unos 25 kilómetros de Pinar del Río y siempre bien intricado en los malezales, está el pueblo cautivo Briones Montoto. Pasando a la ciudad de Pinar del Río, unos cien kilómetros al oeste, está el pueblo cautivo Sandino. En la actual provincia de Ciego de Ávila está el pueblo cautivo Miraflores.

Es necesaria esta denuncia del «sociosidio»[2], el despojo, el desalojo y desgarramiento de familias, de la crueldad sin límites y el abuso de poder con fines táctico-estratégico al peor estilo estalinista (porque Stalin lo hizo con millones de seres humanos). Es necesaria, hoy, una reflexión sobre quiénes estaban alzados en la amplísima región de la cordillera del Escambray y sus laderas. ¿Qué versión nos ha dado la historia oficial sobre esos guerrilleros llamados oficialmente bandidos? ¿Por qué las fuerzas del gobierno de Fidel Castro desalojaron a miles de familias campesinas y después las trataron como enemigos y confinaron por décadas a hombres, ancianos, mujeres y niños? ¿Quiénes eran estos alzados para que, en las zonas donde ellos operaban, existiera el peligro de que la mayoría de los pobladores les apoyaran?

Hubo crímenes contra civiles y militares por parte de algunos alzados, que como todo crimen no tienen la más mínima justificación en ninguna circunstancia. Hubo crímenes contra civiles, campesinos y familiares de

---

[2]   Término que quiere expresar «suicidio provocado por el socialismo»; algo similar a un «genocidio cultural».

los alzados por parte de las fuerzas del gobierno y muchos guerrilleros prisioneros fueron fusilados sumariamente; a algunos les compusieron y redactaron los juicios después de estar enterrados. En esta dolorosa página de sangre y muerte entre cubanos no deben buscarse los buenos y los malos, pero sí la verdad. La verdad porque, entre esos guerrilleros, algunos eran ex militares del régimen de Batista, otros revolucionarios que combatieron en el Ejército Rebelde durante la lucha contra Batista o fueron parte de los grupos clandestinos que luchaban contra Batista en la ciudad, y otros eran jóvenes, la mayoría campesinos de la zona e inclusive estudiantes, que sintieron tempranamente la frustración y la opresión y se alzaron en armas para luchar contra el comunismo por la libertad de su pueblo. Lucharon en condiciones de desigualdad, nunca antes tan desproporcionada en toda la historia de Cuba, desde el tiempo en que los colonizadores aniquilaban a los indios. La mayor parte del tiempo, estas guerrillas estuvieron aisladas por cercos dobles y hasta triples. Las guerrillas contra Fidel Castro estaban integradas por pequeños grupos compuestos, al máximo, de unas decenas de hombres diseminados por todo el Escambray, aunque también las hubo en las provincias de Matanzas, Oriente, Pinar del Río y Camagüey en menor escala. Los pueblos y pequeñas ciudades cercanas y no tan cercanas a las zonas de operación fueron militarizadas y socialmente funcionaban con los controles de grandes campamentos donde cualquier ciudadano, cualquier transeúnte, cualquier viajero era vigilado y considerado potencial colaborador de los alzados. La vigilancia, los cacheos, los registros a domicilios, a hombres y a mujeres en las calles, eran constantes, así como la revisión de cualquier bulto, desde una mochila hasta un cartucho en el que podían llevarse un poco de café o balas. Los alzados fueron enfrentados por el ejército y las milicias, que eran, en sí, un ejército con todas las condiciones. Decenas de miles de efectivos persiguieron a unos cientos de guerrilleros durante años y estos resistieron, sin posibilidades de victoria militar ni de logros tácticos pero sin abandonar, en muchos casos durante tres, cuatro o cinco años, la lucha armada. Ya en 1966, estaban literalmente aniquiladas las guerrillas del Escambray y las de las otras provincias. No es el objetivo de este libro hacer una crónica, ni siquiera un resumen, de esta etapa en la que hubo sangre entre cubanos, crímenes y también mucho heroísmo, sacrificio y patriotismo de ambas partes de los que se enfrentaron.

Esta página de la historia debe salir a la luz, puesto que dentro de Cuba solamente existe la versión oficial en la que se denigra por definición a las guerrillas o alzados. En apoyo a ese discurso, algunos escritores, periodistas, cineastas e historiadores oficiosos u oficiales se encargaron tempranamente de proyectar la imagen más degradada posible de los alzados, como lo hicieron con los cristianos y las iglesias, como lo hicieron con toda oposición armada o pacífica, como lo hicieron contra todo lo cubano anterior al régimen. Como lo hacen hoy día con la disidencia pacífica. Muchos de estos hacedores y componedores de imágenes y escritos no carentes de talento, de información y hasta de experiencia, se encargaron de formar la imagen de estos luchadores contra el comunismo hasta presentarlos como lo peor. Los detalles de estas historias deformadas no me corresponde diseminarlos. Lo que sí es necesario, para el bien, es la reconciliación entre cubanos, es buscar serenamente la verdad y permitir que todos tengan espacios para decir la propia, la que contaron sus mayores, y para preguntar e investigar. No para que nos enfrentemos por el pasado sino para decir: nunca más la violencia y el odio entre cubanos, nunca más la opresión, el miedo y el abuso de poder.

Pero vuelvo a preguntar: ¿por qué el gobierno cubano tuvo que desalojar a tantas y tantas familias completas de la Sierra del Escambray, tratarlas como enemigas y concentrarlas durante décadas en pueblos prisiones? ¿Por qué temían tanto que apoyaran a los alzados si estos eran tan malos?

SECUENCIA VI

EL REFLEJO

Opino que eso es lo que también está haciendo Chávez. Está arrebatando, paso a paso, todos los espacios de libertad a los venezolanos. Si en Cuba el totalitarismo se impuso bajo la maniobra de enfrentar a Cuba contra Cuba, el neototalitarismo en Venezuela trata frenéticamente de enfrentar a venezolano contra venezolano. De igual manera, clasifican y califican a los ciudadanos en dos bandos: uno malo, «malísimo, traidor y vendepatria» y otro «revolucionario y chavista», y esos son los buenos. Pero al final, todos son víctimas de la opresión en la que los opresores usan a unos contra otros, y esto confunde y ciega a muchos. Lo sabemos porque lo hemos sufrido por más de cinco décadas y aún lo sufrimos. Muchos venezolanos podrán encontrar en este libro grandes similitudes entre los dos procesos y, quizás, a los mismos seres humanos con las mismas miserias y virtudes. Estoy seguro de que los venezolanos, como los cubanos, sabremos encontrar, en un mismo camino, cada pueblo el propio, la reconciliación y la libertad.

A estas alturas de la historia, los cubanos sabemos que tanto en Venezuela como en Cuba, eran necesarios cambios sociales y de todo tipo, pero también sabemos que no hay nada peor que cuando un caudillo se apropia del país y roba al pueblo su palabra, su soberanía y su derecho a decidir. Nadie puede hacer la justicia sino el mismo pueblo, pero solo la puede hacer verdaderamente desde los derechos civiles y políticos, esos que han arrebatado a los cubanos y que van camino de arrebatar totalmente a los venezolanos. Ellos tienen esperanzas, nosotros también. Recuerdo ahora una frase que me enseñaron amigos cubanos y venezolanos de la Confederación Latinoamericana de Trabajadores: «solo el pueblo salva al pueblo».

LA PECERA

Una metáfora

Imagine usted una pecera en la que unos pocos peces, sin importar el tamaño o sus cualidades, sean quienes manden por la fuerza, distribuyan los alimentos y controlen el agua. O sea, que esos pocos en el poder son los que deciden cuándo contaminar el agua o purificarla, quién puede o no vivir dentro de la pecera; de manera tal que el resto de los peces no puedan decidir nada, no puedan ver más allá de los cristales ni tan siquiera sepan cómo cambiar de vida, ya que no existe para ellos otra forma de vivir. Tienen entonces que conformarse con vivir en la pecera bajo esas condiciones. Porque un pez no puede vivir fuera del agua y al dominarle la pecera, con agua y todo, le robaron la vida.

Eso es el comunismo, un sistema que secuestra para sí la existencia misma del ser en todos sus aspectos para convertirlo en su rehén.

Es como adueñarse de las personas, de su tiempo, de sus vidas, de sus capacidades y tratar de adueñarse de sus conciencias. Es por eso que algunos han hablado de «daño antropológico» o daño a escala humana. La descrita situación de confinamiento sin perspectivas genera en muchos el «síndrome de indefensión incorporada» que marca a las personas en todo su quehacer, en sus análisis y en su conducta, siempre modulados por el miedo y la desesperanza.

Resulta muy fácil decir que esto es pesimismo, pero una terapia eficaz no puede ni absolutizar el alcance del daño, porque sería una sentencia fatalista, ni tampoco negar la existencia del daño, porque ni siquiera se plantearía la solución. Hay que identificar y analizar el daño y sus causas para iniciar el proceso de curación, donde la víctima debe ser y puede ser el protagonista principal de la solución. No se puede negar el daño que ha hecho y hace un régimen así a la persona, a la familia, a la sociedad, a la

53

nación. La imagen de la pecera es limitada y no la pretendo absolutizar. Es todo lo relativa que se quiera y tiene los puntos débiles que usted le encontrará, seguramente, pero la imagen de la pecera también tiene su justicia y nos ayuda a comprender.

Tampoco se puede afirmar que es imposible «captar» en profundidad esta realidad si no se ha vivido. ¿Cuántas veces hemos encontrado a personas que han vivido fuera de Cuba y, a pesar de que no conocen o han vivido los matices y las profundidades del régimen ni la vida en la pecera, vibran y sintonizan con nuestros sentimientos, sufrimientos y vivencias punto a punto? Quizás usted sea una de esas personas de alta sensibilidad.

En algunas ocasiones hay quien pregunta: ¿Usted estudió en el régimen comunista? ¿Trabajaba y tenía alguna responsabilidad? ¿Hizo deporte o fue deportista o artista? ¿Iba a la iglesia?...

Entonces hay que responderle: Sí, comía y dormía, y me transportaba y tenía amigos, y soñaba y pensaba, me enamoraba y bailaba, me reía y tenía aspiraciones, luchaba por lograr algo para mejorar mi vida y superarme, y todo eso dentro de la pecera.

Porque si los peces no viven en el agua, aún contaminada, de la pecera en que han convertido a nuestra Patria, dígame usted cómo quiere que viva, trabaje y estudie, aun cuando tenemos la desgracia de que un poder perverso se adueñó del agua de nuestra pecera sin contar con nosotros. En el transcurso de este libro puede relacionar estas ideas que describen la pecera con la sentencia de «socialismo o muerte» y sacar sus propias conclusiones.

La comprensión de esta realidad puede ayudar a la humanización del análisis de la vida de los cubanos y al respeto del prójimo en las relaciones, para no convertirnos en jueces unos de otros.

Actuar siempre con respeto y caridad buscando lo que una a nuestro pueblo y no lo que lo divida con juicios de intención y resentimientos. No se puede negar que cualquiera de esas posibilidades, como trabajar, estudiar, viajar y muchas más de las mencionadas en las preguntas, fueron negadas o cortadas a muchos cubanos injustamente por causas políticas o religiosas, eso es real, actual y sistemático en este régimen de exclusión.

Pero, en definitiva, no se debe confundir a la víctima con el verdugo, ni tampoco hacer lo que el propio régimen hace: castigar a la víctima.

A ningún secuestrado se le puede recriminar seguir viviendo mientras está secuestrado. Lo del «síndrome de Estocolmo»[3] es en parte real y en

---

[3] El «síndrome de Estocolmo» es un estado psicológico en el que la víctima de secuestro, o persona detenida contra su propia voluntad, desarrolla una relación de complicidad con su secuestrador.

parte superficial si se aplica en juicio rasante a la hora de analizar una realidad tan humanamente compleja como la cubana.

Somos víctimas de una falsa polarización que resulta en Cuba *vs.* Cuba. Una falsa o, al menos, forzada confrontación: *Lo de antes* vs. *lo de ahora*; *blancos* vs. *negros*; *el que tiene* vs. *el que no tiene*; *el viejo* vs. *el joven*; *el campesino* vs. *el citadino*; *Oriente* vs. *Occidente*, *el no creyente* vs. *el creyente*; *el que se quedó* vs. *el que se fue o el que se quiere ir*. Y también el más escandaloso: *el pobre* vs. *el rico*.

¿Se mantiene el antagonismo, o es que ahora son ricos buenos, o ya ni siquiera se les puede decir que son ricos, y los pobres son mudos y no pueden decir que son pobres?

El hecho es que la llamada Revolución sembró artificialmente este antagonismo en el seno del pueblo para así desgastarlo y dividirlo.

Es la farsa de este régimen que atrapa inclusive hasta a los que le sirven. Atrapa a los que les hemos escuchado decir muchas veces: «Primero dejar de ser que dejar de ser revolucionario», o «con la Revolución todo, sin la Revolución nada». Frases repetidas hasta la saciedad y completadas por la amenaza y las sentencias, incontables veces enarboladas, de «Socialismo o Muerte» y «Patria o Muerte» pero que pudieran resumirse en «Castro o Muerte».

Es como un secuestro en dos dimensiones, que se apodera de las dos caras de la moneda; si intentas liberarte te mato, pero además tú debes creer que si te liberas te mueres, pues supuestamente no existe la vida fuera de este secuestro. El sujeto, como ya vimos, es atrapado en esa combinación del miedo y la desesperanza.

Es un fetiche, una aberración, una mentira sostenida hasta por muchas de las propias víctimas de esa mentira. Reconocer que hay cosas positivas, buena voluntad, amor y generosidad en muchas personas, y también realidades que conservar, no debe hacernos permanecer en la trampa que tiene atrapado al pueblo cubano. Una trampa argumentada por la falsa doctrina de que todas las cosas buenas y que pueden haber se acaban, incluyendo la gente, si somos libres, si tenemos derechos, si podemos viajar, tener negocios y elegir a quien queramos.

Pero lo más insultante es el paternalismo cínico con el que el régimen reconoce que, si el pueblo pudiera elegir libre y democráticamente en un proceso pluralista, entonces la mayoría escogería terminar este régimen, lo cual, según sus ideólogos, sería volver a la pobreza y la explotación y perder la independencia nacional. Y como el gobierno es tan bueno, no puede permitir que el propio pueblo se pierda en ese camino erróneo de la democracia.

Si alguien cree que no soy justo en las afirmaciones anteriores, resuelvan la contradicción preguntando a los dirigentes y defensores del régimen totalitario: ¿Por qué no respetan los derechos ciudadanos y permiten partidos políticos, libertad para viajar, elecciones libres, prensa libre y todo lo que, según ellos, el pueblo cubano no quiere? O mejor aún, ¿por qué no se le pregunta al pueblo cubano en plebiscitos y referendos qué es lo que quiere?

Pero cuidado: a ningún pueblo como al de Cuba se le ha relativizado tanto su derecho a los derechos. Si se hablaba de Sudáfrica todos estaban de acuerdo, y yo también, en que ese régimen perverso de segregación y *apartheid* debía acabar. Y si se hablaba de Pinochet, muchos estábamos de acuerdo en que debía haber elecciones libres. Inclusive cuando se hablaba de la Alemania comunista, por supuesto, casi todo el mundo estaba de acuerdo en que el muro tenía que caer, y así lo celebramos.

Pero «con Cuba es diferente». Este ha sido el insulto más grande contra nosotros, con la complicidad de muchos en el mundo. De muchos religiosos, liberales, conservadores, partidos políticos de derecha e izquierda, turistas, artistas, gobiernos, intelectuales, de Naciones Unidas, de todos los gobiernos de Latinoamérica y hasta del Consejo de los Derechos Humanos de la ONU. ¡Qué soledad ha vivido esta isla cautiva cuando se le llama la «isla de la libertad»!

Hay una cruel superficialidad y sentido colonialista y racista de muchos en el mundo que, al mirar a Cuba, solo ven «la Revolución», «el Che», «la barba de Fidel», «el antiimperialismo» o un lugar donde hacerse los graciosos radicales criticando y odiando a los Estados Unidos para después irse a New York. Otros solo ven «cubanitos simpáticos», mulatas fogosas, playas, buen ron y música. Qué paradoja, ¿verdad?

La razón de los gobernantes de Cuba y sus voceros para negar nuestro derecho a los derechos son las otras injusticias que se cometen en el mundo. Cuando denuncian esas injusticias, lo que hacen es poner por delante los errores y las violaciones de otros contra sus pueblos para justificar las propias. Es una emulación negativa. Ofenden y ponen las reglas del juego.

Alguien que vivió la opresión y la simulación en un país de Europa oriental, estando en Cuba, después de ver en las calles una gran marcha convocada por Fidel Castro, me dijo: «Mira, en mi país también lo hacían, iban en multitudes y con mucho miedo. Se supo bien después de la liberación del comunismo cuánto simulaban, pero perdona —me dijo—, no mostraban tanta alegría».

Considero que ni las personas que desfilan pueden, en su mayoría, responderse a sí mismas si su alegría es simulada o auténtica. Pero lo que sí saben, inclusive los más fanáticos, es que no tienen la oportunidad de elegir sin represalias. Es un dato inequívoco que las manifestaciones no son espontáneas y, mucho menos, libres. Son ordenadas y organizadas por el gobierno. Pasan listas, vigilan y tienen en cuenta quién no va y quién va, para evaluarlos como trabajadores o estudiantes e inclusive como vecinos; en fin, como «buenos revolucionarios».

Después, si hablas con muchos participantes, inclusive con funcionarios, casi todos privadamente, están hartos de simular, o quieren una visa para viajar, o critican fuertemente y quieren grandes cambios.

Comprendo que eso es lo que confunde al mundo. Yo digo: ni el mundo está tan confundido ni los cubanos dejamos de tener responsabilidad en nuestra propia suerte. Pero recordemos que son varias generaciones que han sido instruidas, no quiero decir educadas, en el miedo, en este ambiente donde la simulación es un mecanismo de defensa. Ya dijimos que nadie tiene un detector para saber dónde empieza lo espontáneo y dónde lo forzado.

Pero llegado el momento, y hablando del daño a la integridad de la persona que causa la simulación sostenida, recuerdo esto:

Hace algunos años hablaba con un amigo dominicano, Jusep Rimoli, en el separador central de la 5ª Avenida y me dijo: «Mira, los dominicanos tenemos a veces el complejo de inferioridad y ustedes, los cubanos, el de la envidia entre ustedes mismos». Continuó diciendo: «hace años, cuando yo estaba en el seminario, había un profesor jesuita cubano muy alto y charlando en el terreno de fútbol me dijo: 'mire, una persona se puede hacer el *comemierda* para sobrevivir y para pasar ciertas situaciones críticas, pero si para hacerse el *comemierda* se llega a comer la mierda, entonces ya es un *comemierda* porque ya se la ha comido'».

Pienso que, por miedo, muchos cubanos han perdido mucho más de lo que hubieran perdido si no se hubiesen sometido. Perdieron la libertad de afirmar su identidad, falsificaron sus vidas, negaron sus creencias, simularon y se negaron a sí mismos y a sus mayores, rompieron la amistad con amigos y la comunicación con seres queridos.

Miren, quien quiera entender que entienda. Algunos cubanos, por miedo, han perdido gran parte de su vida, frescura y libertad. No solo perdieron eso sino algo más valioso: la confianza de sus hijos, la cohesión de sus familias y amigos, y hasta el placer de mirarse en un espejo y decir «soy yo mismo». Esta triste realidad involucra a cubanos que viven dentro de Cuba, pero también a muchos que viven en el exilio. Esto no es absoluto, ni nadie está irremisiblemente perdido, pero la liberación personal es una tarea de todos y de cada uno. Es difícil pero posible, solo hay que proponérselo.

Que la culpa es del régimen y solo del régimen y que no podemos reprochar a la víctima, está bien. Pero sería demagógico quitarnos a nosotros, los cubanos, una parte de la responsabilidad aunque seamos víctimas, porque sería negar nuestra capacidad de cambiar interiormente, cada cual libremente, y de cambiar la situación de opresión en nuestro país. Sería renunciar a la esperanza de liberación. El daño no es irreversible, pero debemos tomar conciencia de esta consecuencia de la opresión para poder liberarnos.

Hemos sido confinados en la pecera y nos hicieron creer que para sobrevivir había que someterse y hasta comernos unos a otros. Ahora sabemos que con nosotros encerraron la vida en esta pecera opaca y contaminada, forzándonos a creer que Cuba era solo eso, que esa era toda la vida, y que solo eso éramos nosotros. Pero ya hemos descubierto que podemos romper las barreras de la pecera, que Cuba es un gran manantial de agua limpia en el que podemos tener otra vida.

LA DESCRISTIANIZACIÓN EN LA PECERA

Durante mucho tiempo, dentro de las iglesias católicas y protestantes, la mayoría de los miembros de las comunidades eran personas críticas del gobierno con diferentes matices, aunque las iglesias como tales no estaban politizadas. Eran popularmente así, pero críticas no quiere decir hostiles.

Esta diferencia con el régimen venía dada por la hostilidad del régimen a la iglesia y por la persecución, vigilancia y exclusión de los creyentes. Pero quedarnos ahí sería todavía una lectura superficial.

El asunto es más profundo. El asunto es que solo los más firmes y convencidos se atrevían a profesar su fe y asumir las consecuencias de asistir a la iglesia —fueran más o menos críticos del gobierno o no lo fueran—. Más bien lo que ocurría es que los que estaban en las iglesias no se sumaban a la simulación tan extendida en toda la sociedad, donde aparentar ser adepto al régimen incluía aparentar no ser creyente. Y el que no entraba en este juego era libre dos veces: por no someterse al régimen y por no negar su fe.

Porque si alguien que decía ser revolucionario iba a la iglesia era el régimen y no la comunidad quien lo estigmatizaba como no confiable. El asunto es que el propio régimen ponía la condición negando la libertad en todos los campos. Era «conmigo o contra mí». Al fin y al cabo, Fidel Castro mismo era una nueva religión oficial.

Recordamos que durante décadas los artículos electrodomésticos, una batidora, un ventilador, una radio, un refrigerador y hasta un reloj despertador eran vendidos selectivamente y por méritos laborales, después de asambleas (juicios verdaderos y fratricidas) en los centros de trabajo. La asignación de una vivienda rentada a una familia llevaba como requisito implacable no tener creencias religiosas o, en todo caso, no tener ningún signo religioso en la casa. Existían inspecciones regulares para cumplir con lo establecido. Ser religioso y no negarlo tenía implicaciones inmediatas, desventajas en la vida económica, laboral, estudiantil, en la vida en todo sentido para la persona y la familia. Era un fichado, un excluido en muchos aspectos y la Seguridad, la policía, las direcciones de las escuelas y los vigilantes de las cuadras lo consideraban y trataban como enemigo de la Revolución. Creo que el origen de todo esto no era un mal entendido sino el entendimiento de los malos, que no soportaban la libertad interior que demostraba el creyente que profesaba abiertamente su fe. La libertad fue, desde el principio y por principio, incompatible con el comunismo y el fidelismo.

Pero sigamos esta línea de razonamiento. La persona que iba a la iglesia debía vencer el miedo, y aunque no iba por estar contra el gobierno, sino por su firmeza en la fe, en la iglesia encontraba un espacio de libertad para expresarse. Encontraba, aun cuando la vigilancia y penetración de los cuerpos de seguridad estaban presentes y ocultos, un ambiente sano y fraterno donde no tenía que simular la adhesión al régimen que exigían en todos los demás ambientes. Esa exigencia de incondicionalidad estaba en las escuelas, trabajos, barrios y a veces hasta en la propia casa. La Iglesia conservó su libertad interior en medio de la falta de libertad que sufría como parte del pueblo cubano, y pagando un alto precio de represión y agresiones, donde los laicos eran los más perjudicados en sus propias vidas y en sus familias. Pero laicos, religiosas y religiosos, obispos, sacerdotes y pastores soportaron esta persecución con dignidad y hasta con la alegría cristiana de saberse perseguidos por la fidelidad a Jesucristo.

El intento sistemático de descristianización incluye toda una serie de acciones y de hostigamiento sistemático a las catequesis, los seminaristas —víctimas de muchos chantajes y bajezas—, de agresiones contra los cultos y, como dijimos, el fichaje, la discriminación y el acoso de los creyentes. Pero este proceso abarcaba también la tergiversación de la historia, la emisión de gran cantidad de literatura y el uso de todos los medios de comunicación no solo contra la iglesia. El ataque, con abierta y manifiesta intención aniquiladora, fue masivamente contra la moral, la cultura y la memoria nacional, que era esencialmente cristiana. El daño lo ha sufrido la Iglesia pero también el pueblo, la gente, la sociedad.

La Iglesia, en sí cautelosa, no era dada a muchas expresiones públicas críticas y proféticas, pero tampoco era un instrumento del régimen ni se mostraba propicia a servirle de base en su política e ideología, salvo algunas excepciones muy escandalosas y puntuales. Esta lealtad al pueblo e independencia se pagaba, y se paga, con la hostilidad del régimen: chantajes, controles, provocaciones y agresiones aún hoy día.

Recordamos que en septiembre de 1961 fueron expulsados de Cuba cientos de sacerdotes y religiosas en un barco llamado Covadonga. Otros salieron antes o después debido a la confiscación de todos los colegios religiosos y de algunos conventos y a la ocupación de templos. Otros salieron por temor a las represalias que sí se cumplieron en muchos de sus hermanos.

Con el tiempo, el cerco se fue estrechando. Los sacerdotes, los religiosos y religiosas que tenían actuaciones o expresiones más comprometidas con el pueblo, o que simplemente eran muy activos con los jóvenes y grandes animadores de comunidades, eran castigados por el régimen con agresiones mafiosas de todo tipo, que incluían hasta el hecho de presionar a su obispo. Esto, muchas veces, funcionaba. En ocasiones, cuando el sacerdote se volvía un problema para la Iglesia, el propio obispo lo alentaba a salir del país.

¿QUÉ OCURRIÓ?

Que dentro del ambiente eclesial, especialmente en La Habana, por respuesta a las presiones del régimen y por el propio miedo, se comenzó por excluir a los laicos que abiertamente en la sociedad se enfrentaban al régimen. También los que dentro de la Iglesia tenían ciertas posiciones o funciones y optaban por una postura de no alineamiento con el régimen o contestataria, aunque no fueran «disidentes», comenzaron a ser apartados dentro de la Iglesia. Se hizo común el criterio de que no se puede estar en cargos o funciones laicales, en general, si se tienen posiciones muy firmes o abiertas contra el gobierno.

Es importante recordar que los conflictos más serios no los tuvimos por tratar de que la Iglesia tomara una postura contestataria o adversa al régimen, o más profética, sino por enfrentar las corrientes y posturas de unos pocos laicos y sacerdotes que trataban de alinear la Iglesia con el régimen y con sus estrategias. Algo que creo ha tomado demasiada fuerza y es hora de llamar la atención sobre ello. Porque en el pueblo de Dios en Cuba, la mayoría de los obispos, sacerdotes, monjas, pastores protestantes y laicos de todas las iglesias han sido fieles a Jesucristo, a su fe y al pueblo.

Es injusto que se dé la imagen de una Iglesia abrazada por el gobierno o cooperante, en el momento en que el pueblo quiere más que nunca los cambios. La depuración comenzó hace mucho con la satisfacción del gobierno. Esto no es absoluto ni siquiera asumido por la mayoría de los obispos, sacerdotes, religiosas y laicos. Es decir, el ambiente de las comunidades y de la Iglesia se resistía y se resiste a esta postura de alineamiento con el régimen, más bien consolidada en las élites laicales cercanas a la jerarquía en La Habana. Pero también de manera más galopante en los últimos años comenzó a imponerse una postura ambivalente que evitaba todo tipo de molestia al régimen.

Después de la visita del Papa Juan Pablo II se concretó más la permisión de la asistencia al culto. Finalmente, y es la situación actual, el régimen levanta la sanción y permite que todos vayan a la iglesia, acentuando, como lo hizo Raúl Castro en el Congreso del Partido Comunista, la categoría de creyentes revolucionarios. Aquí está el punto: según Raúl Castro no son creyentes libres, es decir, no son ciudadanos libres. Son revolucionarios y les permite entonces ser creyentes. Era mal visto desde alguna parte de la jerarquía que alguien se enfrentase al régimen o ser crítico del gobierno. Muchos aprendían esa lección. Siendo sacerdotes, religiosos o laicos saben las nuevas reglas no escritas.

Finalmente el régimen pasa el brazo por encima a la Iglesia y esto hace más daño que cuando enseñaba el puño: porque la humilla y la trata de dividir, y si no la divide es por el gran sentido de pertenencia del pueblo de Dios en Cuba, aunque lo sufre. Hay una fuerte presión dentro de la Iglesia no para que los creyentes se declaren revolucionarios sino más bien para que abandonen todo enfrentamiento al régimen y más: las revistas eclesiales *Palabra Nueva* y *Espacio Laical* abogan abiertamente por el apoyo a los cambios dirigidos por Raúl Castro y han llegado a pedir «un voto de confianza al gobierno de Raúl Castro[4]». No es un asunto puntual, es una verdadera imposición que está sufriendo el pueblo de Dios en Cuba con la consiguiente confusión de la sociedad.

Desde la jerarquía y sus voceros en La Habana, se propaga la pseudo-doctrina del alineamiento y de la cooperación, junto a la amonestación y la exclusión contra quien se enfrente a este alineamiento. El miedo también inunda la Iglesia pero ahora desde dentro. La gente sabe lo que puede decir o no contra el régimen desde la Iglesia, no ya porque se moleste el régimen, sino porque se molesta el Cardenal que marca y excluye a todo el que lo hace. Mientras tanto, se hace más pública una relación Iglesia-régimen que nada tiene que ver con los sentimientos del pueblo de Dios ni con el avance de la consecución de los derechos despojados.

La Iglesia en Cuba no sobrevivió por su astucia y por su sentido político, sino por su caridad al acoger y servir a todos y por predicar el Evangelio. Siendo una minoría, se daba a todos con el testimonio de sus laicos en los campos de concentración, barrios, cárceles, fábricas, donde eran mal mirados.

Fue heroico el testimonio de tantas familias que, por ser fieles a la fe, quedaron sin sostén. La Iglesia vivió y sobrevivió la injuria, la infamia, la burla y las agresiones en todos los medios. Enfrentó todo un proceso de descristianización en todos los órdenes mientras muchos sacerdotes y re-

---

[4]   González Mederos, Lenier. «Construir un posible en la infinidad». En *Espacio Laical,* año 4, n° 3/2008, Sección «El Tema Polémico», p. 40.

ligiosas fueron desterrados. Los cristianos sufrieron la soledad y la incomprensión mientras muchos en el mundo, y no pocos cristianos, le llamaban, y aún le llaman a Cuba, la isla de la libertad.

La Iglesia también sobrevivió gracias a unos pocos religiosos y sacerdotes misioneros extranjeros que vivieron en el pueblo y con la Iglesia. Una Iglesia sin poder pero libre. Hoy sabemos que es preferible que le enseñen el puño, y hasta que la golpeen, a que ese poder le pase el brazo por encima, como pago a la cooperación y al silenciamiento de la dimensión profética.

Hay que destacarlo. La Iglesia vivió perseguida pero siempre acogiendo a todos. A la Iglesia todos podían y pueden llegar, tocar a su puerta, inclusive los que antes la perseguían. Sigue siendo un lugar de paz, de confianza, de respeto a sí misma, de dignidad y de refugio. La Iglesia vivió también en los gritos de «Viva Cristo Rey» de tantos fusilados. Es verdad que nadie escuchaba, excepto Dios, y por eso la Iglesia vivió la alegría en la humildad, injuriada pero con gran prestigio en el pueblo, vigilada con las puertas abiertas, despojada de propiedades y sin poder pero libre. Sola y, paradójicamente, era y es la Iglesia de todos.

Este fenómeno de descristianización abarcaba más allá de la religión. El régimen trató de anular la memoria cristiana del pueblo tergiversando la historia, declarando constantemente la moral cristiana como la moral burguesa. Su blanco principal es la familia y la conciencia más íntima del individuo.

La Navidad

Particular ensañamiento tuvo Fidel Castro contra la Navidad. Además de fiesta de la Iglesia y los creyentes, la Navidad es de por sí la más espontánea y popular fiesta de la familia y de la sociedad cubana. Ya a mediados de la década de los 60 comenzó a ser «mal vista» y se eliminaron todos los símbolos navideños públicos, anuncios y cantos en los medios de difusión y en las escuelas. Fidel Castro arremetió contra la Navidad, como explicaremos más adelante, tratándola como un vestigio del colonialismo. Atentó así contra la memoria, la cultura y la fe del pueblo, pero también contra la familia y su alegría, contra la fraternidad y la esperanza. Era como si Castro tratara de resecar la vida, saqueando espiritualmente al pueblo. Muchos tuvieron miedo, pero otros resistieron. Hoy día, con más espacios, podemos preguntarnos por qué en tiempos de Navidad millones de cubanos quieren celebrar y celebran. Se sacrifican por poner un nacimiento (Belén) y un arbolito en sus casas, van a la iglesia y cenan algo diferente en Navidad celebrando el nacimiento de Jesús y, así, el amor en la familia y entre los amigos. El espíritu del pueblo derrotó la opresión materialista.

Hoy día las relaciones Iglesia-Estado son mejores, hay más tolerancia del gobierno hacia las creencias y los cultos. Pero continúa, quizás como nunca antes, la injerencia del Partido Comunista y los cuerpos represivos en la Iglesia. Hay vigilancia y monitoreo de las palabras y conductas de sacerdotes y religiosas, para intervenir inmediatamente cuando sus palabras son inconvenientes o cuando su acogida y solidaridad a los perseguidos es notable. Muchos sacerdotes, obispos, religiosos y religiosas defienden a los que son reprimidos por expresarse pacíficamente en las iglesias, como es el caso de las Damas de Blanco. Dentro de la Iglesia, el laicado aún es muy cauto y no se compromete con la lucha por los derechos humanos. En general, los laicos que lo hacemos, especialmente en La Habana, hemos sido excluidos del mundo pastoral y señalados. Sin embargo, la solidaridad de religiosas, sacerdotes y laicos, la comprensión y el apoyo humano se ha mantenido a pesar de molestar la línea establecida en la diócesis.

Si por una parte el intento de descristianización sistemática de parte del régimen fue y es una de las bases necesarias para someter al pueblo totalmente, por esa misma parte el renacer de la fe de los cubanos es, sin duda, su principal fuente de liberación.

EL CINE, OTRA VÍA PARA LA DESCRISTIANIZACIÓN

La producción cinematográfica era un monopolio estatal dirigido por una sola persona, Alfredo Guevara, y orquestado por un grupo de directores y productores ideologizados. El cine fue durante mucho tiempo un mecanismo de divulgación política e ideológica, un instrumento de desinformación e intimidación subliminar.

Para estos ideólogos del cine revolucionario, la religión era la ideología del capitalismo, por lo tanto, su misión principal era desprestigiar y atacar la religión. Había algunas constantes y objetos a destruir por parte del sistema implementado a través del cine, concretado en largometrajes, documentales, animados y noticieros que se exhibían en los cines y la televisión.

Estos objetos eran:

- La religión: Es decir, desprestigiar a los creyentes, sus formas de vida, tergiversar la historia y ofrecer con todos los recursos una versión deformada de la religión, la Iglesia y los creyentes. Pero no solo de la iglesia institucionalizada, sino que particularmente se han encargado de ofrecer un cierto tinte racista sobre las religiones yorubas.

- La producción de guiones, imágenes, narraciones y realizaciones completas cuyos contenidos desprestigian a la religión y a los creyentes de la manera más grotesca y desleal.

- El pasado: Descalificar y ofrecer una imagen repulsiva de todo lo anterior a la Revolución, no solo de los políticos, también de los comerciantes, las familias, los propietarios, los religiosos. Presentaban toda la vida anterior como corrupta, incluyendo a la mayoría de las mujeres de clase media y alta, a las que muchas veces presentaban como adúlteras, y a sus hijas como poseedoras de una doble moral. Es decir, una negación de los valores y de la moral del cubano antes de la Revolución.

- Las imágenes, sonido, montajes, narraciones y efectos, todo en función de causar repugnancia en el espectador por todo lo pasado que no era incorporado como antecedente de la Revolución y la gloria de Fidel Castro.

- Los americanos. Todo el mal que existía en el mundo, todo lo injusto que aconteció en la historia reciente, era culpa de los americanos. Los presentaron como el enemigo eterno y el objeto a odiar sobre todas las cosas, especialmente en los noticieros fílmicos, que eran verdaderos lavados de cerebro obligados en todas las exhibiciones, recreando la realidad sobre Cuba y el mundo. Sin embargo, mientras más agresivos eran los medios, mayor curiosidad y hasta admiración hacia los americanos se generaba en las personas, especialmente en muchos jóvenes. Quizás fue como una reacción contraria y de desconfianza hacia los medios oficiales.

Además de otras modalidades: desde el arte, la poesía y la música, los trovadores se burlaban de la religión o pedían guerra sin tregua a las iglesias. El Poeta Nacional Nicolás Guillén, miembro del Comité Central del PCC e indiscutible cantor del régimen, escribió un poema contra Dios, «El cosmonauta», donde se burlaba porque, según decía, en el viaje de Yuri Gagarin al cosmos en 1961 no se había encontrado a Dios. El poeta decía sarcásticamente: «El cosmonauta, sin saberlo, arruina el negocio del mito de Dios sentado atento y fijo en un butacón inmenso [...] Sube [...] Deja atrás la última nube. Rompe el último velo. El Cielo. ¿El Cielo? Frío. El vasto cielo frío. Hay en efecto un butacón, pero está vacío». Este poema fue divulgado en todos los ambientes en tono burlesco hasta la saturación.

OTRO DAÑO ANTROPOLÓGICO: LA CULTURA DEL MIEDO

Hablar de «cultura del miedo» hoy día, en un mundo dominado por las redes sociales, puede ser, para algunas personas fuera de Cuba, especialmente los jóvenes, un concepto extraño. Algo que ha quedado en el pasado con la casi total extinción de regímenes dictatoriales, que hacían del miedo un mecanismo de dominación del individuo y la sociedad.

Pero en Cuba se mantiene la politización de casi todos los ambientes, con rituales obligados de apoyo al gobierno, donde la no-participación es señalarse y caer en desventaja para prosperar, adquirir un bien material, superarse, viajar y, sobre todo, para vivir algo tranquilo.

Es penoso ver cómo se dispara el estereotipo del pánico bajo las más diversas apariencias, desde el apoyo incondicional histérico hasta el silencio profundo con expresión de asentimiento.

Este mecanismo del terror inducido es utilizado a nivel individual, en colectivos de trabajadores, de estudiantes, en el barrio y en las cárceles. Es completado por los medios de difusión, que tienen sistematizada su tarea de intimidar a la ciudadanía directamente o subliminalmente.

La intimidación viene envuelta en un ambiente de trinchera sin guerra y sin amenaza real de agresión extranjera.

El chantaje permanente al ciudadano sobre la base de la supuesta amenaza de agresión contra Cuba ha sido, hasta la fecha, el principal argumento de la Revolución para poder someter a la sociedad. Este argumento paralizante se realza cuando el régimen está en crisis interna y necesita desviar la atención. Lo usa para coaccionar a los ciudadanos, diciéndoles directa o indirectamente: «si tú ahora criticas, o te insubordinas, o denuncias, o no aceptas sumisamente todo lo que impone el gobierno, eres un enemigo del pueblo y aliado del imperialismo».

Los medios de difusión, los agentes represivos, sus agitadores y coaccionadores públicos son piezas fundamentales en este intrincado y complejo mecanismo de terror. Cuando hablan de un acto terrorista, o de un terrorista, o de crímenes pasados, o de agresiones potenciales, queda claro, para todos los cubanos, que buscan sembrar el miedo; además de que amenazan con asociar con estos hechos terroristas a cualquiera que esté «en contradicción» en cualquier plano con el gobierno.

Este recurso del chantaje funciona, y los cubanos lo entienden muy bien, pues están sintonizados con estos códigos de terror. El mecanismo del terror funciona en todo lugar y momento y no se le escapa ni un solo aspecto de la vida del cubano.

Las instituciones oficiales y las mal llamadas organizaciones de masas, creadas por el poder, ejercen, de la manera más directa posible, sobre el resto de la sociedad, un mayor control y represión directa. Conforman, junto a la Seguridad del Estado (policía política), el engranaje de este siniestro mecanismo. No solo buscan el control del individuo sino también la anulación de toda expresión de libertad interior.

La Seguridad del Estado o Contrainteligencia, en rigor, en cualquier país tiene la misión de proteger el país contra la infiltración externa enemiga y las conspiraciones violentas contra el gobierno, el espionaje y la subversión. Sin embargo, en Cuba su misión principal y la que más le ocupa es la intimidación de los ciudadanos para que no se expresen libremente, la represión de los que no se someten y expresan críticas, proponen cambios y denuncian violaciones. También el control y fichaje de millones de ciudadanos y análisis de la conducta de estos para practicar la profilaxis. Se ocupan también de la penetración en las iglesias, las logias y las instituciones religiosas para obtener información, crear intrigas y confusiones, y actuar contra sacerdotes, religiosas o laicos mediante la amenaza, el chantaje o cualquier forma de represión con estilo mafioso. Los cubanos le llaman «la GESTAPO». Existe la conciencia de que Raúl gobierna y que antes Fidel Castro gobernaba a través de ellos.

Hay un oficial destinado, o varios, para «atender» cada escuela y centro de trabajo. Los cubanos saben y tienen la experiencia de que ante la Seguridad del Estado no hay defensa legal.

Los tribunales cumplen órdenes directas de la Seguridad del Estado. De hecho, existen tribunales que juzgan sobre materia de «delitos contra la Seguridad del Estado» en los que, en definitiva, el gobierno a través de sus mandos, o los propios oficiales de la Contrainteligencia, deciden la culpabilidad y la sentencia de los acusados. Después, es este propio cuerpo represivo quien se ocupa del «tratamiento del prisionero».

Entre sus funciones encubiertas, y a veces no tan encubiertas, está la de preparar actos de repudio, agresiones contra familias y personas indefensas y hostigamiento, como ya dijimos, en estilo mafioso o como si fueran acciones de ciudadanos indignados contra los disidentes y sus familias. Estos actos de terror son dirigidos por sus oficiales en el mismo terreno de acción, descaradamente. Terreno al que conducen elementos profesionales disfrazados de ciudadanos comunes o también estudiantes, trabajadores o vecinos, aunque esto último ya no les resulta fácil.

Los cubanos que no tienen experiencia de encuentros con la Contrainteligencia o la Seguridad, solo con mencionárselos se congelan de miedo, aunque hay sus excepciones. Son un organismo represivo para amenazar, meter miedo, reprimir y mantener a la ciudadanía inhibida y sometida al poder tiránico.

Pero el sistema de meter miedo a los cubanos a escala masiva también crea escenarios y escenas que resultan en un ambiente de pánico y sometimiento de la mayoría y en el más frío aislamiento de quienes mantienen una actuación de no-sometimiento. No digo ya de disidencia.

Los cuerpos represivos son quienes trazan su propia moral y hacen su versión de la realidad, inclusive llegan a dictar a la propia persona acosada lo que esta debe pensar sobre sí misma. Cuando una persona es citada, visitada o detenida por la Seguridad del Estado, los oficiales comienzan por ofrecer datos de la vida normal del individuo. Estos datos pueden ser sobre su vida íntima, sobre sus seres queridos, sobre sus costumbres e inclusive sobre sus amigos o compañeros de trabajo y estudio, según el caso.

En el mencionado estilo mafioso advierten, amenazan y aseguran «sabérselo todo» haciendo que la persona se sienta disminuida, indefensa, perdida y atrapada. De esta manera los oficiales, interrogadores o «consejeros» ya están en condiciones de dictar a su víctima patrones de conducta. Ya la persona no será quien es, ni pensará por sí misma, sino que los oficiales de la Seguridad le darán una versión sobre sí misma para aplastarla. Le dirán al propio individuo quién es, qué piensa, cuáles son sus intenciones; aprenderá por la Seguridad del Estado quién es él mismo y cuán «despreciable» es. Después seguirán con el chantaje sobre algún pecado de la persona y finalmente, si no hay resultado, proseguirán con la coacción congelante de aniquilamiento, de destruir la familia y la vida de la persona o de condenarla.

En esto no se esconden, pues se sabe que ellos mismos dan órdenes a los tribunales. Casi invariablemente le piden «cooperación» a la víctima. Si el individuo accede en lo más mínimo y ofrece alguna información o apoyo quedará atrapado, chantajeado y desmoralizado por muchos años. Algo así como cuando los traficantes de drogas le piden a alguien un servicio y después tratan de involucrarlo de por vida.

La secuencia de este cuerpo represivo es subir la amenaza y hacer más bajo y prosaico el chantaje. La falta de escrúpulos en los métodos de la Seguridad del Estado es proporcional al régimen que defiende.

Hay un estereotipo de sus agentes, muchas veces reconocibles hasta en el rostro enfermizo, de frivolidad, odio y miedo. Los más usados para las misiones de terror se conducen como personas de la peor calaña. Sus jefes o ellos mismos pueden vestir de uniforme impecable y aparecer como funcionarios respetuosos. Hablan así con una madre en una oficina mientras tienen a su hijo en una jaula de tortura solo unos metros bajo tierra. Abusadores hasta el extremo, ofensivos con las mujeres y racistas.

Estos métodos y conducta de los cuerpos represivos se reconocen también en la actuación y el lenguaje de los diplomáticos y del servicio exterior en sus confrontaciones en los organismos internacionales.

Crean su verdad y su moral, se adueñan de todas las cosas justas en el discurso y ofrecen su versión sobre la realidad. Emplean lo que podemos llamar el «Método de la Intimidación Anticipada». Este método es fácilmente reconocible, por ejemplo, antes de una votación en Naciones Unidas o en el Consejo de Derechos Humanos donde se decida algo sobre Cuba. Emplazan y ofenden anticipadamente a los que pudieran votar contra el gobierno de Cuba y los califican como instrumentos del imperialismo. Después, ofenden hasta la obscenidad a todo el que difiera en lo más mínimo o haga una crítica al gobierno de Cuba, y no tienen ningún respeto por la palabra ni por la verdad.

Lo curioso es cómo diplomáticos, funcionarios y hasta gobiernos son susceptibles a estas amenazas y ceden increíblemente ante la posibilidad de convertirse en objetivo de los cuerpos represivos o de los representantes cubanos. Muchos diplomáticos han conocido en el propio terreno las consecuencias de portarse de manera que no guste al gobierno de Cuba.

El castigo no es declararlo persona *non grata*, pues quizás no haya motivo. El castigo puede ser la ofensa por teléfono, el robo simulado o hasta llenarle de estiércol (heces fecales humanas) las paredes interiores de la casa donde viven.

Castigos semejantes y peores han sufrido sacerdotes y religiosas extranjeros y cubanos cuya conducta disgusta al gobierno, por su prédica o, simplemente, por acoger en sus comunidades a personas que están marcadas como disidentes, o por hacer la visita a familiares de prisioneros políticos.

Otro tanto hace el Partido Comunista, que dice a los ciudadanos, inclusive a sus miembros, la frase «tú no entiendes». Cuando dicen esa frase a alguien, el mensaje subliminal es coercitivo. Es empleado cuando alguien difiere, no acepta o no se identifica con alguna decisión o idea del gobierno o del Partido o con sus líneas. Ese amenazante «no entiendes» quiere decir: no nos importa que no estés de acuerdo, ni lo que pienses, ni tu conciencia; el asunto es que tienes que actuar y hablar como si estuvieras de acuerdo y lo consideraras justo. Primero te presionaremos «hasta que entiendas», después te pasará una aplanadora por encima y si eres de nosotros, más te valdría no haber nacido que quererte liberar.

Ese es su mensaje y sus víctimas, que son en la mayoría de los casos sus propios miembros, conocen las consecuencias.

Es significativa la arrogancia mostrada cuando alguien renuncia al Partido Comunista, pues se le convoca, de todas maneras, a una reunión para expulsarlo. Es algo ridículo y patológico, nunca se equivocan. Una maquinaria donde la víctima mayor son sus propios miembros a los que no se les respeta su libertad interior.

Igual sucede con el resto de las mal llamadas organizaciones de masas, los tribunales, las organizaciones estudiantiles, profesionales e intelectuales.

Pero los cubanos cambian, los comunistas o miembros del Partido cambian y hacen, en parte, que las cosas cambien.

Ya es una esperanza viva el hecho de que muchos militantes del Partido Comunista, o personas integradas en organizaciones revolucionarias, van dando signos de independencia, y es cada vez más difícil encontrar a alguien que se preste como instrumento para oprimir a sus compañeros de trabajo o vecinos. Por eso la Seguridad y sus peones tienen más trabajo.

Concentrémonos ahora en el terror más corriente, el aplicado a toda la ciudadanía o a sectores específicos como pueden ser universitarios, estudiantes, religiosos, trabajadores, reclutas, jóvenes, vecinos de ciertas zonas o toda la ciudadanía. Existe un sistema de programas de radio y televisión con desinformación muy sui géneris: exhiben programas producidos en Cuba o también por el canal venezolano Telesur, con vistas e informaciones dosificadas pero a las que el pueblo de Cuba no tiene acceso independiente. Esta dosificación de la información de la radio, prensa escrita o televisión lleva consigo unas interpretaciones o versiones arregladas, muchas veces más amplias que la noticia misma, con el juicio incluido y la receta de lo que el auditorio debe pensar.

Recordamos que el acceso a Internet no es un derecho y que solo una fracción de la población lo tiene, pero aun esos están controlados. En los medios oficiales de televisión hablan cínicamente de lo que hay en Internet, sabiendo que el pueblo en su mayoría no tiene Internet. Pero los que tienen este servicio saben que es limitado el acceso y que además «son vigilados y filtrados» y pueden ser excluidos o castigados si acceden donde no deben. Aunque generalmente la gama de lo que «no abre» o no se permite el acceso es inmensa.

Pero sigamos explicando sobre estos programas o este sistema de coacción-desinformación.

Diariamente, los medios oficiales descargan una hemorragia de odio, de tergiversación y de parcialidad en la información tan limitada que ofrecen. Casi nunca ofrecen la información en sí, ni simultánea a los hechos, sino solo la interpretación y juicio sobre los hechos y declaraciones. Algo insultante y ridículo es que, salvo cuando les conviene, silencian el audio y el narrador del régimen va dando su versión sobre lo que está diciendo la persona que habla en cámara o sobre las imágenes que se muestran, pues los locutores de las cadenas televisoras también son silenciados. Es una especie de televisor silente con audio añadido.

También se emplean programas dirigidos al pueblo como medio de intimidación subliminal: quien esté contra el gobierno es porque es partidario de estos enemigos abominables que se presentan. Es decir, usted puede ser aliado de un terrorista o agente de la CIA, o culpable de la invasión a Irak, si se atreve a criticar a Raúl Castro o a decir que los precios son abusivos. Ellos saben que funciona.

Forzada y letal fue la división impuesta por el régimen entre revolucionarios y no revolucionarios (o disidentes). Por eso el proceso de liberación debe superar esta división y no sustituirla o reciclarla con otros signos ni con signo contrario. Nadie es juez de nadie; debe haber comprensión, respeto, caridad, perdón con todos y entre todos. La liberación, en buena medida, consiste en identificarnos como hermanos y como cubanos, sin condenar a nadie y sin forzar a nadie a renegar de sí, de su historia, de lo suyo y de los suyos, pues eso es lo que ha hecho el comunismo. Este enfrentamiento forzado entre cubanos, este convertir a la víctima en verdugo del prójimo y de sí misma, ha sido uno de los peores daños a la persona (antropológico) que ha causado este régimen.

ASALTO A LA FAMILIA

En los primeros meses de la Revolución, muchas familias sintieron pánico ante los rumores de que los padres perderían la patria potestad sobre sus hijos. Esta idea a otros les parecía exagerada y ridícula. El Estado nunca amenazó con esa formalidad, pero, de hecho, con su política de control, propaganda y especialmente con su politización, ideologización y ateización de la educación y con su metodología de escuela campamento, trató de usurpar a los padres dimensiones de sus relaciones con sus hijos que, en la práctica, mutilaron seriamente el ejercicio de la patria potestad, del derecho y de una necesidad tan humana como es la educación materna y paterna.

«Dentro de la revolución, todo; contra la revolución, nada». Esa era la moral a seguir. Los hijos ya no serían educados por sus padres, tampoco les agradecerían nada. De ahora en adelante la revolución sería la gran benefactora. Se crearon campamentos para las milicias en donde se internaban jóvenes varones y hembras que, con esto, sintieron la liberación de sus padres, pero esto fue solo el principio.

LA ESCUELA AL Y EN EL CAMPO

Más tarde se crearon mecanismos como la «escuela al campo», llevando a los estudiantes de manera obligatoria a vivir y trabajar en campamentos agrícolas durante semanas o meses. Finalmente se crearon escuelas secundarias y preuniversitarias como campamentos permanentes en el campo, combinando el trabajo y el estudio. Gran parte de los estudiantes cubanos permanecían todo el curso internados, con pases semanales o mensuales.

Este mecanismo incluyó a la totalidad de la enseñanza del preuniversitario e institutos tecnológicos, con la excepción de algunas escuelas para adolescentes y jóvenes enfermos.

Generalizar puede ser ofensivo para algunos, pero ocultar el daño que estos ambientes hicieron a los jóvenes de entonces sería silenciar a una víctima masiva que abarcó varias generaciones de cubanos. No se puede confundir esta denuncia con una acusación porque las víctimas de estos métodos han sido los alumnos, los padres, pero también los propios maestros y profesores.

Los padres, pasando inmensos trabajos, dejaban de comer para llevar a sus hijos lo que podían. Los alumnos tuvieron que sobrevivir en un ambiente en parte opresivo, donde se incubaron amistades que duraron para siempre, pero también resistiendo a tendencias de la ley del más fuerte, algo semejante al ambiente que existe en un presidio. Por otro lado, el relajamiento moral por la desorientación, la inducción y la falta del control de los padres llegó a imponerse, y no faltaron «fiestas» de dudosa moralidad.

Pienso que el confinamiento de los estudiantes fue una componente de la táctica del régimen, durante varias décadas, de extraer a los jóvenes y educarlos a su manera, y una no disimulada política antijoven que hizo sufrir a muchos. Pero antes de hablar de la juventud hay que recordar que en Cuba había decenas de miles de alumnos, de familias ricas, de clase media y de trabajadores, que estudiaban en escuelas religiosas y privadas laicas. Pero la mayoría de las escuelas primarias, de enseñanza media y universidades eran públicas y con mayor peso en el número total de alumnos.

Muchos de esos maestros y personales de educación al llegar la Revolución fueron excluidos por sus creencias e ideas. Otros que simpatizaban con la revolución, o por amor a su profesión, enseñaron, con mucho amor, valores y conocimientos que quedaron como semilla positiva para las nuevas generaciones mientras observaban el deterioro de esas escuelas y de la educación.

Las UMAP y el Ejército Juvenil del Trabajo

No hay que olvidar que la campamentización de la sociedad y del trabajo fue el método de control y confinamiento de la juventud y, en menor grado, de fuerza productiva semiesclava. La sociedad perdió la capacidad para producir los alimentos que necesitaba, en un país que era más que autosuficiente en materia de alimentación. El abuso contra la juventud ha sido sistemático. La sustracción de adolescentes mediante becas y el sistema de servicio militar, los campamentos de trabajo forzado como UMAP y otros, las granjas de castigo y la creación del llamado Ejército Juvenil del Trabajo, todos bajo régimen que iba entre lo militar y el presidio, confinaban, y todavía lo hacen, a los jóvenes en campamentos muchas veces a cientos de kilómetros de sus hogares con pases mensuales o cada varios meses. Las condiciones de verdadera indigencia, el ambiente agresivo y la exigencia de trabajo más allá de lo posible para un joven mal alimentado han sido las constantes. Particularmente abusiva ha sido la política de «reclutamiento» en jóvenes de zonas rurales, de condición muy pobre y que por esa misma razón apenas llegaban a rebasar la enseñanza primaria.

¡Me persiguen! ¿Mi delito? Ser joven.

INTENTO DE DISECCIÓN DE LA REALIDAD ACTUAL. BREVE REFLEXIÓN SOBRE ALGUNOS ASPECTOS DE LA SOCIEDAD CUBANA

EDUCACIÓN. CÓMO UN PUEBLO EDUCADO PARA LA ESCLAVITUD DESPIERTA PARA LA LIBERTAD

Cuba somos todos los cubanos, nuestra historia, nuestra tierra, nuestra diáspora, nuestra cultura, nuestros problemas, virtudes, defectos y nuestras esperanzas. Pero Cuba es también su memoria cristiana y la fe de sus hijos.

Algunos pueden interpretar, erróneamente, que promuevo una educación pública confesional, solo para cristianos, y no es así. Desde la fundación de nuestra República la educación ha sido laica y después al instalarse el régimen actual ha sido confesional, materialista-atea.

No me referiré al sistema de educación en sentido estricto, sino a la educación en sentido amplio que involucra, no solo al Estado y a toda la sociedad, a sus instituciones de educación, sino también a la familia, a las iglesias, a los medios de comunicación, a todas las demás instituciones y a los ciudadanos.

La raíz cristiana de nuestra cultura y los valores cristianos han estado activos y presentes en la educación cubana, dentro de los sistemas de educación, especialmente por el factor humano que involucran, pero también por los contenidos y la moral que se trasmitía. Una mirada profunda a nuestra historia demuestra que nuestra educación, como nuestra nación, tiene una raíz cristiana. El Padre Félix Varela y José de la Luz y Caballero son pilares de la formación de nuestra identidad y de nuestros valores.

Esos valores han estado presentes en nuestra educación, en sentido amplio y en la escuela cubana durante muchos años. Con la imposición del marxismo y la «moral socialista» ciertamente esos valores cayeron en desventaja y en peligro de extinción. Pero vamos al rescate. Rescate no para aferrarnos a un pasado, sino para, desde nuestros auténticos valores, defender el derecho a un futuro más humano, libre y digno para los cubanos.

Los valores cristianos y también nuestra fe han estado vivos en la educación, también fuera del sistema educacional, aunque perseguidos o combatidos. Perseguidos no solo por el poder político, recordando que en el totalitarismo este poder lo abarca todo, sino por otros muchos factores que con fuerza se oponen a estos valores.

El esfuerzo por educar en estos valores y en la fe ha permanecido en la sociedad, sin contar con medios, recursos y sin muchas voces, perdiendo mucho terreno, pero defendiendo y promoviendo lo más auténtico de nuestra identidad. No en las estructuras, pero sí en el seno del pueblo, en las iglesias católicas, protestantes y evangélicas, también en las logias y entre los pocos, pero muy auténticos, judíos que quedaron en Cuba profesando su fe y en los creyentes de las religiones de síntesis entre elementos de ritos africanos y europeos. Esta transmisión de la fe y los valores ha sido tarea de los abuelos y abuelas en muchos hogares, también de los maestros, de los grupos defensores de los derechos humanos y de muchos cubanos, no importa de qué posiciones políticas. Muchos cubanos de la Diáspora, sin detenerse en el tiempo, conservan y viven esa memoria y esos valores cubanos y cristianos, por lo que ellos han sido una parte importantísima, no la única, de la reserva de la memoria y del sostenimiento de esos valores cubanos y cristianos.

EDUCAR ES LIBERAR

Durante décadas esa educación cristiana y sus consecuencias en la conducta de las personas y de la sociedad han estado perseguidas hasta el intento manifiesto del Estado por aniquilarlas. Mediante un proceso sistemático de vaciamiento espiritual ha intentado la sustitución de nuestros valores, nuestra memoria y nuestra perspectiva nacional por una ideología atea y materialista.

Ese sistema político ideológico se ha reducido a imponer o tratar de imponer el condicionamiento total de la vida de un pueblo a un grupo de poder o al poder de un hombre y su grupo. Esta imposición se hizo doctrina, propaganda, moral, sistema socioeconómico y también educación. Aunque mala educación. Porque la educación no es mucha ni poca, sino buena o mala y, si no se educa para el amor y la libertad, se educa mal. Aún en medio de este panorama se puede afirmar que en Cuba sobrevive una educación cristiana. En medio del peligro al que me refería, ha habido y hay, ahora con mayor intensidad, un verdadero combate entre el poder y el espíritu.

Es necesario convocar para buscar entre todos la verdad. Ese es un paso imprescindible para la liberación. Y si educar es liberar, nadie mejor que los educadores para comenzar.

Por eso la necesidad de una toma de conciencia y de una concertación entre los cubanos para diseñar y poner en marcha un proyecto de educación auténticamente cubano.

Lo forzado, lo injusto, lo deformado y anticubano, sería dejarnos despojar de nuestras raíces y valores sin ningún proyecto y con la dominación de los de antivalores. Ese vaciamiento, que sigue al intento de descristianización que nos trataron de imponer, es la condición para el sometimiento y la esclavitud total. Es como el SIDA que deja al cuerpo social indefenso para que cualquier germen lo devore, que puede ser el germen del totalitarismo, aunque mutado. Últimamente en los medios de difusión oficiales se comienza a hablar de valores, pero no de sus fundamentos, ni de la dignidad de la persona y sus derechos. Se habla de valores pero no de virtudes.

Por eso, nada más exacto decir que educar es liberar. Esta educación no puede significar nunca la imposición de una doctrina y mucho menos algún tipo de exclusión para los que no profesen una religión ni para nadie, sino un servicio y una promoción humana desde los valores humanos y cristianos y no desde el poder, sabiendo que en este servicio, en esta promoción participan y van a participar, con el mismo derecho y con el mismo amor, creyentes y no creyentes.

En nuestra situación histórica el proyecto de educación debe ser entonces componente inseparable de un proyecto de liberación integral para nuestra nación.

HISTORIA. ALGUNOS ANTECEDENTES

Aquella escuela era buena. ¡Y los maestros también!

No es el objetivo de este capítulo hacer un recorrido en la historia, pero debemos tener en cuenta la experiencia acumulada para recoger lo positivo de esa experiencia y superar lo negativo.

Quiero recordar las virtudes de la escuela cubana. Esa institución, tan humilde a veces, era siempre respetada, tanto la escuela como el maestro y la maestra. Como ya mencionamos en ocasiones, algunos gobiernos y políticos, algunos ministros y funcionarios podrían tener una conducta viciada o corrupta, pero la escuela cubana era un santuario de decencia, de civismo, de patriotismo y de humanismo cristiano, fueran o no creyentes los maestros. El sistema era laico, pero los maestros en general eran cristianos, los que eran masones no eran menos en cuanto a estos valores.

En las escuelas públicas las fiestas religiosas se celebraban, no por orden del gobierno, sino por lo impregnadas que estaban estas creencias y tradiciones como parte de la religiosidad del pueblo. En términos generales se puede decir que la escuela tanto privada como pública era una institución que en términos sociales y espirituales en Cuba se podía clasificar de sagrada por el respeto que tenían de toda la sociedad. Estas escuelas fueron edificadas desde el nacimiento mismo de nuestra nación y por los que las fundaron, creciendo siempre en ciencia, en humanismo y espiritualidad sin importar el gobierno que estuviese.

En este libro hago algunos apuntes sobre situaciones en las últimas décadas que ya marcaron el presente y pueden marcar el futuro. Trato de hacer un llamado de atención que ya muchos han hecho, sean revolucionarios o no, pues la preocupación por la pérdida de valores, el daño a la familia y el futuro de nuestra sociedad no es exclusiva de un sector político. Lo que ocurre es que el propio poder político, el régimen, está impidiendo que todos los cubanos trabajemos juntos por un futuro mejor como hombres y mujeres libres respetando las diferencias de ideas.

Es necesaria una mirada retrospectiva, hasta el mismo día de hoy, para explicarnos por qué las personas se comportan de una manera ahora y explicarnos por qué las relaciones entre los cubanos son así ahora.

En estas últimas décadas se ha sembrado la mentalidad de que nada anterior valía, de que todo era malo y de que lo único que tenía sentido era lo que desembocaría en la revolución y en el liderazgo de Fidel Castro. Según esta versión de la historia, la política, el cine, el arte, la religión, la escuela, la educación y hasta la gente, todo, era imperfecto y nada tenía gran valor. Entonces, según esta doctrina impuesta, los padres, la familia, las tradiciones, las propiedades, la moral, nada valían.

Por esa razón se perdió en gran medida el respeto por el adulto ya que, supuestamente, toda la autoridad ha estado en la Revolución, la cual discute o arrebata la autoridad a los padres y a la familia.

¿MAESTRO O COMISARIO? NACE LA SIMULACIÓN EN LA TIERNA EDAD

Se contaminó la función del maestro con una función política. Las autoridades le presionaron para que actuara como un comisario político, como quien impone, amenaza y reprime a sus alumnos. Ya había que tenerle miedo al maestro, a algunos, no porque te halara las orejas o llamara a tus padres para quejarse de tu conducta, sino porque te delataba a la policía política, te señalaba como gusano, te excluía o humillaba y finalmente perjudicaba políticamente a tu familia.

Los niños aprendieron a tener miedo, a decir una cosa en la escuela y otra en la casa. Con el tiempo, en la casa los padres se decían unas cosas entre ellos y otras a los hijos. Después algunos ni entre ellos se decían lo que pensaban, y finalmente ni al espejo ni a la almohada. Comenzaba un penoso y masivo «síndrome de falsificación de la vida». Esta, como otras ideas, no es absoluta, ni tampoco esa falsificación parcial anuló la buena voluntad. Efectivamente, aun en los que podían simular su adhesión política al régimen no se anuló el amor al prójimo, ni impidió las obras de caridad ni la solidaridad.

Todos sabemos cuán forzadas eran y son las actuaciones políticas. Eran requisito que nadie o la mayoría se creía o se cree, pero que todos o casi todos por instinto de supervivencia seguían. Fue como una hibernación forzada de una parte del yo que no se expresaba para que el yo total sobreviviera. Pero ni siquiera había comunicación entre los que simulaban, que quizás no sabían que eran mayoría. Ahora, ya lo vamos sabiendo todos: ¡que los que queremos cambio somos mayoría!

Pero hubo y hay hoy, con creces, una gran resistencia de muchos maestros y profesores de todos los niveles, que más allá de si eran, si son o no revolucionarios, no perdieron su humanismo y su caridad, trataron y tratan de aliviar, amortiguar el ambiente opresivo y las medidas represivas que impone este sistema. En definitiva, los maestros también han sido víctimas de la opresión, como eran y son víctimas de la pobreza por la falta de valor del salario que reciben.

Maestros al rescate. ¡Renace la esperanza!

Aunque la doctrina totalitaria y de intolerancia política-ideológica sigue siendo la misma, podemos hablar de una victoria humana de los maestros, profesores, alumnos y padres sobre ese sistema opresivo que el régimen impuso en la educación. Esa victoria, aunque no total todavía, será definitiva, porque va en progreso debido a la negación de muchos maestros a servir de comisarios o agentes represivos, a ocultar su fe y a imponer un lenguaje estalinista, aunque todavía formalmente se exija.

Es decir, el totalitarismo comenzó a fracasar en las escuelas de todos los niveles y en las universidades primeramente en los corazones de los alumnos y maestros y ahora en sus actitudes y sus palabras. Algo semejante ocurre con muchos artistas donde el ambiente en general comienza a ser liberador.

En ningún caso se puede negar el amor con que trabajaron y trabajan miles de maestros, profesores y funcionarios que con dedicación se han entregado durante años a la enseñanza. En esto no se distinguen los revolucionarios convencidos, los comunistas, de los que no lo son, pues muchos han entregado sus vidas con gran generosidad a esta labor. Pero por eso mismo no se debe negar el daño que algunos males intrínsecos al sistema han hecho a los alumnos, a los maestros y a la sociedad. Uno de estos males es la explotación y la manipulación contra los propios maestros y docentes en general.

GRATIS PORQUE LA PAGA EL PUEBLO

Como veremos la educación gratuita no es un mal sino un bien, pero un bien que se da el pueblo a sí mismo, por lo que no debe ser instrumentalizado por el poder político.

También es importante conocer que en Cuba, con sus defectos y limitaciones, se estableció, desde la fundación de nuestra República, un sistema de educación pública y gratuita que con el tiempo se extendió por todo el país. En realidad, ya durante la administración norteamericana de cuatro años (1898-1902) se fundaron muchas escuelas públicas. También se echaron las bases de lo que sería después uno de los primeros sistemas nacionales de salubridad en el mundo: el cubano[5].

Continuando el tema, recordemos que desde las primeras décadas de la República se destinaron maestros rurales pagados por el gobierno, muy mal pagados por cierto. En muchas zonas rurales había escuelitas, aunque el abandono de las zonas apartadas del campo por los gobiernos era bastante extendido. En cada pueblo o municipio de las zonas apartadas de las ciudades se construyeron durante los años 30 y 40 escuelas públicas. Estas escuelas todavía se pueden ver, pues por su calidad constructiva y su amplitud han resistido la erosión del tiempo y el mal trato. En Cuba había instituciones docentes públicas de fácil acceso para los pobres. Estamos hablando de estos logros solo tres o cuatro décadas después de fundada la República.

La tradición de la educación en Cuba comenzó desde los albores mismos de la formación de nuestra nacionalidad con el trabajo abnegado de

---

[5]   Durante el gobierno del general Mario García Menocal (20-05-12 a 20-05-21) se realizó un serio esfuerzo por mejorar la situación sanitaria, se creó la Secretaría de Sanidad y Salubridad, primer ministerio de Salud Pública en el mundo, y fue su primer titular el doctor Carlos J. Finlay.

muchos misioneros, la mayoría anónimos. Fueron maestros los que sembraron la conciencia nacional primero y los que fundaron después, en la lucha rebelde, nuestra República, desde Varela, Luz y Caballero, Mendive, Carlos Manuel de Céspedes hasta José Martí, Maestro y Apóstol de nuestra independencia.

La Universidad. Nunca más hermano contra hermano

Ha sido perverso y pervertidor enfrentar vecino contra vecino, trabajador contra trabajador, especialmente joven contra joven, amigo contra amiga, compañera contra compañera, estudiante contra estudiante. Es pervertidor pues ha empleado a la víctima contra su prójimo, que es la otra víctima, y contra sí mismo, para así desmoralizar a la víctima e involucrarla en su propio daño y en el daño al otro, para tratar de romperla por dentro. Ese ha sido el mal espíritu de los actos de repudio todavía tan practicados por el régimen.

Volviendo a la actualidad y a la historia, recordemos que en los niveles secundarios y preuniversitarios la dirección de la propia escuela podía ser quien decidiera enviar a un adolescente al confinamiento en las granjas de trabajo forzado y en la UMAP. La Universidad se convirtió en el medio de mayor intolerancia. Aún hoy se proclama esa consigna fidelista: «la Universidad es solo para los revolucionarios».

La captura de las escuelas, universidades e instituciones docentes públicas por el poder político, terminó siendo una profanación de estas instituciones, que eran del pueblo, para tratar de convertirlas en instrumentos de dominación de la persona. También de represión contra las mentes de los niños, de los jóvenes, de los maestros y de las familias. Digo «tratar» porque no siempre lo lograron. Como hemos visto ha habido resistencia en maestros, alumnos, padres, funcionarios que evitaron, aunque no siempre, que el sistema impuesto consumara el mal. No me refiero al sistema gratuito, sino a su politización represiva.

La incondicionalidad a la Revolución era la condición para todo y así sigue siendo, aunque con menos eficacia, a veces con menos rigor pero aún se impone este concepto con intolerancia, muchas veces hasta la crueldad.

Los niños aprendieron a simular, a mentir y a defenderse y no solo los niños. También muchos estudiantes aprendieron, especialmente en las universidades, a vigilarse, acusarse y denunciarse unos a otros, bajo pena de ser ellos mismos censurados o expulsados. Fue verdaderamente penosa la imposición en las universidades de este ambiente entre los estudiantes. El régimen llegó a la perversión, todavía practicada, de que cuando la Seguridad del Estado, o el Rectorado o la Juventud Comunista querían expulsar a un estudiante universitario por tener «problemas» ideológicos, religiosos o políticos, preparaban reuniones en las que «los mismos compañeros» pedían la expulsión.

Ocurría, y todavía con menos frecuencia ocurre, que un aula entera abucheara a una jovencita o a un jovencito mientras los observadores medían quién participaba en este repudio o no y con qué intensidad lo hacía. ¡Ay de aquél que se negara a apoyar estas expulsiones o a oponerse! Posiblemente se iba ese mismo día también expulsado. ¡Ultrajante!

Todavía estas escenas se producen pero ya tienen que prepararlas profesionalmente porque la cooperación de los compañeros no se logra como antes. Con estos actos represivos y expulsiones destruyeron a miles de jóvenes, tanto por ser víctimas como por ser verdugos de sus compañeros. Les condenaron a la ruina, los traumatizaron, los sentenciaron a la mediocridad y la pobreza con crueldad sin límites. No todos participaron en estos actos represivos pero todos de alguna manera han sido víctimas, porque el ambiente en sí ha sido opresivo. De ninguna manera me propongo ajuste de cuentas, ni sacar a nadie sus actitudes, pero sí que tomemos conciencia del mal que esto nos ha hecho a todos, alcanzando inclusive a la nueva generación. Todo esto ha ocurrido en el gobierno de Castro y los fidelistas.

Por lo que decir todo esto no es una manera de sacar cosas del pasado, sino de explicarnos un presente en el que todavía prevalecen la falta de derechos, los actos de repudio, el ultraje, las ofensas y los encarcelamientos injustos orientados y ordenados oficialmente.

Aún prevalece la imposición oficial política-ideológica y la intimidación. Las universidades y las organizaciones estudiantiles no son libres sino dirigidas por el Partido Comunista, la Juventud Comunista y la Seguridad del Estado que da órdenes a través de sus mecanismos de control.

Es hora de preguntar de una vez: ¿Por qué esa exigencia de incondicionalidad a la Revolución? ¿Qué significa incondicionalidad a los que mandan? Esta situación atenta contra la libertad de conciencia, contra la jovialidad, la espontaneidad y el derecho a la frescura que deben tener los jóvenes y atenta también contra la solidaridad y la fraternidad entre los estudiantes. Además la Universidad la paga el pueblo, no es un regalo de los gobernantes, y el pueblo somos todos los cubanos. En las universidades son cada vez más frecuentes las expresiones y actitudes libres, contestatarias y solidarias entre estudiantes y algunos profesores. Va cambiando el ambiente porque hay un proceso de liberación desde los estudiantes y profesores.

Recordemos cómo un libro de lectura de quinto grado decía: «La Ciencia ha demostrado que Jesucristo no existió». Pretendieron matar al mismo Dios. El mundo fue descubierto por Marx, Lenin y los soviéticos lo inventaron todo. «¡Pioneros por el comunismo, seremos como el Che!».

Esta política de contaminar la escuela y el sistema de educación no se limitó a las instituciones docentes, sino que involucró a los medios de difusión masivos, a los Comités de Defensa de la Revolución, a los cuerpos represivos y a todos los recursos e instituciones del Estado. Se configuró un sistema que descristianizaba y era coercitivo y opresivo. No son epítetos, no hay intención de juzgar, pero sí de reflexionar con valor porque, como les decía, ese sistema es una grave realidad que ha dañado profundamente a nuestra sociedad y a las personas.

Repetimos, debemos distinguir los mecanismos opresivos del sistema, de las personas, pero no podemos cerrar los ojos frente a estas cuestiones si queremos hacer un proyecto de educación que tenga como primer valor a las personas como seres dignos e irrepetibles, con derechos, por ser hijos de Dios, sean creyentes o no.

¡NO SE LLEVEN A NUESTROS MUCHACHOS!

Todo esto ocurría mientras la enseñanza llegaba a lejanos lugares donde no había existido en épocas anteriores. La educación se masificaba y se modernizaba y se multiplicaban los centros de enseñanza. En especial los centros de régimen interno a los que llamaron «becas». Estos en un principio fueron solución para la situación de muchos niños y jóvenes que vivían en zonas apartadas de los pueblos y ciudades. También fueron una «solución» para familias que se encontraban en mala situación económica y de vivienda, que así sentían un alivio y una oportunidad para sus hijos.

Después este sistema de becas pasó a ocupar un lugar prioritario. Se construyeron cientos de planteles para la Enseñanza Secundaria Básica y Preuniversitaria y centros tecnológicos y finalmente se eliminó la enseñanza media superior y preuniversitaria externa, con el argumento del principio educativo del trabajo-estudio. Hoy se está restituyendo esta enseñanza al régimen externo.

Entre otros objetivos ha estado el de emplear al estudiante como fuerza de trabajo y sustraer a los adolescentes y jóvenes del medio familiar y «sacarlos» de las ciudades y pueblos. El régimen tempranamente consideró a la juventud como un peligro y siempre le ha temido.

El valor educativo del trabajo nadie lo discute, pero el internamiento masivo y muchas veces como única opción para el estudio ya sea a tiempo completo, como «las escuelas en el campo», o por períodos, como el célebre «plan la escuela al campo», es muy discutible en cuanto a sus efectos para la instrucción y para la formación de valores.

El ambiente en estos centros internos donde se imponía la llamada moral socialista terminaba siendo de amoralidad. Además, la manipulación abusiva de los estudiantes llevados como ganado para hacer número en los actos políticos masivos y las malas condiciones de vida en general en estos centros han hecho mucho mal a los estudiantes, a sus familias y a la sociedad. Muchos de los problemas que hoy sufren la familia y la sociedad cubana tienen, en gran parte, su origen en esta política de sustracción del estudiante de la familia bajo esas condiciones. Muchos traumas y dramas personales comenzaron en «la escuela al campo» y en «las escuelas en el campo».

Durante todo este tiempo y en esas circunstancias no han faltado la vocación y la entrega generosa de muchas maestras, maestros, funcionarios y voluntarios que han trabajado en la Educación. No solo instruyendo, sino sembrando valores en los niños y jóvenes, especialmente por el amor con que lo han hecho. También hay factores del sistema educativo que son positivos en sí mismos y lo que preocupa es su deterioro. Pero lo que nunca ha habido ni hay es libertad y derechos. Si se educa, que se eduque para la libertad.

ACTUALIDAD. HAN DAÑADO VARIAS GENERACIONES, PERO PODEMOS SUPERAR EL DAÑO

En general hay una tendencia alta a la deserción de los profesionales de la Educación. Es necesario un estudio sobre las causas de este disgusto, pero hay algunas que son notorias como la explotación del maestro, la pobreza y la precariedad en que viven la mayoría de los docentes, cuyo salario no les permite satisfacer sus necesidades elementales. También la arbitrariedad de programas, planes y medidas que se aplican en el sistema educativo, con poco respeto hacia el trabajo del maestro y sus convicciones. Súmese la manipulación política sobre el trabajo del maestro. Así merma el respeto de los alumnos, que terminan entendiendo esta manipulación y se adaptan para sobrevivir. Muchos maestros han dicho: «no sigo porque respeto mi profesión y me respeto a mí mismo». Pero si me permiten una sugerencia, creo que sería mejor seguir, exigir ese respeto, negarse a la manipulación y afrontar las consecuencias solidariamente. Ya algunos lo hacen.

Preocupantes son los Planes Emergentes[6] para formación de maestros para suplir esta deserción. Se les instruye con cursos relámpago de calidad cuestionable, pero mucho más cuestionable es la eficacia del trabajo que puedan realizar. Debe irse a las causas y no a los síntomas solamente. Si por una parte es un esfuerzo para resolver un problema real, por otra no se permite el análisis a fondo de las causas sociales, económicas y políticas de esos problemas. La velocidad con que se improvisan nuevos planes, cursos y sistemas de formación y la creciente instrumentalización política de la educación han dañado su calidad y de esta manera el porvenir de muchos jóvenes y estudiantes.

Especialmente la calidad y la seriedad de la enseñanza secundaria han mermado mucho. Se puede afirmar, sin exagerar, que esta descendió hasta el desastre. Un desastre que ya pagan los alumnos y sus familias y que sufre toda la sociedad.

Al pasar por poblados y campos hay que preguntarse por qué tantos jóvenes en edad de estudio están a todas horas en las calles, los parques, dando la imagen de la marginalidad a que están condenados y también de la falta de motivación para el estudio y de oportunidades de un trabajo con el que verdaderamente se puedan sustentar.

Tampoco se puede ocultar cómo la corrupción ha llegado a los planteles docentes y a los funcionarios. No todos, ni en todas partes, pero se venden exámenes, certificados y otras influencias. Durante muchos años, desde los niveles superiores se presionó a los maestros, profesores y directores para que tuvieran altas promociones, eso es historia pero también presente. Eso fue parte de la fachada impuesta de éxito en la educación y una componente de la corrupción institucionalizada en la que una vez más las víctimas son los maestros y profesores, los alumnos, los padres y la sociedad. Es como declarar que en el socialismo las cosas no se pueden hacer con autenticidad y que las cosas no se pueden hacer bien. Los más altos dirigentes montaban una mentira sobre otra, y una coacción sobre otra, y una manipulación sobre otra, siempre en función del poder político autoritario de los jefes máximos. Estas imposiciones fueron contaminando y ahogando,

---

[6] Dentro de la «Batalla de Ideas» —surgida en los inicios del nuevo siglo como «proyecto de gobierno»—, se encontraba el plan de formación de maestros emergentes y todo un proyecto de cambios en la educación que, ante los resultados, se ha dado marcha atrás en el mismo. Además muchos jóvenes maestros abandonaron las aulas después de cumplido el compromiso inicial.

inclusive, todos los esfuerzos y sacrificios de tantos y tantos que trabajaban, y aún trabajan, con gran amor, buena voluntad y no menor generosidad.

En este libro se repite directa o indirectamente que debemos distinguir entre el sistema, inclusive con sus luces y sombras, y las personas.

Los medios masivos de desinformación

Los medios de comunicación exhiben ahora muchos programas educativos en el sistema de la universidad televisada y en canales educativos. Este esfuerzo es positivo y contribuye a ampliar el conocimiento y el horizonte informativo de los ciudadanos, aunque desgraciadamente no tienen mucha audiencia en la juventud, que busca otros programas de contenido ligero.

Estos últimos contenidos, a veces de discutible valor, llegan por la televisión nacional, por vídeos y juegos electrónicos importados clandestinamente, especialmente, anuncios, juegos, novelas y películas. Pero, clandestinamente también, llegan información, entretenimiento y arte alternativos. Recordemos que en Cuba la televisión satelital es un privilegio de extranjeros y personajes del poder político. Muchos ciudadanos se las arreglan para tener acceso a este servicio clandestino.

Una buena parte de los espacios de los medios oficiales, que son los únicos, son empleados en la propaganda política, que es también un recurso de desinformación y de intimidación a escala de sociedad.

En este caso la llamada «Mesa Redonda» hace su mayor daño por los recursos que gasta y por el tiempo televisivo que emplea y no por su efecto en las mentes de los ciudadanos, ya que normalmente la audiencia es bajísima, signo de que hay discernimiento en los ciudadanos y que saben proteger su salud mental. En estos programas usan periodistas y comentadores que funcionan como extensiones y voz de los cuerpos represivos.

«Mesa Redonda» es un programa televisivo diario trasmitido por varios canales de televisión y radio, en cadena, que normalmente dura hora y media y que se repite dos veces al día y los fines de semana, incluidos los domingos. Si participa Fidel Castro los programas pueden durar varias horas, cuatro, cinco horas, durante varios días en secuencia y sin límite. Es un programa oficial dirigido desde el más alto nivel del gobierno dedicado a la intimidación subliminal y directa, a la desinformación sistemática, a la intoxicación de las mentes. Tratan de amaestrar a los ciudadanos sobre cómo deben pensar en cada aspecto de la realidad. Es muy ridícula la manera en que agregan un público en el estudio de dos o tres decenas de personas llevadas e instruidas para ese fin. Las caras de esas personas permanecen rígidas, o cuanto más con algún ligero signo de aprobación, pues no pueden ni moverse. A veces es difícil distinguir si son muñecos o personas. Dan risa y pena. Son escenas jurásicas dignas del estalinismo, del fascismo, del kimilsunismo[7] y desgraciadamente todavía del castrismo. Pero como ya dije, el pueblo es inteligente ya que, en general, ni los llamados revolucionarios más fervientes las ven ni las escuchan.

La prensa, la radio y la televisión y algunas publicaciones forman parte de un sistema que tiene como objetivo crear una opinión parcial sobre las diversas situaciones, mantener una cortina de desinformación y un ambiente de temor a los cambios. Al mismo tiempo crean la visión de que la vida no puede ser de otra manera. Pero muchos artistas, escritores y directores de programas, inclusive cineastas, ya tratan de hacer incursiones valiosas al mundo de la crítica y tratan de abrir algún horizonte distinto, hasta que los censuran.

Sin negar el valor de los mencionados programas educativos, últimamente los medios oficiales se han abierto a programas cuyos contenidos son ligeros y deforman moralmente, pero permanecen cerrados e intolerantes para las opiniones y creaciones alternativas o libres en materia política. Como dijimos, ya en ese ambiente y como parte del proceso a escala de sociedad, también entre artistas, directores técnicos, funcionarios hay claros signos de liberación y eso es una esperanza, una hermosa esperanza. Pues todos ellos han sido, en definitiva, víctimas de la misma opresión que sufre el pueblo cubano.

Los medios de difusión son también parte de la educación, de la mala y buena educación, son un factor que hay que considerar y reorientar.

Hay un pensamiento muy injusto, y muy extendido dentro y fuera de Cuba, con los cubanos. Este supone que la educación es gratuita porque la regala la Revolución o sus líderes. Como si ellos fueran la providencia. Así justifican las carencias en el campo económico y la supresión de muchos derechos. El Estado o el poder no deben adueñarse de las conciencias de los niños y ciudadanos, ni desplazar a los padres en su tutela, ni negarles su derecho y deber de educar a sus hijos en el seno de la familia, según sus valores y creencias.

La educación en Cuba la paga el pueblo con su trabajo, con sus bajos salarios y sus privaciones. Además, habría que pensar que «los generosos

---

[7]   Término para citar la política represiva del fallecido dictador de Corea del Norte, Kim Il Sung.

gobernantes» tienen un cofre muy grande y de su exclusiva propiedad, de donde sacan el dinero y lo donan para estos servicios, y que entonces todos tenemos que estarles agradecidos y sometidos por su generosidad. Algo semejante ocurre con la salud pública.

Esta mentalidad del agradecimiento implica que debe pagarse con la incondicionalidad política, con la renuncia a las libertades fundamentales y con la sentencia de vivir en la carencia y la pobreza.

La educación es un derecho de los ciudadanos y también genera un compromiso que crea obligaciones de trabajo, de aportes, de cooperación y de participación positiva en sentido amplio. Pero no debe suponer ni imponer la neutralización de la crítica y de las exigencias ciudadanas al gobierno.

En términos más claros: la educación que se sostiene con los recursos que aporta el pueblo no tiene por qué ser confiscada para imponerle sistemas, contenidos y métodos que responden a intereses del poder político y la convierten en un recurso de dominación, de adoctrinamiento y de explotación.

Finalmente, esta demagogia trata de justificar un inmovilismo político y económico que solo beneficia a ese grupo de poder y sumerge a la mayoría en la pobreza y la opresión.

Al describir la realidad actual he preferido, sin pretender agotar el tema, señalar algunas características y fenómenos, positivos y negativos, presentes en nuestra sociedad, que debemos considerar para tener un análisis objetivo de la realidad, tomar conciencia de lo negativo y potenciar lo positivo para construirnos un futuro mejor:

- La pobreza y explotación que sufren los trabajadores.
- La falta de libertad de expresión y de creación para alumnos y maestros.
- El empleo exclusivo de los medios de comunicación por el gobierno, excluyendo a las Iglesias, a las organizaciones cívicas independientes del gobierno y a las opiniones alternativas.
- Una verdadera cultura del miedo instalada y que regula en gran parte la conducta de muchos cubanos.
- La política intolerante y opresiva en las universidades y en los centros docentes en general.
- La versión mediatizada de la historia, de la realidad actual de Cuba y del mundo que ha ofrecido el régimen durante años y en la actualidad.
- La corrupción institucionalizada, los privilegios de los dirigentes y la existencia de personas intocables e incriticables.

- La existencia de un movimiento cívico independiente del gobierno, defensor de Derechos Humanos y promotor de cambios pacíficos hacia la democracia.
- Una campaña por el cambio y propuesta de proyecto alternativo de transición pacífica por parte del movimiento cívico cubano apoyado por miles de ciudadanos.
- La tendencia creciente a la emigración de los cubanos, especialmente de la juventud.
- La amoralidad que supone que es normal mentir, engañar, apropiarse de lo ajeno y ser desleal para sobrevivir o alcanzar algún objetivo. La simulación, conducta habitual, como mecanismo de defensa.
- Las drogas, la prostitución y el alcoholismo crecientes.
- Las relaciones sexuales prematrimoniales entre adolescentes y entre jóvenes practicadas sin juicio moral, como algo «normal». La propaganda es para proteger la salud y no la dignidad de las personas.
- El aborto como práctica generalizada.
- Una búsqueda de la verdad y acercamiento a la Iglesia de muchos cubanos.
- La falta de respeto de las autoridades a los derechos ciudadanos y a la propia ley, con la consecuente pérdida, por parte de los ciudadanos, del respeto por la ley y de la confianza hacia las autoridades.
- La coexistencia forzada de dos economías. Cuba es un país de ricos y pobres donde una minoría tiene privilegios y riquezas, son ya verdaderos empresarios capitalistas. Se deja al pueblo en desventaja bajo la consigna de «socialismo o muerte».
- Una mayoría pobre y un sector marginal masivo y creciente. Privilegios de los extranjeros y discriminación hacia los cubanos. Pérdida parcial de la autoestima en muchos por esta razón.
- Una falta de proyecto de futuro por parte del poder establecido.
- La permanencia del fuerte vínculo familiar y la solidaridad entre los cubanos que viven en Cuba y los del exilio.
- La labor evangelizadora, protestante y católica, de pastores, religiosos y laicos, con resultados positivos entre cubanos de todos los sustratos culturales y económicos.
- La emigración interna creciente, la represión y las deportaciones dentro del país.
- La persecución del gobierno de los intentos de supervivencia económica por parte de los padres y madres de familia. La ilegalización de la supervivencia durante muchos años.

- Una diversidad de iniciativas económicas privadas que son repri- midas. En otros casos ya son legales pero limitadas por abusos de impuestos, multas y restricciones desproporcionadas y paralizan- tes. En todo caso, estas iniciativas, legalizadas o no, manifiestan las potencialidades de creatividad y laboriosidad de los cubanos.
- La falta de conciencia de los derechos en muchos cubanos. La toma de esta conciencia y la pérdida del miedo en otros.
- Una formación técnica, profesional y cultural de muchos cubanos que solo necesitan oportunidades.
- La relativización o pérdida en algunos del sentido de la honestidad, la decencia, el honor. Es frecuente la metalización, la mentira y la falsificación empleada en cualquier circunstancia en que se crean necesarias para obtener algo o como mecanismo de defensa.
- El culto en muchos medios de difusión por la violencia y el placer, exaltación de la riqueza y de la astucia para conseguirla.
- La sentencia a la desinformación que hemos sufrido los cubanos, incluyendo el derecho a saber lo que va a pasar con el país, con nuestras vidas, y a decidir lo que debe ocurrir. La privación del de- recho de los cubanos a tener proyectos propios y perspectivas.
- La existencia de unas reglas de mercado y precios desequilibrados, arbi- trarios y abusivos para las personas en cuanto a consumidores. Las reglas de «campamento cerrado» en cuanto a sus derechos económicos y polí- ticos. La pérdida del valor del salario debido a la doble moneda.
- La angustia con que vive día a día la mayoría pobre y desposeída, que cree que no existe alternativa.
- La mentalidad de exclusión profundamente hacia el resto de los cu- banos arraigada en los altos círculos de poder político, que se com- portan como una aristocracia con privilegios especiales.
- La competencia y comparación entre las personas. Los privilegios para personas especiales, por su poder y su historia.
- La manipulación y demagogia del gobierno en el tema de la otrora discriminación racial, mientras se mantienen las desventajas y la pobreza que sufren muchos negros y mestizos por falta de promo- ción y oportunidades.

Seguramente usted podrá añadir otros elementos positivos y negativos de la realidad.

Superaremos el mito de que este orden de restricción de la vida, de no derechos, es la única manera de tener la educación y la salud al alcance de todos, de forma gratuita. Pero toda la sociedad debe asumir la responsabilidad que implica el disponer soberanamente que el «Estado» garantice la educación y la salud gratuitas para todos, con la calidad requerida y respetando la libertad de los ciudadanos y todos sus derechos.

Una buena educación debe superar la mentalidad de la violencia como instrumento de cambios sociales y políticos y sembrar la cultura del diálogo y de las vías cívicas y pacíficas. También debe superar la ley del más fuerte y la aplicación de la fuerza y la coacción como instrumentos y lenguajes en las relaciones humanas y sociales.

Los cubanos no aceptamos la violencia como instrumento de cambios sociales y políticos y queremos el diálogo y las vías cívicas y pacíficas.

La persona que queremos ser, que queremos que sean los cubanos, la sociedad que queremos ser, decide la educación que daremos y viceversa.

Este acuerdo no niega, sino tiene en cuenta y se apoya en la diversidad, el pluralismo y la libertad de las personas, las familias y las instituciones. Recordemos que en la democracia, y en la formación para la democracia, los procesos no se imponen coercitivamente, ni tampoco la uniformidad es una meta ni se considera un bien.

Nunca más educar en el «igualitarismo desigual» del comunismo, donde se pierde el derecho de los pobres iguales y se impone el privilegio de los que tienen poder. Tampoco en el conformismo de que en la democracia es normal que haya algunos o una mayoría muy pobre y una minoría rica. Esta reflexión es importante porque, durante muchos años, se ha presentado a los cubanos una falsa disyuntiva entre justicia social y derechos humanos, entre libertad y educación y salud gratuitas. Al final la falta de derechos políticos y civiles ha llevado a la mayoría a la pobreza y la sociedad ha caído en un deterioro creciente. Pero también hay quienes hablan de una democracia y de una economía o sociedad de mercado a ultranza en la que, sin embargo, la pobreza es escandalosa y masiva y niega horizontes nuevos.

LA CORTINA DE ESPINAS

EMIGRACIÓN, DOLOR Y EXPERIENCIA DEL EXILIO.

¿Ya entienden por qué la gente se va, o necesitan más?

Desde la misma llegada de Fidel al poder comenzaron a salir del país militares y políticos vinculados a la otra dictadura, es decir, a la de Batista.

Poco después comenzaron a salir, por vía marítima y aérea, familias que fueron despojadas de sus propiedades tempranamente, algunas ricas, pero la mayoría de una clase media numerosa y próspera que existía en el país. La agresividad con la Iglesia y sus creyentes comenzó temprano, por eso muchos temieron al adoctrinamiento comunista de sus hijos y al comunismo en sí, mientras otros repetían que Fidel no era comunista. Hasta él mismo negaba públicamente ser comunista.

Miles de cubanos salieron por vía aérea y otros medios durante los dos primeros años. Poco después ya apareció el concepto de salida ilegal y la gente sencillamente comenzó a escapar a riesgo de ser asesinada por las patrullas del gobierno en la costa, en el agua, capturada y condenada a altas penas de prisión. El mar es testigo mudo de las muertes de miles de personas baleadas o hundidas tirándoles sacos de arena desde helicópteros para no dejar huellas. Muchas veces familias completas con niños incluidos fueron a parar al fondo del mar. El único delito era querer escapar. Salir del país se convirtió en una obsesión para miles y miles de cubanos. Capturar o liquidar a mansalva a los que trataban de huir se convirtió en una obsesión macabra para los gobernantes cubanos y sus agentes. Era como el esclavista que se ensoberbecía cuando un esclavo escapaba y le perseguía hasta la muerte. Esta obsesión por escapar es masiva todavía, formal o por otros medios, y el desprecio obsesivo del régimen por los que se van o desertan se sigue manifestando con los abusos, despojo de propiedades, castigos y separaciones forzosas a que son sometidos.

El 28 de septiembre de 1965 (conmemoración de los CDR, Comités de Defensa de la Revolución), Fidel Castro pronunció un discurso donde llamó a los familiares de cubanos en Estados Unidos que quisieran y pudieran venir a buscar a sus familiares a la Isla. Curiosamente a las pocas horas ya había muchos cubanos aquí inaugurando el puente Miami–Camarioca. Algunos salieron por esa vía hasta que el gobierno de los Estados Unidos y el cubano acordaron ese memorable y contradictorio puente aéreo por el que salieron cerca de trescientos mil cubanos, pasando todo tipo de penurias, despojos, humillaciones, exclusiones, hambre y trabajo forzado. En mayo de 1970, Fidel Castro cerró la salida nuevamente, cerró el llamado «puente de la libertad».

La salida ha sido como una compuerta manejada por el gobierno cubano a partir siempre de incidentes sospechosos que provocan el disparo de la válvula de escape o el levantamiento de la compuerta para la salida masiva de cubanos.

Antes de continuar, debemos recordar que en Cuba existía y existe la figura en el Código Penal de salida ilegal y, en su momento, miles de personas fueron condenadas a entre 3 y 15 años de prisión por intento de salida ilegal generalmente, o por sospecha o supuesta intención de salida ilegal; recordemos que la sola expresión del deseo en público escuchada por un chivato costó años de prisión a muchos.

El cierre de esta válvula de escape dio lugar a los «balseros»: miles de cubanos que, frente al agobio de la pobreza y la opresión, el deseo de tener otra vida o sencillamente el amor a la libertad, decidieron hacerse a la mar, sin tener ningún tipo de conocimiento marítimo, en artefactos llamados balsas, hechos de cualquier material que flotara. En ocasiones, familias enteras se hacían a la mar en estas precarias embarcaciones, con un único objetivo: llegar a tierras de libertad, o lo que es lo mismo, a los Estados Unidos.

No es justo hacer un juicio a todas estas personas por haber utilizado una vía tan riesgosa para escapar, sino que debemos recordar a todos aquellos que fueron tragados por el mar. Ese drama marcará para siempre nuestra identidad y el único responsable de él es el régimen cubano.

No se puede olvidar la iniciativa de solidaridad humana, heroica, surgida a partir de un grupo de pilotos cubanos en los Estados Unidos, al formar el equipo de «Hermanos al Rescate» que, con aeronaves ligeras y desarmadas, sobrevolaban el espacio aéreo entre Cuba y la Florida emitiendo avisos de localización de balseros y que ayudaron a salvar a muchas personas que se hubieran perdido en ese mar turbulento.

Esta loable labor se vio interrumpida cuando el 24 de febrero de 1996 dos de estas aeronaves fueron derribadas en aguas internacionales por cohetes de aviones de guerra cubanos, que asesinaron a cuatro miembros de «Hermanos al Rescate».

A finales de la década del 70 el gobierno cubano permitió por primera vez la visita de cubanos que vivían en los Estados Unidos a sus familiares en Cuba, comenzando las llamadas «visitas de la comunidad». Esos cubanos estigmatizados como gusanos y apátridas por las autoridades comunistas cuando salieron definitivamente de Cuba, ahora regresaban llenos de regalos y artículos de primera necesidad para ofrecerlos a familiares y amigos. Venían llenos de comprensión y en un espíritu de solidaridad que contrastaba con el odio y la mala intención que el régimen les había atribuido, tal como se enseñaba en las escuelas y se propagaba a través de los medios de difusión.

Indiscutiblemente fue una gran inyección de dinero para el régimen pero también los vio como un peligro. Los cubanos aquí, ciertamente, vieron a sus hermanos de carne y hueso, tan cubanos como siempre y generalmente amistosos con todos. Sin embargo el gobierno prohibió a muchos tratar con sus familiares de tal manera que, otra vez, muchos hijos no pudieron abrazar a sus padres, amigos a amigos de toda la vida porque el gobierno les prohibió ese abrazo. La prohibición era para los militares y miembros del Partido Comunista, para que no se contaminaran con los cubanos de la «comunidad», considerados traidores. No faltaron los abrazos clandestinos, pero lo que se repitió muchas veces fue el gesto del cubano de dejar ropa, comida, dinero y una frase de amor a sus familiares o amigos que no se atrevieron a saludarle.

Muchos de los visitantes entraban a sus antiguas casas con nostalgia, con recuerdos de la vivienda que construyeron con sus propias manos pero sin odio hacia los nuevos ocupantes; más bien deseándoles felicidad.

Hay que recordar que durante décadas la sola comunicación de los cubanos con su familia en el exterior era impedimento para progresar en los trabajos y en muchos casos motivo de expulsión de la Universidad o pérdida del empleo.

Las preguntas permanentes, en todos los cuestionarios y también en cualquier lugar, eran: «¿Cree usted en Dios, practica alguna religión, tiene familiares en el extranjero, les escribe?».

Por esa razón cada cubano creyente o que tiene familiar en el extranjero tiene una ficha policíaca.

En abril de 1980 un grupo de personas penetró en la embajada de Perú. En esta acción murió un custodio producto de un fuego cruzado entre los mismos custodios de la citada embajada.

Todo ocurrió en secuencia. Después de este incidente, Fidel retiró las postas de protección a la embajada y «alguien» circuló la noticia de que se podía entrar libremente a la embajada. Aún no se sabe cuantos cientos de miles de cubanos trataron de llegar allí. Un lugar pequeño en donde llegaron a estar un poco más de diez mil personas. Permanecieron durante varios días, sin techo, en los patios del recinto diplomático, en la mayor penuria hasta que Fidel Castro les concedió salvoconducto para salir de la embajada con la promesa de viajar después a otro país que les recibiera. Fueron notables las golpizas que recibieron hombres, mujeres y niños al salir de la embajada propinadas por agentes de la Seguridad del Estado y policías vestidos de civil.

Pero el gobierno también abrió, como hizo con Camarioca, el puerto de Mariel para que cubanos en los Estados Unidos vinieran a buscar a sus familiares aquí.

Todo el proceso de los días de Mariel lo trato en detalles en otro libro baste la información de que por esta vía viajaron a los Estados Unidos más de ciento treinta mil cubanos. Entre ellos algunas personas con antecedentes penales de alta peligrosidad y enfermos mentales que eran sacados de las prisiones y de hospitales psiquiátricos por la policía y montados en las embarcaciones junto a las familias que venían a ser rescatadas por sus parientes de Estados Unidos. Mientras tanto, todas las personas que querían salir por esta vía, o hacían gestiones, eran víctimas de actos de repudio ordenados por el gobierno y coordinados por la Seguridad del Estado y el Partido Comunista para castigar, con métodos de terror, a las familias que pretendían salir de Cuba dándoles el ultimo adiós con este ultraje.

Los años sucesivos al Mariel fueron comunes las salidas mediante visados obtenidos a través de terceros países, lanchas y balsas y, como en todos los tiempos de la «revolución», están también los llamados «desertores», personas de confianza del régimen que salen en misiones oficiales de colaboración y en la primera oportunidad se quedan en otro país. Quedarse es no regresar a Cuba, entonces será su familia marcada a no ser que reniegue y será imposibilitada de poder ver al desertor por mucho tiempo. La familia del desertor se vuelve un rehén del régimen. Son hechos, no opiniones.

Los «balseros»

1994 fue un año especial. Siempre en Cuba la llegada de la primavera es esperada con ansia por dos razones: una porque mejora la señal permitiendo la entrada en Cuba de canales televisivos norteamericanos a través de un ducto y otra por un flujo a la inversa de las corrientes marinas; la mar se tranquiliza y empieza a batir el viento desde el sur provocando miles de intentos de salida, que dejan una estela de dolor y sufrimiento para los familiares que pierden algún ser querido.

Todavía en pleno período especial, la primavera fue marcada con la operación «Vista gorda» donde ocurrieron cosas raras: salieron numerosas balsas clandestinamente desde las costas cubanas hacia los Estados Unidos pero también de manera inaudita fueron desviadas algunas embarcaciones que hacían labor de transporte de un lado a otro de la bahía de La Habana. Este desvío, llamado secuestro por el gobierno, consistía en hacer una travesía insólita: atravesar la bahía custodiada por tropas guardafronteras para internarse en el canal de la Florida y ser rescatadas en alta mar.

Esta secuencia llegó hasta el verano. El 13 de julio de 1994, la tripulación de un remolcador de la bahía llamado «13 de marzo», con mujeres y niños a bordo salió sin mayores dificultades por la bahía custodiada por otros dos remolcadores. Tan solo unas millas mar afuera, y fuera de la vista inoportuna de cualquier testigo, el remolcador «13 de marzo» tuvo que detenerse producto de la fuerte presión que ejercían sus perseguidores embistiéndolo una y otra vez. Una vez detenido el buque fugitivo, comenzaron a lanzar, desde los otros dos remolcadores, potentes chorros de agua de cañones contra incendio sobre la cubierta del remolcador, derribando a hombres y mujeres que tenían los niños en los brazos y pedían clemencia ante los implacables marineros perseguidores. Todos fueron lanzados al mar y el remolcador fue hundido. Murieron ahogadas la mayoría de las personas, hombres, mujeres y niños.

Fidel Castro no solo justificó este genocidio terrible, sino que calificó como héroe al actor principal de este crimen, conocido por Jesusito.

La agitación en La Habana y en otras provincias fue grande por la expectación de muchos que esperaban a grandes barcos que vendrían a recoger personas o, tal vez, a alguna nueva embarcación desviada. En este marco propiciado por la desesperación y el hambre, pero sobre todo por el gran deseo de salir de Cuba, se produce la revuelta del cinco de agosto de 1994 o «el Maleconazo», como también se le conoce.

Miles de cubanos salieron a las calles de La Habana a protestar, pero en pocas horas la revuelta se desvaneció por falta de dirección y coordinación, además de por la presencia de tropas de combate que el gobierno movilizó hacia la ciudad y que reprimieron duramente a los manifestantes.

Volvió a levantarse la compuerta. El gobierno autorizó a los cubanos a lanzarse libremente en balsas. Esta vez los cubanos que salían en balsa no llegaban a la costa de los Estados Unidos sino que los guardacostas norteamericanos en su mayoría los recogían y llevaban hacia la Base Naval de Guantánamo. Meses después fueron enviados a terceros países y en su mayoría a los propios Estados Unidos, excepto unos pocos que no resistieron y salían de la base, siendo capturados entonces por militares cubanos.

El gobierno de los Estados Unidos y Cuba terminaron este éxodo firmando un acuerdo migratorio. No se sabe aún cuántos cubanos, quizás millones, quisieron salir por el Mariel, ni cuántos habrían salido en el éxodo del año 1994 de haber podido hacerlo. Pero lo que sí sabe el gobierno de los Estados Unidos es cuántos cubanos aplicaron en un sorteo conocido popularmente como «el bombo», un mecanismo de escape surgido del acuerdo migratorio, aún hoy vigente, por el cual el gobierno de Clinton concedió al gobierno cubano unas veinte mil visas anuales.

En Cuba se juega mucho a la lotería clandestina o «bolita», como más se le conoce. Hay una frase muy popular que dice que la «lotería es la esperanza del pobre». El bombo, entonces, donde se rifaban las visas y por donde continuaron saliendo miles de cubanos, se convirtió en el principal sueño y anhelo de millones de cubanos.

A pesar de la cercanía, los Estados Unidos no ha sido, ni es, la única vía hacia la que tratan de escapar los cubanos. Otros tratan de ir a hacia España, país al que le unen muchos lazos, y en distintas etapas de la historia se ha producido un flujo en un sentido u otro según toquen los tiempos malos, algo natural, comprensible pero paradójico.

Sin embargo la salida del país ha ido tomando múltiples variantes de realización: matrimonio por interés, contratos de trabajo, invitaciones. Recordemos que es el Departamento de Inmigración cubano quien dice la última palabra en este sentido.

El gobierno cubano envía miles de profesionales de todo tipo a países como Venezuela, Bolivia, Centroamérica, África incluyendo Sudáfrica, países del Caribe y también de Asia. Estos viajes reciben el nombre de «misiones» o «colaboraciones» donde los mencionados médicos y otros profesionales viajan sin su familia. Tienen un estricto control de sus vidas mientras están en esas misiones. Estas misiones son para estos «colaboradores» la única forma que tienen para reparar su casa, comprar algo de ropa, mejorar por un tiempo el nivel de vida de su familia, aunque generalmente no les alcanza para salir de la pobreza. Hay que recordar que aquellos profesionales que no pueden salir de misión, si no tienen familiares en el extranjero, viven en la pobreza.

La tendencia y el deseo de salir no están presentes en todos los cubanos pero hay que decir, sin ironía, que los dirigentes de la Revolución no son la excepción de este deseo de salir del país aunque sea temporalmente. El mayor premio que pueden recibir es viajar a un país capitalista. Ellos tienen su escala. No es lo mismo viajar a Corea del Norte, Nicaragua o Venezuela que a Canadá, Francia o Italia, estos son premios mayores.

Una de las marcas más profundas que tiene el pueblo cubano en toda esta etapa, ha sido generada por el difícil, doloroso y paradójico proceso de salir del país. Decimos paradójico porque la paradoja estaba tanto en los cubanos que decidían salir del país como en la actitud del régimen. Los que decidían salir del país tenían que atravesar una cortina de espinas de la que salían totalmente desgarrados. Nada los detendría hasta llegar a cualquier tierra que no fuera comunista. Por otro lado el régimen descarga todo su odio sobre los que decidían y deciden salir del país, un odio semejante al de los esclavistas más reaccionarios contra los esclavos que pretendían la libertad o que trataban de escapar. Sin embargo, la salida masiva del país era y es un recurso de descompresión ante momentos de crisis y reporta a su vez grandes sumas de dinero que, seguramente, van a las arcas privadas de esos que, desde lo más alto del poder, repudian y vilipendian a todo aquel que decide irse del país.

Un solo libro no basta para explicar en detalles y mucho menos las múltiples experiencias en el camino para salir del país.

Presentando la salida

Para las futuras generaciones y para los niños de hoy, que seguramente ya no vivirán en la opresión en Cuba, que sirva este apunte.

Desde el inicio del poder totalitario de Fidel Castro, salir o entrar dejó de ser un derecho. Hubo etapas en que no había forma legal para salir del país, la salida estaba cerrada. Hubo otra etapa durante décadas en que los cubanos no podían volver a entrar como visitantes a su propio país, pero como dijimos, al poco tiempo de instalado el poder totalitario, salir o entrar a Cuba significaba tener antes un permiso del gobierno. Este permiso no dependía de un trámite porque el gobierno era quien decidía aplicando sus criterios y sin dar explicaciones.

Cuando una persona quiere salir de Cuba de cualquier forma, lo primero que tiene que hacer es «presentar». Este acto consiste en ir a Inmigración con cierta documentación y de una u otra manera decir «yo quiero salir del país». Hablemos primero de los que quieren o querían salir definitivamente.

Hay que explicar por qué una salida tiene que ser definitiva, aunque para muchos cubanos esa salida es una meta en la que a veces llegan a arriesgar la vida de familias enteras.

El concepto de salida definitiva es un castigo aplicado por el régimen, un destierro contra aquellos que al querer salir del país son considerados «gusanos, apátridas, no confiables» (recordemos cuando hablamos de los desertores) y merecen el castigo de no regresar más a su país excepto en aquellos casos en que se les otorga el permiso para visitar su propia patria como un turista con altísimo costo y como máximo por dos o tres semanas.

A estas personas a las que no se les deja otra opción que la de marchar de Cuba definitivamente, se les despoja de todas sus propiedades, se le confisca su casa, los muebles, los efectos electrodomésticos, los platos y sus cubiertos, el automóvil (el que lo tenga, por supuesto), y en algún momento se les congela sus cuentas bancarias; el despojo es total[8].

Durante décadas el proceso de salir del país, desde el momento de la presentación hasta el otorgamiento de la salida, podía ser una etapa que duraba varios años y en muchos casos esa salida no llegaría nunca.

En general cuando una persona presentaba para salir del país, su vida se congelaba, era marcado en su cuadra, en su trabajo, sus hijos en las escuelas, como enemigos y ciudadanos disminuidos socialmente. Algunos eran expulsados de su trabajo y centros de estudio como las universidades. En todos los casos la Seguridad del Estado y la policía realizaban un proceso que se llama «profilaxis» y que consiste en la investigación y chequeo permanente del individuo en el lugar donde vive, en su trabajo, en los centros de estudio y hasta en las iglesias.

Inmediatamente la familia era visitada por inspectores de vivienda para hacer el inventario. Es un momento muy duro que personas extrañas entren a la casa a hacer una requisa total, inventariar muebles, camas, sábanas, lámparas, tomacorrientes, platos, cucharas, joyas y cuanto pueda tener algún valor. Algunas familias concentraban en una habitación todo aquello que podía tener valor por miedo a que se rompiera, perdiera o se deteriorara.

Todo aquel patrimonio creado por una familia, sumado a lo que haya podido recibir de sus padres y abuelos, quedaba pendiente a confiscación y era condición inexcusable presentarlo para que, en su momento, se le

---

[8]   En los últimos meses se han visto ligeros cambios, actitudes un poco más *light* en el tratamiento a aquellos que desean emigrar, pero aún se impone y se hace necesaria una legislación que reconozca el derecho de los cubanos a entrar y salir de su propio país libremente.

otorgara el permiso de salida. Esta etapa que no es el limbo, porque es de mucho sufrimiento, duraba varios años, sin garantías de que al final se les otorgara la salida, porque al dolor de perder lo propio se sumaba la angustia permanente producida por la inseguridad y la incertidumbre.

En los años 60 y tiempo después, el gobierno enviaba a campos de trabajo a hombres y mujeres internados para trabajar en la agricultura y en la construcción por tiempo indefinido hasta que se les otorgara la salida. Los hijos varones eran enviados a campamentos de trabajo forzado encubierto bajo leyes del servicio militar y sus hijas, si no eran pequeñas, podían ser sentenciadas a trabajos forzados.

La práctica de las instituciones relacionadas con este proceso, administraciones de trabajo, escuelas, universidades, funcionarios de vivienda e inmigración eran una perversa combinación para la crueldad.

Las familias candidatas a salir tenían que acudir al Departamento de Inmigración donde se les despreciaba sistemáticamente y se jugaba sádicamente con sus sentimientos.

Este proceso cruel y sádico al que habrá mucho que añadir —la despedida del régimen en el aeropuerto extremaba la bajeza y el abuso contra la familia con registros corporales hasta el ultraje, humillaciones, en muchos casos virar para atrás a la familia por un supuesto requisito o por ser incalificable, retener a uno de los hijos más jóvenes para que la familia tuviera que escoger entre irse o quedarse… Todo esto y mucho más— ha durado décadas produciendo un daño profundísimo a los que se iban y a los que se quedaban y todavía a los que se van y se quedan hoy.

Sin embargo el único sueño de muchos jóvenes cubanos es irse sin importar a dónde. Es como el sueño de un condenado a cadena perpetua que solo piensa saltar de la pecera hacia el vacío.

Es necesario describir que cuando la persona va a Inmigración a un proceso de salida del país, tanto él como los oficiales encargados, o sea víctima y verdugo, tienen plena conciencia de que la víctima no tiene ningún derecho reconocido y así le tratan. Es indescriptible el sentimiento de indefensión con que el ciudadano llega al Departamento de Inmigración para hacer estos trámites. Es común que el oficial de Inmigración diga lo siguiente: «nosotros somos quienes decidimos si podemos darle el permiso o no, decirle si se lo daremos o no se lo daremos, o no decirle ni una cosa ni la otra porque no tenemos que darle ninguna explicación». El autor de este libro ha escuchado decir lo anterior más de una vez.

Pero supongamos que la persona quiere ir de visita a otro país.

La persona que vive en Cuba debe ser invitada por un familiar o amigo en el país de destino y esa persona debe situar una carta de invitación en el

Consulado Cubano a un costo de 150 dólares o más. La embajada cubana envía esa carta de invitación al cubano interesado a través de una oficina supuestamente privada, pero en realidad de los servicios de inteligencia, llamada Consultoría Jurídica.

Aunque la carta haya sido pagada en el Consulado Cubano del país de destino puede que nunca sea entregada al interesado en Cuba, sin derecho a explicación o reclamación por parte de este. Sin esta carta no se puede iniciar el trámite en Inmigración donde al presentar el ciudadano debe llevar, como requisito imprescindible, un cheque comprado en Cuba por valor de 150 CUC, unos 180 dólares, algo así como el valor del sueldo promedio durante un año de un trabajador.

Si es médico, técnico o profesional, debe llevar una carta de liberación del ministro de la rama donde trabaja y si es estudiante del rector de la Universidad. En el caso de médicos, enfermeras y otros profesionales de la salud, es muy común que le nieguen el permiso para viajes temporales y, si la solicitud es para emigrar definitivamente, el permiso puede durar cinco años, si es que se les otorga, y mientras tanto son devaluados de su puesto de trabajo y considerados en observación, exclusión y espera al menos durante ese tiempo. Por esta y otras opresiones hablan de sí mismos como de «esclavos con batas blancas».

Pero aún después de cinco años el plazo puede extenderse indefinidamente. Muchas familias viven la separación y la angustia de este castigo, pues una parte sale y otra se queda. Mientras tanto los jóvenes y los niños crecen, los adultos envejecen y los viejos mueren sin que los seres queridos puedan reunificarse porque el gobierno de Fidel Castro se apropia de las personas y de sus vidas y las maneja con total crueldad.

Si la persona sale con permiso temporal y permanece más de un mes debe pagar mensualmente al gobierno algo llamado prórroga a un costo de 150 dólares mensuales si es en los Estados Unidos, o con una tarifa diferente si se trata de otros países.

El régimen cubano trata a sus ciudadanos como verdaderos rehenes y sus familiares deben pagar un rescate para poder reunirse con ellos o tenerlos de visita. Todos los trámites en Inmigración los cubanos deben hacerlo en divisa. Para que tenga una idea, hacerse un pasaporte al cambio del dólar en moneda nacional puede significar de tres a cuatro meses de salario de un trabajador promedio, pero si se trata de un profesional o estudiante que quiera llevar certificaciones de notas o títulos, el costo es de cientos de dólares por cada uno, es decir: el rescate es mucho mayor.

Los cubanos que viven fuera tampoco tienen derecho a entrar y permanecer libremente en Cuba, solo pueden entrar como visitantes con pasaporte cubano, si es que el gobierno se lo otorga después de pagar una suma considerable. Entonces recibirán permiso para estar algunos días en Cuba. Una vez en ella volverán a sentir el mismo miedo y la impotencia que los hizo salir.

Es común que los oficiales de aduana esperen a los aviones que traen cubanos como los piratas se aproximaban a un barco desarmado en medio del mar. En muchos casos si los visitantes son ancianos o personas indefensas se les acercará un oficial de aduana y sin escrúpulo alguno les pedirá una alta suma de dinero para evitar el despojo del cual son víctimas.

Este atraco descarado en las aduanas en Cuba contra los cubanos que vienen de visita es sistemático. En general estos actos no se denuncian por miedo a perder la posibilidad de volver a ver a sus seres queridos y silencian estas injusticias con ese mismo miedo que ahora alcanza a muchos cubanos más allá de la cortina de espinas que ya habían logrado rebasar.

Pero Cuba es también su exilio. No se puede hablar de los sufrimientos de los cubanos, de sus desesperanzas, sin hablar de esa parte inseparable del pueblo de Cuba que es la diáspora.

Muchos en el mundo no comprenden la pasión de los cubanos del exilio por Cuba, no se explican por qué hablan siempre de Cuba, por qué pobres y ricos, emigrados recientes y emigrados de hace 53 años tienen esa obsesión por nuestra patria y por lo cubano. «Cuando salí de Cuba dejé enterrado mi corazón...». Así dice una canción muy popular y realista entre los cubanos de la diáspora. Para entender por qué la gente se va, tendríamos que leer este libro completo.

Un solo pueblo

Históricamente muy pocos cubanos emigraban. El destierro era el peor castigo para un cubano y lo sigue siendo aunque, paradójicamente, muchos buscan escapar.

A partir de la llegada de Fidel Castro al poder, cuando los cubanos salen del país se les despoja de todas sus propiedades y se les sentencia con la lápida de «salida definitiva». Con este destierro cruel y este despojo el régimen con odio implacable pretendía arrancarlos, desarraigarlos y negarles su condición de cubanos. Solo la persecución que algunos sufren aquí, la pobreza, la angustia de los padres por los peligros y precariedades que sufren los hijos, la necesidad de reunificación familiar y en definitiva la búsqueda, con todo derecho, de una vida en libertad y con otras oportunidades ha impulsado a los cubanos a dejar su tierra. El dolor ha sido inmenso para esos hermanos nuestros que se iban, que se van y para los que nos quedamos. Porque ellos se quedaban sin Cuba y nosotros nos quedábamos sin ellos. Pero al final sabemos que Cuba son ellos y nosotros, y eso no lo ha podido arrancar el comunismo.

Al salir lo pierden todo, sus propiedades, sus derechos como cubanos, su patrimonio, la posibilidad de mirar sus calles, sus palmas, sus paisajes. La mayoría soñará durante toda la vida con su barrio, con la casa donde vivió, con su iglesia y su escuela, con sus seres queridos.

Como hemos dicho el castigo del régimen es cruel, es el que impone el esclavista contra el esclavo que escapa. Sí, es verdad que les arrancan todo, les arrancan el corazón, pero no los han vencido.

Esos exiliados supieron trabajar, progresar, afirmar su cubanía, conservar nuestra cultura y nuestra fe y mantener, sobre todo, la esperanza de la libertad y el reencuentro con su patria.

Con lágrimas en los ojos, día a día, con la nostalgia de su tierra han levantado su espíritu y han alimentado, vestido y enviado medicinas, con el fruto de su trabajo, a millones de cubanos que dentro de Cuba no tienen nada, por la miseria a que han sido condenados. La generosidad de los cubanos fuera de Cuba para con su pueblo, en materia de ayuda económica, de medicinas, de solidaridad con los perseguidos ha sido constante y siempre apasionada.

Si por una parte, el régimen ha mantenido los eslóganes de odio y desprecio contra ellos durante más de medio siglo, los cubanos de la diáspora mantienen el amor por Cuba en cada detalle como si hubiesen salido ayer. Pero también sus hijos, aunque no hayan nacido aquí, aman igualmente a Cuba. Esa ha sido una victoria de nuestro pueblo, de nuestra cultura de la libertad y sobre todo del vínculo indestructible de las familias cubanas separadas. Una victoria de la gran familia que es el pueblo de Cuba. Una familia rota físicamente pero aún viva, ya que el régimen no la ha podido aniquilar. El exilio, su patriotismo, su amor por Cuba, sus éxitos y sus capacidades son parte de la esperanza del pueblo cubano en la reconstrucción de nuestro país en todos los órdenes, que es una sola esperanza como somos un solo pueblo.

Solo el pueblo hebreo en su apego por su Jerusalén es comparable al amor de la diáspora cubana, de los exiliados cubanos por Cuba. Cantan entonces los cubanos de la diáspora el salmo de los hebreos desterrados, «Si yo te olvido, Jerusalén», diciendo: «Si yo te olvido, Cuba mía, que mi mano derecha se me seque y la lengua se me pegue al paladar».

DEPORTISTAS O GLADIADORES

¿Desertores? ¿Por qué un deportista, un jugador de béisbol, de voleibol, un corredor de pista, un boxeador, una gimnasta o arquera, tienen que desertar? Es aplicable esta definición a una persona que sale de su país y simplemente prefiere no regresar. En primer lugar debe entenderse que esa persona que sale de Cuba en una misión de trabajo, a una conferencia científica, como diplomático o como deportista a cualquier evento, es del Partido Comunista, de la Juventud Comunista, del sindicato y de la administración de su centro de trabajo o de estudios; y en segundo lugar, por supuesto pasa por los informes de los Comités de Defensa de la Revolución que hay en cada cuadra y también por informaciones del personal de confianza en esa cuadra, que es algo así como un delator secreto. Salen después de pasar un filtro de investigaciones y análisis de su confiabilidad, pero es la Seguridad del Estado quien dice «va» o «no va».

Lo primero que hay que saber es que el sueño dorado de cualquier ciudadano que vive en un país comunista es viajar a un país del odiado capitalismo. No es lo mismo viajar a Venezuela que a México, ni es lo mismo viajar a Corea del Norte que a Corea del Sur, ni era lo mismo viajar a la Alemania comunista que a la República Federal. En los buenos tiempos viajar a la Unión Soviética era como no salir de la prisión sino solo ampliarla, aunque aun así era un «premio».

Pero no basta el filtro para salir, después están los controles durante el viaje y la estancia. Penoso es cómo los deportistas cubanos, a veces estrellas consagradas, viajan dentro de un cerco de vigilancia y control que no les deja desprenderse ni siquiera en el terreno de competición. Se mueven como prisioneros, como gladiadores que pueden atraer aplausos, medallas y glorias, pero al fin son esclavos. Los hoteles y sedes deportivas se convierten en verdaderas prisiones donde quiera que estén. Del hotel al terreno, siempre con más vigilantes que atletas, y del terreno al hotel, y del hotel al aeropuerto. Con algunos ya probados o que han creado intereses la flexibilidad puede ser mayor pero, en general, esta es la tónica.

Entonces el deportista tiene sencillamente que escapar y a eso se le llama deserción. En los eventos importantes no es extraño que el Ministro de Educación, o el presidente del Comité Olímpico, o Fidel Castro en persona, se reúna con los atletas para recordarles que son los atletas de la Revolución y que su victoria es la del socialismo, la del deporte revolucionario, y para recordarles sin ninguna sutileza que deben ser leales. Otros agentes o los propios dirigentes les recordarán que, si alguno «se queda», su familia será castigada y no se le permitirá nunca salir del país, que la traición se pagará con la separación de la familia.

Muchos de estos deportistas, desertores, son recibidos por el exilio como héroes, y en poco tiempo hacen con su talento y sus dotes grandes fortunas. Lo curioso es que algunos, al hablar en público, se llevan a ese exilio forzado el miedo que tenían aquí en Cuba. Ya se hace usual escuchar decir a artistas y deportistas: «a mí lo que me interesa es el arte, la música o jugar en grandes ligas, yo no me fui por motivos políticos». Mi respeto para ellos que al estar en un país libre pueden decir lo que quieran pero les recuerdo que precisamente por «la política», en este caso, totalitaria y de violación de derechos humanos es que ellos tienen que abandonar su país como presos que escapan y por eso mismo no pueden regresar y sus familias quedan como rehenes. Me pueden decir: la defensa es permitida. Y yo les digo: eso mismo es lo que trato de hacer, defenderlos pero como personas con toda su dignidad y derechos, no como una fracción de personas.

EL INTERNACIONALISMO MILITAR

Desde los primeros meses de la Revolución, desde Cuba se organizaron infiltraciones de militares cubanos y extranjeros entrenados en Cuba para formar o reforzar guerrillas en países latinoamericanos y africanos. Para muchos cubanos no era un secreto que muchos extranjeros se entrenaban en Cuba para regresar a otros países, no necesariamente los suyos, para la lucha subversiva que en muchos casos incluía sabotajes, secuestros y atentados a objetivos civiles y no siempre para la guerrilla. Venían, se entrenaban en nuestro país, descansaban de las acciones, se curaban, a veces hasta se «casaban» y volvían a irse. Cuba era una gran base de retaguardia y en muchos casos su Estado Mayor y santuario para movimientos subversivos en muchas partes del mundo. Esta estrategia internacionalista tenía un gran soporte de penetración en gobiernos y sociedades de los países «objetivos» por métodos de inteligencia y, sobre todo, de asistencia a los políticos afines.

No menos importante fue el soporte de la propaganda. Verdaderamente se generó todo un lenguaje y un sistema de cultura revolucionaria con códigos y estilos propios reconocibles que todavía perduran. Incluían un modo de hablar, de manifestarse, canciones, expresiones y consignas que se universalizaban.

Ernesto Guevara decía: «hay que crear dos, tres, muchos Vietnam». Y esto era una gracia para los ideólogos y comunistas del mundo. Es decir, una guerra como aquélla, que tanto desgarró al propio pueblo vietnamita y a otras naciones, había, según el Che, que multiplicarla. La contradicción estaba en que miles de «activistas» con efigies del Che en sus pulóvers protestaban por la guerra de Vietnam, cuando la guerra era un fin estratégico y el medio por excelencia que el Che Guevara y el régimen cubano promovían para alcanzar el poder. Esta idea de alcanzar el poder no era una forma de decirlo. El poder alcanzado así es el que generalmente o casi siempre da paso a regímenes totalitarios y autocráticos, como sucedió en Cuba, en Nicaragua, en Guinea Bissau, en Zimbabue y otros países.

El asunto para el pueblo cubano es que nuestra sociedad, además de las privaciones de derechos, la miseria propia de la ineficiencia e improductividad comunista, la represión y las carencias, era convertida en una gran base de operaciones y centro de planes y estrategias para la conquista comunista del continente y del mundo.

Los jóvenes cubanos, que fueron las principales víctimas de este estado de guerra permanente, caminaban por las calles sigilosos porque la policía les pedía identificación. Tenían un solo pantalón, una camisa y un par de botas como todas sus prendas de vestir. Todavía existe esta persecución contra jóvenes y la policía los aborda para pedirles identificación, especialmente si son negros, si visten pobremente o modernamente o si parecen residentes de otras provincias. Durante muchos años los jóvenes vivían con el terror de ser interceptados, como en un estado de sitio. Caminaban escuchando himnos y consignas de guerra salidos de bocinas públicas mientras escondían, clandestinamente, un disco de los prohibidos Beatles bajo su pulóver. Muchos jóvenes de esa generación fueron enviados a las guerras africanas tal como explico enseguida.

En abril de 1974, en Portugal, se produce un golpe de estado dirigido por el General Spínola. Este líder militar, autor del libro *Portugal y el futuro*, ya venía preconizando los cambios en ese país gobernado por la dictadura de Salazar durante cuatro décadas. Portugal era la metrópoli de Angola, Mozambique, Guinea Bissau y las Islas de Cabo Verde. En la primera ya venía desarrollándose la guerra por la independencia al menos por tres grupos de guerrillas armadas: uno el Ejército de Liberación Nacional (ELN) dirigido por Holden Roberto, otro la Unión Nacional para la Independencia Total de Angola (UNITA) dirigido por Jonás Savimbi, que ya había tenido contactos con Ernesto Guevara durante el intento de este para formar guerrillas en el Congo; el tercer grupo guerrillero, FAPLA, Fuerzas Armadas Populares de Liberación de Angola, era dirigido por Agostinho Neto.

La Revolución de los Claveles trajo consigo un proceso, primero de instalación de un equipo de militares en Portugal de abierta línea de izquierda y favorable a la Unión Soviética, y después de democratización. Estos procesos no son objeto de este libro. Consecuentemente los cambios en Portugal trajeron como resultado directo la descolonización que se cumplió en noviembre de 1975 en Angola.

Por intereses geopolíticos la Unión Soviética apoyaba a las FAPLA y sus rivales imperiales. El régimen comunista chino apoyaba a Holden Roberto y a Savimbi, quien también fue apoyado por Occidente y por Sudáfrica donde entonces dominaba el oprobioso régimen de Apartheid. Esta última nación tenía bajo su control el territorio de la hoy República de Namibia, situada a lo largo de toda la frontera sur de Angola por donde corre el río Cunene.

Los días previos a la proclamación de la independencia de Angola y a la retirada definitiva de la administración colonial portuguesa fueron de una bochornosa y sangrienta competencia entre los tres grupos mencionados respondiendo sin pudor a los intereses geopolíticos de las potencias que les apoyaban. Terminaba una etapa colonial y comenzaba otra feroz guerra por el control de aquel rico territorio lleno de pobres y de calamidades, que ahora bañarían con su sangre durante dos décadas su propia tierra en una guerra instigada y dirigida desde el exterior.

Fidel Castro envió las primeras tropas cubanas secretamente, al menos para el pueblo cubano. Volaron en aviones Britannia y entraron en acción. En esos momentos el régimen de Mao Tse-Tung, y no por primera vez, fue declarado como lo peor de la tierra por el gobierno cubano. Le llamaron aliado del imperialismo, criminal y lo calificaron con todos los epítetos que siempre merecieron, pero que solo se les dirigía en ese momento porque eran rivales de la Unión Soviética y el régimen cubano respondía a sus intereses geopolíticos sin ningún pudor. No conozco la cifra total de cubanos que pasaron por Angola hasta la firma del Acuerdo de Paz que trajo consigo la descolonización de Namibia, pero fueron cientos de miles los que en misiones de guerra estuvieron allí. Angola se convirtió en destino normal de las tropas cubanas y una posibilidad muy real para cualquier cubano en edad militar. Si por una parte las tropas regulares eran enviadas sin previa consulta de los soldados, a los reservistas se les trató de otra manera aunque no siempre leal.

No pocos fueron los casos en que se les citaba y en grupos se les «proponía» la misión de guerra en Angola, diciéndoles: «el que no esté dispuesto que dé un paso adelante».

¿Cuántos fueron voluntarios por convicción? No sé y nunca se sabrá. Pero lo que sí sabíamos es que el miedo acumulado y la indefensión de los cubanos funcionaron en modo *extremis*. No pocos decían: «¿cómo me voy a negar?». Para muchos negarse fue un verdadero acto de ruptura heroica que traía consecuencias a veces graves de exclusión y pérdida de cargos. Comprendan que estamos hablando de civiles reservistas. Pero muchos fueron literalmente por miedo, por no tener la capacidad de decir «no».

Digo en *extremis* porque las posibilidades de morir a miles de kilómetros de Cuba eran muy altas y la separación de la familia muy dura, pero, ni aun así, muchos se atrevían a contradecir a los oficiales que les presionaban y emplazaban. El miedo era tan mortal que los llevaba a la propia muerte sin ser capaces de defenderse o de renegar.

Allí lejos de la Patria muchos dieron muestras de heroísmo y cerraron filas con sus hermanos cubanos, eso es innegable, pero no se justifica el envío a esa guerra por parte del gobierno cubano que de esta manera servía intereses geopolíticos soviéticos.

La guerra de Angola terminó después de años de enfrentamientos entre tropas cubanas y sudafricanas que se alinearon de parte de UNITA. El fin de la guerra trajo la independencia de Namibia cuando ya dentro de Sudáfrica el movimiento por el diálogo y por el fin del Apartheid tomaba cada vez más fuerza. En poco tiempo este régimen terminaría abriendo una nueva era para la historia de ese país, de toda África y el mundo. Hay que pensar que ya había caído el comunismo en Europa y se cerraba la etapa de la guerra fría, realidad que también facilitó el fin de un régimen inhumano que graveaba toda la humanidad.

Mientras se desarrollaba la guerra de Angola, el gobierno cubano, nuevamente respondiendo a los intereses geopolíticos de los soviéticos, envió tropas cubanas a otra guerra, esta vez en Etiopía.

El conflicto esta vez territorial, entre Somalia y Etiopía. El primero durante cierto tiempo había recibido asesores militares cubanos al igual que Etiopía. Pero otra vez la rivalidad entre soviéticos de una parte y chinos y occidentales de la otra estalló en guerra y de nuevo el gobierno cubano dispuso de las vidas de miles de cubanos y los envió allí.

A la vez, el régimen abominable de Megistu Haile Mariam trataba de impedir la independencia de Eritrea. Todavía los etíopes se preguntan: «¿por qué los cubanos tenían que involucrarse en esta guerra para apoyar a este régimen tan sanguinario y aberrante como el de Mariam?». Pero los cubanos nos preguntamos: «¿por qué Fidel Castro tuvo que enviar a miles de cubanos a morir en Etiopía? ¿A defender qué y a quién?».

Disponer de los cubanos y sus vidas en función de la gloria de los líderes o de los intereses del imperio soviético fue un verdadero vicio de los gobernantes cubanos que marcó con dolor y ultraje a un pueblo que solo había donado voluntarios en casos de conflicto como la Segunda Guerra Mundial y la Guerra de Corea, pero verdaderamente voluntarios y ciertamente no muy numerosos.

La Unión Soviética, decían los cubanos, pone los tanques, las katiuskas y las balas, y nosotros la sangre.

Al final hoy Angola es un país lleno de intereses e inversiones capitalistas, de generales corruptos y ricos y de muchos pobres todavía esperando la justicia y la democracia verdadera. Las tropas cubanas no podían dar al pueblo angolano lo que el régimen que les enviaba allí a pelear negaba y sigue negando a los propios cubanos en Cuba: la libertad y la democracia.

ECONOMÍA

Medio de dominación. El camino del cambio es fraude

Historia de la destrucción

No se puede entender el sentido profundo de la actividad económica y de la política en la sociedad cubana dominada por el régimen comunista aplicando reglas del mundo normal. Cuando digo normal no quiero decir justas porque hay muchas de estas que son normalmente injustas, pero también hay una lógica orientada hacia el desarrollo sostenible y, aunque no siempre, también hacia la justicia.

En los últimos 53 años, la economía o la actividad económica son concebidas en esencia como un conjunto de mecanismos y actividades en función de dominación y control del individuo, de la sociedad. Aunque también tenga su dimensión productiva, social, generadora de algún desarrollo, todo está supeditado para cumplir la función mencionada, por lo que pierde su función natural.

Lo dicho antes puede analizarse en varios planos o dimensiones: una, la del trabajo mismo donde el sujeto del trabajo, o sea las personas, son instrumentalizadas, dominadas por todo un conjunto de controles, mecanismos de vigilancia y explotación que someten a personas y familias no solo a depender del Estado, sino que les sepulta en un orden y un ambiente de sometimiento opresivo que de alguna manera se describe en este libro.

Otra dimensión es la de la relación comercial entre consumidor y vendedor donde la regla no es la de oferta y demanda, regla que es cruel e inhumana, sino la del Estado poseedor de todos los bienes y comercios, sistemas de producción de casi todos, el individuo y la familia son productores pero también receptores. Decimos receptores en sentido amplio porque el régimen estableció desde temprano mecanismos de distribución con la llamada «libreta de abastecimiento»[9] donde todavía se venden los productos de primera necesidad, desde un litro de keroseno hasta una toalla, desde una pelota hasta una almohadilla sanitaria. Todo esto normado y regulado con cuotas que durante décadas sometieron a los cubanos a los límites del hambre por etapas, bien por encima o por debajo del límite, pero siempre en el límite del hambre en una situación de pobreza despiadada donde conseguir lo necesario era una proeza.

Todo este sistema de distribución ha estado encubierto en un supuesto subsidio por parte del Estado para todos los productos vendidos según la liberta de abastecimiento.

Si comparamos los salarios de las épocas donde los productos vendidos abarcaban todos los reglones necesarios para la vida no ha habido nunca tal subsidio. El salario apenas alcanzaba para cubrir los gastos de las ventas normadas. Hablamos de años donde fuera de lo normado el ciudadano no podía tomar un refresco, ni tener un gasto adicional que no fuera por la vía del contrabando, porque el régimen aniquiló la mayoría de la producción de bienes, el mercado y la actividad económica privados y los servicios, de los que solo dejó algunas muestras concentradas en centros estatales llamados consolidados. Durante décadas el pueblo vivió así.

Con el tiempo, cuando los ciudadanos comenzaron a tener otras entradas no procedentes de su trabajo, el gobierno descubrió que además de trabajador explotado, de familia controlada y receptora de la estricta y miserable distribución estatal, los cubanos podían convertirse en usuarios, en clientes, pero en este caso también aplicó la mentalidad de la economía de campamento.

Cuando hablamos de fuentes alternativas, no nos referimos a los que conforman la corrupción institucionalizada y tolerada sino a un numeroso grupo de miembros del pueblo que reciben ayuda desde el exilio. Vuelve a aplicarse como dijimos la economía de campamento, donde el usuario no deja de ser un rehén al que la familia sostiene desde fuera enviando dinero que va a perder gran parte de su valor para poderse realizar o convertir en productos. Para esto el gobierno tuvo que imponer la circulación de la

---

[9]   Con los cambios que se han introducido en los últimos años en la política económica, la libreta va teniendo menos importancia pero afecta a los ciudadanos de bajos ingresos, porque al liberar los artículos de primera necesidad su precio se multiplica varias veces y además tienden a escasear en el mercado.

doble moneda, el dólar y el peso cubano, y después agregar el CUC con el peso cubano, al cambio generalmente de 1 CUC por 24 pesos cubanos. A cada dólar recibido el gobierno le sustrae directamente de un 10 a 20% de su valor. Pero después, no muy indirectamente, a los productos que solo se pueden comprar en tiendas que funcionan con esta moneda convertible les impone precios de dos a cinco veces su valor, y lo mismo ocurre con los servicios que ofrecen en esta moneda convertible. Puedo dar muchos ejemplos, pero me referiré a la falacia de la doble moneda y a la explotación cruel que trata de encubrir.

Si usted dice que un litro de aceite de soya vale 2,40 CUC estamos hablando de 3 dólares que tiene que recibir desde fuera. Ya de por sí es un precio inflado y habría que preguntarse: ¿cuál es la ganancia del Estado o de sus nuevos empresarios en esta venta? Pero prefiero tomar la referencia olvidada, que es el salario de los trabajadores. Porque este es el aceite que los cubanos tienen que comprar, tengan o no familia fuera, y hay millones de cubanos que no tienen familiares en el extranjero, por eso hay millones que no pueden comprar este aceite y si lo hacen no podrán comprar otras cosas.

Si hablamos de 2,40 y lo multiplicamos por 24 el resultado es 57,60 pesos cubanos. Esto significa que para una persona que gana 300 pesos es la quinta parte de su salario[10]. Para un médico de alta calificación significa el 10% de su salario.

Una cerveza vale 1 CUC (24 pesos, dos días de trabajo), un refresco 10 pesos, una merienda para un escolar puede valer de 10 a 20 pesos. Un pantalón para un adolescente, una blusa o un par de zapatos pueden ser alrededor de 100 CUC (el salario de más de seis meses). No es un ejercicio especulativo, son «las cuentas verdaderas» que tiene que sacar una familia para sobrevivir.

El gobierno sigue vendiendo de manera racionada y a precios subsidiados 5 libras de arroz, 5 de azúcar, 1 kg. de leche en polvo para niños menores de 7 años y algunas onzas de granos, un pan diario, media libra de pollo o proteínas mensualmente, que apenas alcanzan para elaborar cinco comidas. Comidas cubanas muy modestas, aunque el arroz alcanza para unos quince o veinte días comiendo solo eso. Súmele el jabón, la ropa, los artículos necesarios en un hogar que ya se ofertan casi exclusivamente en esa moneda y en esos precios.

---

[10]   El salario mensual promedio registró en Cuba un alza de 17% entre 2006 y 2011, llegando a 455 pesos. El salario de los cubanos pasó de 387 pesos en 2006 a 455 en 2011, según CENTRO DE ESTUDIOS DE POBLACIÓN Y DESARROLLO. *Salario medio en cifras*. Mayo de 2012.

No es el objetivo de este libro hacer un análisis estadístico pero sí denunciar que hay millones de cubanos que viven en la pobreza, que pasan hambre, que visten mal y que sufren la angustia, especialmente madres y abuelas, con salarios y pensiones que no alcanzan para cubrir la necesidades como son el pago del transporte, la electricidad, el agua, la comida, etc.

Algunos dicen que el salario no tiene sentido y sí lo tiene porque la mayoría de los trabajadores, incluyendo a los profesionales, técnicos y funcionarios, lo único que reciben es su salario y por eso el sector más pobre en Cuba es la clase trabajadora.

Es importante tener en cuenta que en Cuba se está dando una desigualdad que se profundiza y concreta al definirse determinados planos de circulación que no están aislados entre sí, pero que se van definiendo. En un plano está la mayoría pobre, trabajadores, desempleados, estudiantes, jubilados incluyendo a los niños a los que una merienda humilde puede costarle más de lo que gana su padre diariamente. Aquí encontramos a muchos de los que reciben remesas con las que cubren parte de sus necesidades.

En otro plano están algunos miles de trabajadores por cuenta propia y de empleados del sector turístico. Estos últimos tienen alguna mejora pero no dejan de ser pobres. Igualmente los trabajadores por cuenta propia, pero hay que señalar que el régimen ha tirado una cortina de humo al extender las licencias para encubrir la pobreza de la mayoría y su plan de expulsión masiva de trabajadores, a los que deja sin empleo. El sostenimiento de los negocios propios adolece de gran estabilidad y estos no duran por el gran volumen de los impuestos, los altísimos precios de los insumos y el acoso de inspectores corruptos, un flagelo generalizado. Según las estadísticas hay más de trescientos cincuenta mil cuentapropistas pero lo que no dicen es cuántos desempleados hay y cuántos trabajadores en el sector estatal que, juntos, son la inmensa mayoría de pobres que hemos hablado. Paradójicamente, en el estado de los trabajadores los proletarios son los más pobres.

¿Cómo un país que, a pesar de la corrupción administrativa y la pobreza al que estaban condenados un importante número de cubanos en el campo y la ciudad, fue un país de alta productividad, de superávit en la balanza de pago, de más de una cabeza de ganado por habitante, de una inmensa red de servicios de todo tipo y de una extraordinaria capacidad para hacer todas las obras y servicios bien y con buen gusto, cayó en la ruina, en la improductividad, en la miseria de la mayoría, en la corrupción generalizada además de la administrativa y vio deteriorarse sus ciudades, pudrirse hasta caerse miles y miles de casas y edificios, llenarse de maleza cientos de hectáreas de tierra fértil y pasar a ser una sociedad de la improductividad, a vivir de la limosna del extranjero, donde en la carretera se pueden encontrar estampas propias de la guerra con familias enteras tiradas en el suelo esperando por una carreta o cualquier otro vehículo, donde ciudades y pueblos enteros se han convertido en barrios marginales sin esperanza alguna?

¿Cómo ocurrió todo esto? ¿Cómo pasamos de la cultura de trabajo y la creatividad donde primaba la decencia en la sociedad, aunque el gobierno fuera corrupto, para convertirnos en una sociedad donde la corrupción es la regla y la decencia la excepción en este sentido?

Me detengo en este punto para explicar la diferencia de dos conceptos:

1. La devastación del comunismo: que son todos los mecanismos que llevaron a la ruina a este país de prosperidad y creatividad. Demostración que hemos vivido y sufrido durante este medio siglo, es decir, me refiero al proceso que solo parcialmente podemos describir aquí.

2. La devastación comunista: que es el resultado de la anterior. Es el estado de deterioro moral y material, de desigualdad y el conjunto de desventajas que sorprende a nuestra sociedad en el momento de cambio que el pueblo debe protagonizar. Debemos tomar conciencia de esta realidad para que esas desventajas no impidan el ascenso del pueblo a la soberanía y el ejercicio de los derechos. Es un gran desafío a enfrentar y que vamos a superar, pero no debemos tener miedo ni pesimismo ni tampoco engañarnos.

¿Cómo sucedió?

Al triunfo de la Revolución había muchas familias que vivían en la pobreza y sin oportunidades. Esta desigualdad constituía la mayor injusticia por el abandono a que estaban sometidas muchas familias cubanas. Sin hacer comparaciones, los estándares generales de productividad, consumo de alimentos, posesión de electrodomésticos nos situaban entre los diez primeros países en el mundo, entre los primeros de América Latina y en algunos casos de Europa.

Una clase media que podía dividirse en diferentes niveles, amplia y próspera que formaba parte no solo de los propietarios sino de los trabajadores. La distribución de la riqueza en Cuba no era como aquélla donde una sola familia lo controlaba todo. Una huella de esto está en los innumerables barrios con magníficas construcciones no solo en ciudades importantes sino en los pueblos, que hablan de dónde y cómo vivía la gente.

Si hoy día en la casa donde vivía un matrimonio viven diez personas, o la casa que tenía cinco habitaciones es una ciudadela mugrienta donde viven diez familias, eso es la Revolución, la marginalización del cubano. Todo lo que dio la Revolución al principio se lo quitó a otros. No siempre fueron los ricos y los terratenientes, también fue la gente sencilla.

Decimos esto una vez más para poder saber cómo fue que llegamos aquí. El gobierno cubano vivió y se autofinanció apoyándose en algo que llamaremos la «economía inercial», es decir todas la edificaciones, riquezas, sistemas productivos, tierras cultivadas, parque automotriz, sistema de trabajo y servicios, desde el correo al transporte público, desde hospitales públicos hasta la inmensa red de escuelas públicas, estaban ya hechas. Durante los primeros años se nutrió de todo aquello que el pueblo cubano había sido capaz de construir. Mientras lo devoraba y destruía liquidaba la propiedad de las industrias generalmente para cerrarlas definitivamente. Igualmente hizo con numerosos hoteles, bancos, cines y comercios. Simultáneamente a este saqueo se afirmaba la cultura del miedo, se instalaba la economía de campamento y se establecía el cordón umbilical de dependencia con la Unión Soviética. Hay que decir cuán formidable fue la resistencia de la obra anterior del pueblo de Cuba, la cual duró mucho tiempo con calidad, y las habilidades de trabajo, creatividad y buenas costumbres de aquella generación inicial a la que el régimen le succionó toda su energía en un entretenimiento morboso de trabajo improductivo cuyo objetivo era la dominación.

Conviene explicar qué es la economía de campamento. Si nos referimos a los centros de producción agrícola e industrial, las características son: la propiedad estatal sobre sistema productivo incluyendo la industria, la tierra y el comercio; la politización total de estos centros de trabajo con chequeo, mítines ideológicos y políticos, control de los trabajadores, vigilancia y seguimiento de una ficha con información recibida sobre su actuación en cada ámbito por parte de los CDR y otros medios de vigilancia y control. Esto en cuanto al centro de trabajo en donde la incondicionalidad a la Revolución es omnipresente. La no incondicionalidad significa exclusión, expulsión y limitaciones de todo tipo, además de persecución y represalias.

La economía de campamento incluye el trabajo voluntario, generalmente bajo coacción. Las asambleas de méritos y deméritos son para evaluar la conducta del trabajador en todos sus aspectos.

Otra característica, la más emblemática, fue convertir la inmensa mayoría de la actividad agrícola en objeto de trabajo atendida por personas concentradas en campamentos de manera eventual o permanente: jóvenes estudiantes, escuelas secundarias y preuniversitarias en el campo, presos, «voluntarios permanentes», muchedumbre de jóvenes confinados a trabajos forzados bajo la ley del Servicio Militar. Ernesto Che Guevara tuvo gran participación en la ruina productiva de Cuba, en la instalación de esta economía de campamento con todos los rasgos opresivos, deshumanizantes hasta la crueldad y que tanto daño hicieron a la sociedad cubana. Cuba, como dijimos, sobrevivió económicamente en los primeros años de la Revolución por el recurso de la inercia, es decir de la riqueza acumulada. Riqueza que no fue distribuida para ser usada como plataforma para el desarrollo sino que fue devorada por el establecimiento del totalitarismo.

Rápidamente aparecieron los subsidios, casi como en una carrera de relevos en la que los subsidios paulatinamente sustituían el legado de riquezas, laboriosidad e instalaciones acumuladas durante décadas y siglos anteriores. Legado que aún hoy día sigue siendo lo que más vale y brilla de la república de Cuba.

La dependencia de la URSS llegó a ser total. Con la adhesión a la URSS, Fidel Castro y su gobierno pusieron la soberanía estratégica de Cuba y toda su proyección internacional en función de la geopolítica del imperio soviético, que de esta manera subsidiaba el totalitarismo cubano.

Fue a finales de la década del 80 cuando se desintegró el sistema comunista en Europa y muchos países se liberaron del imperio soviético. En ese momento, y a muy corto plazo se liquidó el enorme subsidio soviético a la economía cubana.

Para ese entonces el embargo de los Estados Unidos comenzó a ser reforzado con otras leyes y medidas que buscaban aislar totalmente a la economía cubana y tratar de privarla de créditos, obstaculizar su comercio e inclusive la adquisición de equipos, piezas y accesorios médicos. Léase «Ley Torricelli» y «Ley Helms-Burton», por ejemplo.

Antes de la caída de la URSS el embargo no era un tema importante en la propaganda del gobierno. Tampoco el régimen se preocupaba por atraer inversión extranjera al país.

Es más, la inversión extranjera no era bien vista porque representaba la faceta económica del imperialismo, «la fase superior del capitalismo». Por aquel entonces el gobierno cubano tenía por doctrina, por estrategia política y económica, no permitir que el país se «contaminara» de esa manera.

El asunto era, y es todavía, que para gobernar todo el tiempo absolutamente, sin derecho, con control y sometimiento total de los ciudadanos bastaba con que funcionara la economía de campamento, y con el subsidio soviético se lograba.

Al terminarse el subsidio soviético, el país descendió rápidamente a una ruina total. Verdadera hambruna, parálisis de la mayoría de los servicios, eliminación de gran parte del transporte, largos cortes de electricidad, aumento de la mortalidad e incremento de las condiciones marginales en la vida del cubano.

Esta etapa calificada oficialmente como «período especial», y que según los gobernantes todavía no ha terminado, es un término para inducir a una «racionalización» de la calamidad en la que viven valiéndose de este mecanismo de defensa.

De esta manera cualquier miseria, carencia, baja sensible de la calidad como fue en la salud pública por incumplimiento del gobierno, por su corrupción, improductividad y represión eran justificadas con el «período especial» y con el embargo. Todavía esto ocurre especialmente con el embargo.

Sin embargo, el gobierno lejos de introducir cambios aumentó la represión, el discurso ideológico estalinista, el control y la vigilancia en todos los ámbitos. La gente no se rebeló. Funcionaba la cultura del miedo y los mecanismos férreos de control instalados durante treinta años.

¿CÓMO SE INSTALÓ EL NUEVO ORDEN ECONÓMICO? LOS ANTECEDENTES DE LA ECONOMÍA DE CAMPAMENTO

Este proceso de instalación de este orden económico tuvo momentos significativos.

El 17 de mayo de 1959 se firmó la Ley de Reforma Agraria, la que se implantó en dos etapas. La primera versión, otorgaba títulos de propiedad a los arrendatarios, aparceros y otros entre dos y cinco caballerías, y permitía la tenencia de tierras en fincas de hasta treinta caballerías. Finalmente se redujo la propiedad de la tierra a dos caballerías, no permitiendo la compraventa de estas; más tarde se estatalizó la mayor parte de la tierra cultivable, superando el 80%, que convirtió a este rico país en un país de hambre.

Muchas pequeñas fincas productivas y hermosas se convirtieron en matorrales, se tumbaron durante décadas y hoy la sociedad cubana es consecuencia, aunque no absolutamente, de toda la ruina material y moral que impuso Fidel Castro para instalar y mantener el socialismo, dígase su poder y el de sus generales, por todo el tiempo, absolutamente y con todos los privilegios. Algunos hablan de que convirtió a Cuba en su finca privada, eso es verdad sobre todo ahora que los grandes dirigentes son los nuevos ricos, pero lo peor es que convirtió a todo un pueblo y durante tres generaciones en sus siervos, confiscándoles y devorándoles la vida como si hubiesen nacido para adorarle y servirle.

120

Desde muy temprano se nacionalizaron las grandes industrias, extensiones de tierra, y muchos pequeños negocios, pero en marzo de 1968 Fidel Castro lanza la ofensiva revolucionaria nacionalizando todas las bodegas, pequeños comercios y actividades por cuenta propia. Se ilegalizaron desde los limpiabotas, lavanderos y otros, convirtiendo en clandestina cualquier actividad por cuenta propia y dejando como única opción de supervivencia a todos los ciudadanos el trabajo en centros estatales. Esto paralizó a Cuba y convirtió las ciudades en lugares donde era difícil tomarse un vaso de agua.

Pero, además, se les confiscaron las herramientas, las maquinarias, los locales, los medios de transporte y carga, hasta las carretillas y todos los medios con los que realizaban algún comercio o prestaban algún servicio, reparaban o producían algo. Cerraron miles de negocios y pequeñas fábricas de todo tipo, decenas de miles de talleres y centros de servicio de reparaciones, sastrerías, barberías, decenas de miles de bodegas, tiendas grandes y pequeñas la inmensa mayoría atendidas por familias que vivían en un local anexo al propio negocio, pero también mediante el despojo súbito y cruel. Se prohibieron los vendedores ambulantes. Se estatalizaron restaurantes, cafeterías, todas las instalaciones comerciales desaparecieron.

Se cerraron los inmuebles, paredes y techos se deterioraron hasta pudrirse como si la vida se detuviera en el tiempo, o se convirtieron en sedes de organizaciones ideológicas, políticas, represivas y de propaganda, todas parasitarias e improductivas. Otros en viviendas, muchas veces en condiciones de marginalidad, llamadas ciudadelas. Muchas iglesias, conventos y capillas corrieron la misma suerte de abandono hasta la ruina o se convirtieron en cuarteles, almacenes y centros de política.

Pero la vida continuaba. Para esos antiguos propietarios y sus familias esas casas, negocios, talleres, fábricas y fincas eran mucho más que una propiedad, eran su patrimonio, fruto del esfuerzo de varias generaciones en muchos casos.

Particular fue el odio, el desprecio y hasta la burla mostrado por el gobierno y sus funcionarios (interventores), que confiscaban el patrimonio de las personas despojándolas de todo y llamándolas «siquitrilladas», haciendo alusión al hueso que tiene el pollo en forma de arco. La expresión común usada cuando intervenían un negocio era «le partimos la siquitrilla» refiriéndose al dueño, ahora no solo saqueado sino ultrajado.

Ese fue el día que le dieron el tiro de gracia a la sociedad cubana y la paralizaron definitivamente condenándola a la escasez, a la improductividad, a las enormes colas y sobre todo a una dependencia total de la persona y la familia del suministro del Estado. Alimentos, ropas, calzados... claro está, este racionamiento estaba sujeto a lo que el gobierno considerara como imprescindible. En adelante Cuba se convertiría en un campamento.

Se preparaba para una campaña obsesiva de Fidel Castro: producir diez millones de toneladas de azúcar. Desde 1969, la nación, el país, las industrias cerradas, las movilizaciones de obreros hacia los campos de caña, el transporte, las comunicaciones en función de esta meta. La zafra azucarera paralizó el país y este se convirtió en un gran campamento, o mejor dicho en una gran prisión. También los cuerpos represivos y los tribunales pusieron sus servicios en función del nuevo matiz del campamento.

Se crearon instituciones armadas que reclutaban por la fuerza a decenas de miles de jóvenes para enviarlos a los cortes de caña. También enviaban a los estudiantes, los cuales iban por largos meses, y a los presos.

Estos centros, como ya hemos dicho, no eran solo centros productivos sino que se convirtieron además en centros de dominación. La mayoría de los jóvenes eran controlados en los centros de estudios secundarios, preuniversitarios, donde tenían que permanecer albergados permanentemente y trabajando en la agricultura. Los jóvenes inconformes, religiosos, homosexuales, con familiares en el extranjero o que se atrevían a usar una melena y escuchar a los Beatles o los Rollings Stones eran confinados varios años en campos de trabajo forzados, pero faltaba algo.

¿Qué hacer con el adulto que no quiere trabajar ya que estaba fuera de control?

Se inventó la «ley del vago» que obligaba, bajo pena de cárcel de varios años, a los hombres de edad laboral a aceptar obligatoriamente la plaza de trabajo que le ofreciera el gobierno. El cuadro estaba cerrado, el sueño del Che estaba cumplido: Cuba era un gran campamento, un campamento de trabajo forzado.

El derroche de combustible y medios, la sobreabundancia de terror y el abuso de fuerza caracterizaron esta etapa concebida como una guerra, en esencia la guerra de Fidel contra el pueblo de Cuba. Una guerra que Fidel perdió porque solo llegó a ocho millones y medio de toneladas.

El pueblo fue la víctima de esta guerra, especialmente los jóvenes. Muchos dejaron sus vidas, se enfermaron y se traumatizaron para siempre, perdieron algunos de sus miembros y fueron encarcelados por «indisciplinas o fugas».

Cuba vivió en forzado estado de guerra o en condiciones de crisis y el ganado mermó a los niveles más raquíticos de la historia de Cuba. El pueblo comenzó masivamente a pasar hambre. La escasez y el racionamiento se convirtieron en «cultura de guerra».

La crueldad para lograr ese capricho resultó en un gran fracaso del régimen que dejó a Cuba en la ruina mayor y en la peor incapacidad productiva de su historia.

Jefes militares y militantes del PCC controlaban la actividad productiva y de esta manera todo el ambiente social y familiar. Las zonas rurales, los pequeños y medianos pueblos e inclusive la mayoría de pequeñas ciudades, incluyendo capitales de provincia, ofrecían permanentemente un ambiente de estado de guerra, polvoriento, de tensión y miedo que en su conjunto devoraba la vida de las personas. Muchedumbres de personas viajando como si fueran ganado.

Esto también ocurría en cada centro de trabajo, hospitales, escuelas, con la componente de la libreta de abastecimiento y racionamiento y la imposibilidad casi absoluta de cambiar de vivienda.

Haciendo un *zoom* toda Cuba fue convertida en gran campamento no para la defensa de su soberanía como dicen sino para que el centro de poder lo controlara todo como una prisión.

Los jefes de la prisión imponen la regla de conducta, deciden el momento en que deben comer los prisioneros, el castigo a los inconformes, los precios dentro del campamento y deciden quién puede salir o entrar al campamento.

Este estado de economía de campamento persiste hasta el presente con la ilusión de un mercado interno donde el gran carcelero decide qué productos pueden entrar o salir y los precios de venta a los confinados. Se tolera una circulación interna llamada ahora «cuentapropismo» mientras se sabe que hay toda una economía paralela o de subsistencia en el campamento.

El contrabando, el robo y las sustracciones ilegales de productos fueron norma de conducta en muchos como mecanismo de defensa para sobrevivir. No es este libro anecdótico pero vale una: en una fábrica de aceite vegetal registraban a los empleados con sumo rigor a la entrada y salida para que no se llevaran aceite. Un joven caló en un libro grueso una cavidad en forma de botella pequeña y todos los días sacaba unas onzas de aceite para llevar a su familia y quizás trocarla por otros alimentos.

Etapa pre «Período Especial»: las tiendas de Hernán Cortés

Un concepto donde cabe cualquier cosa, donde todo se justifica. Históricamente el momento en que cae el imperio soviético y los países dominados por este imperio se liberan.

Rusia comienza su transición que, cualquiera que haya sido el punto de llegada, determinó en un primer momento el corte abrupto de su financiación al régimen cubano.

Ya andando la perestroika a finales de la década de los 80, el gobierno cubano abre un sistema de cambio conocido popularmente como «el oro y la plata», o también como la «nueva historia de Hernán Cortés y los aztecas». El gobierno dispuso Casas de Cambio —entonces todavía estaba penalizado el dólar en Cuba. La tenencia de esa moneda era castigada con años de cárcel.

Cuando un cubano recibía algunos dólares por cualquier procedimiento, fuera por un cambio clandestino, por la venta de algún objeto valioso o porque lo recibía en sus manos de parte de su familia, debía realizar una peculiar maniobra para «utilizarlos». En Cuba existían tiendas exclusivas para extranjeros, turistas, diplomáticos o empresarios acreditados. La mayoría de estas tiendas estaban en hoteles. A estos hoteles durante mucho tiempo los cubanos no podían entrar y mucho menos hospedarse, pero se permitía a un cubano entrar acompañado de un extranjero que supuestamente quería hacerle regalos o también de amigos y familiares que venían de visita.

Era verdaderamente humillante este *apartheid* donde desde la ascensorista hasta el empleado de la tienda, pasando por los camareros y agentes de seguridad, no escondían su menosprecio y trato despótico con los propios cubanos, cuya presencia era tolerada si iba acompañada por un extranjero.

Ser extranjero se convirtió en un privilegio y un sueño. Se hizo muy popular un chiste donde se le preguntaba a un niño: «¿Qué quieres ser cuando seas mayor, ingeniero, médico, piloto?». Y el niño respondía: «extranjero».

El daño a la autoestima de niños, jóvenes y adultos todavía lo sufre la sociedad cubana y lo sufrirá durante mucho tiempo. Surgió una forma de prostitución en que, primero mujeres jóvenes y después de ambos sexos, comenzaron a ofrecerse por dinero o baratijas a los extranjeros.

A las mujeres les llamaban desde entonces «jineteras» y a los hombres «pingueros», estos últimos son personas del sexo masculino que tienen su mercado en homosexuales extranjeros masculinos.

En conjunto a esta forma de prostitución se le llama «jineterismo» y el número de los que la practican, tanto en proporción como de forma absoluta, multiplica varias veces las cifras de prostitutas en cualquier otra etapa de la historia de Cuba.

Los voceros del gobierno con cinismo llegaron a decir que podía encontrarse a una jinetera universitaria. Pretendían así ocultar que las causas de este fenómeno en Cuba son más o menos las mismas que en cualquier otra sociedad, especialmente la pobreza.

Porque lo que no dice el gobierno es que las jineteras, aunque sean profesionales, van a la prostitución porque viven en la pobreza y la miseria, y porque trabajando como médica o ingeniera no pueden dar de comer a sus seres queridos.

Ha sido cruel el juicio y el trato contra estas víctimas de la ruina moral, la desigualdad y la pobreza en que el comunismo ha sumergido a la sociedad cubana.

En este contexto de persecución a las personas que poseían dólares y en los albores del derrumbe del campo socialista, el gobierno abre este mecanismo llamado «del oro y la plata».

Casi tres décadas después del triunfo de la Revolución muchas familias habían conservado en la mayoría de los casos, o adquirido de alguna manera, lo que pudiéramos llamar valores. Estos eran joyas, obras de arte, muebles, vajillas y cubiertos, adornos, etc.

Este sistema de trueque se llevó a cabo practicando una de las extorsiones más despiadadas contra los ciudadanos que, en su desamparo, acudían a entregar estos bienes a cambio de cheques.

Fue así: una persona llevaba un objeto, un funcionario lo valoraba y entregaba un cheque o vale (el gobierno inventó una especie de moneda intransferible para este trueque). Con este cheque o moneda la persona podía acudir a tiendas especialmente habilitadas para este fin (no eran las mismas tiendas donde compraban los diplomáticos y extranjeros). En estas tiendas se podía adquirir ropa, comida, efectos electrodomésticos y otros artículos.

El abuso era cometido en dos etapas: primero en la Casa de Cambio al valorar el objeto, era tasado diez o quince veces por debajo de su valor real, y después en la tienda ya que los artículos eran vendidos a precios desproporcionados. Debe entenderse que las personas se desprendían de parte de su patrimonio familiar que podía valer miles de dólares para poder adquirir, por primera vez en muchos años, un televisor a colores, un ventilador, *jeans* y zapatos para sus hijos además de otros artículos que durarían muy poco pero que nunca los habían tenido.

Con mucho dolor algunas personas se desprendieron de su anillo de compromiso, de cadenas con medallas heredadas de sus abuelos, de recuerdos familiares para obtener lo que popularmente le llamaron baratijas o para comer un poco de carne, jamón y queso durante algunas semanas. Esto se puede catalogar como la gran estafa, pero el sentimiento popular era el que comparaba a los cubanos con los indios que ofrecían oro a los colonizadores, y por eso se les llamó «las tiendas de Hernán Cortés».

Había muchos cubanos que no tenían joyas, ni objetos valiosos o muebles o algo para cambiar, estos siguieron sin nada. Pero los que tenían estos objetos no eran los antiguos ricos, que ya no estaban en Cuba, sino familias modestas y de trabajadores que habían heredado objetos valiosos de sus ancestros. Para entender esto hay que conocer al cubano, que siempre gustó de lo bueno y de comprar aquello que tuviera valor, por eso no era raro que un trabajador o negociante comprara joyas o adornara su casa como pudiera.

Si algo de valor quedaba en manos del pueblo después de la ofensiva revolucionaria de los años 60 en que se confiscaron todos los negocios, el gobierno se lo arrebató mediante este saqueo.

¿Dónde están estos valores? ¿Qué hicieron los gobernantes con todo esto?

No es justo quedarnos en la descripción. Solo en una situación de miseria e indefensión, hambre física y necesidades materiales y culturales se puede producir esta extorsión. El gobierno trató una vez más a los cubanos como trata el secuestrador a su rehén, al que se le exige objetos de mucho valor en pago por algunos sorbos de vida.

Salvo los que pertenecen a la clase dominante, los nuevos ricos, la ciudadanía se quedó literalmente «pelada», sin valores de ningún tipo.

Poco después vino el derrumbe del comunismo en Europa y el gobierno cubano quedó sin subsidios, comenzando la etapa que describimos como «período especial» y que según el régimen está vigente cuando estoy escribiendo este libro.

CONSECUENCIAS DEL «PERÍODO ESPECIAL»: DE NUEVO LA HUIDA EN MASA

Fue en estas penosas circunstancias que surgió una protesta pública de grandes dimensiones en La Habana, conocida como «el Maleconazo», en agosto de 1994, expresando la insatisfacción y la ira popular. Ya dijimos, en otra parte de este libro, que esta protesta fue desvanecida por la cruenta represión desatada contra los participantes de la protesta y porque careció desde sus inicios de objetivos y organización.

Una vez más el régimen cubano abrió la válvula de escape y se produjo el ya mencionado éxodo de 1994 donde murieron muchas personas en el mar y otras fueron trasladadas a la Base Naval de Guantánamo.

De este evento surgió un pacto migratorio con los EEUU que deseaban a toda costa evitar el éxodo masivo y con esto la inestabilidad en Cuba. El gobierno de la Isla logró mantener en sus manos la posibilidad de regular la válvula de la salida del país en concordancia con los Estados Unidos, pero al mismo tiempo el barbitúrico que tomarían tantos cubanos y tantas cubanas: la esperanza de salir algún día mediante el sorteo, la reunificación familiar o como refugiado político. Estas tres vías de emigración legal y organizada fueron establecidas en dicho acuerdo de 1995.

Nueva orientación para salvar la maltrecha economía cubana

Continuando esta secuencia, en 1998 Hugo Chávez llega al poder en Venezuela y rápidamente establece una alianza política con Fidel Castro. Una verdadera simbiosis entre estos dos regímenes.

Chávez necesita de los médicos, de la asesoría y cooperación militar y de la inteligencia cubana, de la propaganda pero, sobre todo, de la imagen de la Revolución cubana; el santuario de la izquierda en el área para concretar su proyecto neo-totalitario. A su vez, brindarle un nuevo frescor a la imagen viva de Fidel Castro y la Revolución cubana.

El régimen cubano necesita del petróleo venezolano y de la creciente influencia política y comercial que tiene el gobierno de Chávez a partir de su petrodólar que también pudiera ser calificado como «petrodolor».

Llegamos al punto del peligro actual: Cuba es nuevamente un país subsidiado dependiente del petróleo venezolano suministrado a cambio supuestamente de médicos, de educación y otros servicios que Cuba le da a Venezuela. Pero, en todo caso, este subsidio o intercambio «favorable» depende por completo del vínculo político entre dos caudillos y dos sistemas de poder y no entre dos estados libres y democráticos, porque en Cuba no hay democracia y la democracia en Venezuela ha sido secuestrada por otro régimen militar, no importa la imagen que brinde.

Un gran desafío actual para todos los cubanos, pensando en todos o la mayoría de estos, tengan la posición política que tengan, es liberar a Cuba de esa dependencia económica del gobierno de Chávez y su supervivencia política.

Nos llama la atención que, en toda esta historia de más de 53 años de comunismo, Cuba ha vivido o en un estatus de campamento de subsistencia mínima a costa del subsidio extranjero, o en la ruina, la hambruna y la miseria.

Esa no fue la historia anterior de Cuba. Aun con corrupción en los gobiernos y con dictaduras, Cuba no era un país subsidiado.

A Cuba no la sostenía nadie, no vivía de la limosna sino de su trabajo y esto se puede constatar: a pesar de las malas etapas, cuánta obra hermosa, edificaciones, tierras productivas e iniciativas creadoras nos legaron las generaciones de entonces y, gracias a eso, los cubanos podemos vivir orgullosos de nuestra impronta.

Podemos llegar a dos conclusiones: primera, que no tenemos que esperar a que ese suministro si no subsidiado sí favorecido y determinado políticamente se corte abruptamente por un cambio político en Cuba o Venezuela, ambos inevitables. La segunda conclusión es que la sociedad cubana necesita de la apertura económica y política que seguramente va a traer el aumento de la productividad, el establecimiento de empresas, el aumento de la calidad de vida de los ciudadanos, la inversión extranjera y sobre todo la multiplicación de negocios y empresas, el aumento de las tierras productivas y una avalancha de trabajo creador libre que hará una Cuba más rica con una distribución de la riqueza con más justicia y seguramente más independiente económicamente.

Es verdad que estamos en tiempos diferentes en donde hay una interdependencia multilateral, es verdad que hay crisis, pero esta solo es la crisis de ahora. Los cubanos debemos liberarnos del fatalismo de que no podemos ser autosuficientes y prósperos económicamente.

Como ejemplo que quizás hiera la mentalidad de inferiorización que han querido sembrarnos tenemos que decir que a Cuba ningún país le regalaba el petróleo que compraba para hacer funcionar sus industrias y el transporte, muy modernos para la época. A Cuba nadie le regalaba los alimentos con que se alimentaban, porque los producíamos con la mejor calidad o los importábamos pagándolos con dinero nuestro. Ahí están las estadísticas para que vean que este pequeño país tenía un superávit en la balanza de pago, es decir: exportaba más de lo que importaba. Baste un ejemplo: recordemos otra vez que en materia de transporte y productos electrodomésticos Cuba estaba entre los primeros diez lugares del mundo.

No hay que evocar el pasado con nostalgia pero sí recordar todo lo bueno que teníamos, hicimos y fuimos. No hay que volver a las formas de injusticia social que marginaban a un importante sector de la población que era pobre, sino superar la gran desigualdad actual donde la mayoría son pobres y ni siquiera se quiere reconocer que son pobres.

No hay que volver a aquellas formas de corrupción administrativa que robaban el dinero público y que practicaban el abuso y el clientelismo político sino superar la corrupción institucionalizada, los súper privilegios de los dirigentes, las restricciones y carencias a que son sometidos la mayoría de los ciudadanos para sostener los privilegios de unos cuantos.

Si miramos atrás es para recordar con amor y gratitud a las postreras generaciones de cubanos que trabajaron con amor, vivieron con sacrificio para crear muchas cosas buenas y también lucharon a través del tiempo para que los cubanos de hoy pudiéramos vivir libremente y con dignidad, prósperamente y no en la pobreza, la angustia, el miedo y la opresión permanente.

Dicho esto, queda claro que no abogo por un regreso al pasado sino por una preparación desde ahora de ese futuro que, seguramente, podrá ser mejor.

Esta esperanza cierta se nutre de esa visión de nuestra historia donde se descubre la riqueza humana y las potencialidades creativas y productivas de los cubanos, pero también su vocación patriótica, de libertad y fraternidad.

Pero en el plano económico además surgen los nuevos descubrimientos de recursos que tiene nuestro país y que con una sana conducta ecológica en función del desarrollo de la nación generarán nuevas expectativas.

No basta con estas potencialidades que al descubrirse generan esperanzas. La otra dimensión necesaria es la determinación de los cubanos de lograr esos cambios entre todos, pacíficamente, hacia un orden de democracia y derechos donde todas esas potencialidades se pueden convertir en progreso y justicia.

AZÚCAR: LA ISLA DULCE SE VUELVE AMARGA

La colectivización fue, más que un recurso económico, un método de sometimiento y control porque, a la larga, era una jugada de engaño: la pobreza estaba programada como factor de dependencia de la persona y del Estado y como instrumento de aplastamiento. La economía no importaba más que para mantener el campamento y eso lo garantizaba la Unión Soviética, como ahora lo garantiza Chávez, pero los privilegios y sus fortunas también salieron de esa pobreza.

Después de la enfermedad de Fidel Castro, comenzaron a aparecer las llamadas «reflexiones» que eran escritos supuestamente o propiamente de él sobre todos los temas. Llama la atención la agresividad con que Fidel Castro, y después todos los medios y también especialistas del tema, comenzaron a atacar la producción de combustible a base de fermentación de productos agrícolas que pudieran servir para la alimentación del ganado y de las personas, llámense soya, maíz, remolacha o caña de azúcar. Fue significativo que dedicara grandes extensiones de esas reflexiones a una crítica directa a las grandes producciones de etanol a base de caña de azúcar en Brasil. Esta crítica siempre iba acompañada de la hipótesis de que fabricar esos combustibles a base de estos productos aumentaba el precio de los alimentos y provocaba su escasez en medio del hambre (eso sí es real) que sufren millones de seres humanos en el mundo.

El análisis es discutible, no deja de tener dosis de verdad y de una denuncia válida. Lo curioso es que también criticara a su amigo Lula, por entonces presidente de Brasil. El caso es que este país del sur comenzó hace años a desarrollar este combustible como una alternativa al petróleo, algo que seguramente es factor de soberanía estratégica y de mirada al futuro inmediato y lejano, con responsabilidad sobre la limpieza del mundo o la protección del ambiente.

Resulta que mientras Brasil hacía esto, Fidel Castro caminó galopantemente en el desmontaje o aniquilamiento en gran escala de la industria azucarera cubana. Creo que es digno de todo un estudio y denuncia el desastre económico, el daño ecológico y a las comunidades que vivían no solo de esa industria en sentido económico, sino que hacían su vida en ese contexto que también tenía, y tiene, una gran riqueza cultural en sentido amplio.

El Estado cubano paralizó decenas de centrales azucareros, que ahora se pueden ver como gigantescas moles de hierro oxidado a través de toda Cuba en medio de pueblos fantasmas. Castro liquidaba el mayor tesoro, fruto del trabajo de los cubanos, que era esa industria; se enviaba a los obreros agrícolas y a los trabajadores relacionados con esa industria a estudiar y se les pagaba su salario por ello.

Estamos hablando de decenas de miles de trabajadores y de cientos de miles de ciudadanos si contamos sus familias. Esta industria se desmontaba paralelamente a la profundización de la dependencia del petróleo de Chávez que, de esta manera, para Cuba se convertía en «petrodolor».

Los beneficios de la industria son enormes; solo mencionemos el aporte de los centrales a la generación de energía eléctrica y la propia producción del azúcar. Es un contrasentido para los cubanos, es un escándalo, una negación de su amor propio, que Cuba se convirtiera en importadora de azúcar. Pero lo peor, si es que hay algo peor que algo tan mal hecho, son sus consecuencias; es que el pueblo de Cuba se encuentra con este mal como un hecho consumado y muy difícil de revertir.

No hay que buscar estadísticas, basta con la memoria económica más popular: Cuba producía algo más de cinco millones de toneladas de azúcar cada año con tecnologías de los años 50 y verdaderamente con mucha explotación y dolor para los trabajadores cubanos y pobreza para sus familias, pero también como fuente de ingreso para ellos.

La industria azucarera podía tener esos niveles de producción y más mientras se producían y se pudieran producir todos los alimentos necesarios para Cuba y para exportar. La diversificación de la economía era y es una necesidad. La humanización del trabajo y la tecnificación en la rama azucarera eran una urgencia y una demanda justas, no concretadas. Pero lo que los cubanos no imaginaron es que en el momento en que Cuba podía comenzar a producir etanol para cubrir de manera más limpia muchas necesidades de combustible, para independizarse al menos parcialmente del petróleo, en el momento en que el mundo clama por formas de energía de fuentes renovables, con una mirada angustiosa al futuro inmediato, y mantener niveles de producción azucarera, en estos momentos, conscientes de que se aproximaba un alza en el precio del dulce producto, nuestra gran oportunidad había sido liquidada y arruinada no se sabe con qué razonamiento irracional y sin consultar al pueblo. En vez de un hecho consumado nos encontramos con un deshecho consumado.

A derecha y a izquierda se observan tierras, que en algún momento fueron cultivables y ganaderas, que ahora son maleza. Es desolador este paisaje y es signo de la ruina que significa este sistema que ha sometido a la escasez y al hambre, a veces extremos, al pueblo cubano. Este panorama ruinoso se puede observar a derecha y a izquierda al recorrer decenas, quizás cientos de kilómetros por la autopista nacional, que no es ni muy autopista ni nacional pues solo llega a la mitad del país, pues la única nacional sigue siendo la humilde Carretera Central construida en los años 20 del siglo pasado.

La economía en Cuba dentro de esta pecera, quise decir sistema, ha sido en primer lugar un mecanismo de dominación de las personas individualmente, las familias y la sociedad por parte del Estado y, de esta manera, de los que son dueños del Estado. No es la actividad económica aquélla por la que se tratan de satisfacer necesidades materiales y también espirituales, no es la economía del trabajo ni la del mercado, es la economía de campamento o de la dominación donde ni siquiera la explotación, de por sí injusta y cruel, es el último objetivo, sino el control de la persona, su sometimiento, su intimidación y su dependencia hasta en lo más mínimo del Estado.

Particularmente en las zonas rurales, con la visión colectivista introducida y potenciada por Ernesto Guevara, convirtió a comunidades enteras en verdaderos campamentos en cuanto a su estilo de trabajo y de control de los ciudadanos. Todo pasó a ser controlado, desde la distribución de alimentos (vendidos) hasta los artículos más imprescindibles para la vida. Cada paso, cada visita, cada acción, la vida misma de las personas en las zonas rurales y en poblados, perdió casi todos los espacios de libertad y privacidad. La presión y la intimidación hacían «la vida imposible» a cualquier disensión y crítica y no solo esto, la cooperación incondicional a todas las demandas del gobierno era impuesta bajo el manto de la voluntariedad. Esa voluntariedad impuesta contra la voluntad de las personas ha dañado la autoestima de generaciones y ha marcado con la simulación y la indefensión a conglomerados humanos.

TENER *FE*: FAMILIA EN EL EXTERIOR

Con el tiempo, cuando los ciudadanos comenzaron a tener otras entradas no procedentes de su trabajo, el gobierno descubrió que además de trabajador explotado, de familia controlada y receptora de la estricta y miserable distribución estatal, los cubanos podían convertirse en usuarios, en clientes, pero, en este caso, también aplicó la mentalidad de la economía de campamento.

Ya desde los años 80 el gobierno permitió a los cubanos del destierro visitar Cuba por unos días, que trajeran dólares y compraran artículos a sus familiares en Cuba. Después, con el transcurso del tiempo y la autorización del gobierno de los Estados Unidos, las entradas de dólares son directas a través de envíos por agencias y traídos por personas en sus manos. Personalmente no sé dónde encontrar una fuente que informe sobre las cantidades reales de dólares que reciben los cubanos como remesas o regalos, pero lo que sí saben todos es que millones de cubanos comen, se visten, viajan y cubren muchas necesidades y deseos, por su FE, es decir, por su «familia en el exterior».

La remesa es la principal fuente económica alternativa de los cubanos, pero todos no tienen esa suerte, tampoco tienen «negocios», ni son de la clase privilegiada. Son desempleados, jubilados y trabajadores que pasan hambre y no cubren muchas de sus necesidades por no tener familia en el exterior que les asista. Son millones que solo tienen el peso cubano o moneda nacional (MN), que es la moneda oficial con la que el Estado paga a los trabajadores y jubilados y es usada en el mercado de productos agrícolas (con precios desproporcionados), transporte público y otras obligaciones, como electricidad y pago de deudas al Estado por arrendamientos o alquileres de casa.

LA ANTENA

La antena: esa palabra técnicamente hablando es conocida en todos los idiomas. En Cuba quiere decir mucho más que un dispositivo diseñado para recibir o trasmitir señales acoplado a un sistema de amplificación, modulación y demodulación y a otros subsistemas que no viene al caso explicar.

En Cuba, cuando se dice «la antena» se habla de un recurso clandestino y perseguido que usan los ciudadanos comunes. Todos los ciudadanos son comunes pero cuando hay millones comunes y un grupito con privilegios descomunales es mejor hacer la aclaración. Decir «la antena», entonces, es este recurso para captar señales de televisión que se emiten, como canales locales en el sur de la Florida, ya sean por UHF o por VHF. Pero especialmente se refiere a pequeñas y no tan pequeñas antenas parabólicas que son colocadas en una azotea, en un patio, de la manera más inimaginable. Puede ser colocada en el fondo de un tanque supuestamente para agua, en un balcón o en una maceta donde se siembran plantas ornamentales. La posesión y uso de estas antenas con el correspondiente sistema es penado por las autoridades con multas y hasta con cárcel. Las multas son descomunales, pueden ser el salario de varios meses y hasta de varios años de un profesional.

Ahí no queda la cosa porque por solidaridad, ese sentido del compartir que tienen los cubanos, y por su gran empeño empresarial, muchos acoplan la salida de la señal que captan desde su antena parabólica clandestina a toda una red que alimenta otras casas. Envidia tendrían las grandes compañías de televisión por cable si conocieran las maravillas que se han hecho en Cuba en materia de redes de manera clandestina. Desde una casa puede salir una línea que después tiene varios nudos distribuidores para llegar a varias casas, a veces a decenas de casas, en ocasiones cobrando el servicio. Por «cables» se trasmiten varios canales de emisoras que pueden estar en cualquier parte del mundo, aunque en Cuba se prefieren las de Miami. La multiplicación no termina ahí, pues muchos tienen el negocio de grabar en videocasetes o en discos los noticieros, novelas y otros programas para, por un precio módico, distribuirlos a sus clientes. Algunos son ya clientes fijos. Mucho tienen que aprender sobre buen servicio los consorcios de las telecomunicaciones en el mundo de las redes de servicio clandestino que han creado los cubanos en medio de la persecución del socialismo. Hay otras interioridades técnicas del asunto que sus promotores no quieren revelar porque, en definitiva, lo consideran un mecanismo de defensa que procura la libertad de información debido a que el gobierno no respeta este derecho.

Incompleta sería esta descripción si no hablara de la otra parte, la del gobierno, que es la de la prohibición y la represión. Sí, porque lo que en cualquier país del mundo es un servicio común y un derecho no lo es en Norcorea ni en Cuba. Como explicamos, la televisión por cable y las antenas satelitales están prohibidas para la gente común, que somos la mayoría de los cubanos. Además de las multas y las detenciones, que son frecuentes contra ciudadanos por tener estas antenas clandestinas, existen las redadas.

A cualquier hora del día, pero especialmente en el amanecer antes de que salga el sol, puede producirse un despliegue en el que la policía con varios carros patrulleros y decenas de agentes rodean una o varias manzanas cortando las salidas y las entradas. ¿Qué buscan? ¿Toneladas de cocaína? ¿Un alijo de armas? ¿Alguien secuestrado? ¿Un grupo terrorista armado? Pues no, lo que buscan es «la antena». Se auxilian con carros de bomberos con altas escaleras y carros del servicio de telefonía también con sus escaleras y decenas de «técnicos». Sin pedir permiso suben por todas las azoteas y balcones y van arrancando las líneas de transmisión clandestina de la televisión por cable, destruyendo mucho de lo que encuentran a su paso. Allanan las casas hasta donde les llevan estas líneas que deben conducirlas a la «fuente captadora y trasmisora». El dueño, pequeño empresario, será detenido y muchos de sus usuarios posiblemente también o multados. Los equipos de recepción también son confiscados, es decir, búster, antenas y moduladores. Por supuesto la dañina antena parabólica también es desconectada, confiscada y encarcelada.

Si por una parte son ridículos y repulsivos estos despliegues represivos, exagerados en agresividad, dimensiones y recursos empleados, propios de una acción de guerra, por otra parte, son espectaculares los mecanismos de defensa con los que reaccionan los ciudadanos usuarios ante estos actos de terror oficial contra la libre información. Sí, porque no voy a explicar cómo barrios enteros, cuando se da la voz de la «presencia enemiga», es decir de las fuerzas represivas, son capaces de recoger cables, antenas y otras componentes del sistema en cuestión de segundos. Este servicio clandestino lo tienen lo mismo revolucionarios que no revolucionarios, demandados por todos los de la familia no solo por los jóvenes, pues hay programas para todas las edades, hasta para los niños. Algunos padres la regalan a sus hijas por el día de sus 15 años.

¡Pueden pensar en lo que tienen que hacer los cubanos para ver cantar a Willy Chirino y Gloria Stefan y otros artistas cubanos y extranjeros, o para ver el Noticiero de Univisión o Telemundo, para ver un juego de las Grandes Ligas de Béisbol o para conocer la evolución de la última novela que esté en el aire!

Sepan: a los cubanos nos ayuda mucho nuestra velocidad creativa y nuestro sentido del humor que nos hace disfrutar de manera muy especial aquello que tenemos que lograr con valor y astucia porque nos lo niegan como derecho.

NUESTRA PROPIA HISTORIA

Los repetidos fracasos de los planes y experimentos de Fidel Castro en el plano económico fueron compensados con una entrega total y definitiva de la soberanía estratégica a la Unión Soviética, que compró la Isla con once millones de cubanos a cambio de la incondicionalidad del régimen hacia su geopolítica imperial y su hostilidad contra Estados Unidos de América y Occidente. Mientras tanto, la Isla sería una prolongación del poder soviético, cuyo gobierno enviaría miles de cubanos a Angola y apoyaría cuanta acción o política imperial concibieran los soviets.

El gobierno trataría infructuosamente de sovietizar la sociedad cubana, de enseñar ruso en muchas escuelas, de cambiar la historia, de ateizar totalmente y descristianizar la sociedad. Cuba fue insertada en el bloque económico soviético, que era un sistema imperial semicerrado titulado Consejo de Ayuda Mutua Económica. Trataban de borrar la memoria histórica de Cuba y rehacer la vida de tal manera que Marx había creado el mundo y Lenin lo había redimido. Para los cubanos toda esta sovietización siempre forzada, ridícula, fue considerada un retroceso histórico, pues los cubanos miraban a Rusia con la compasión con que se mira a un pueblo condenado al atraso por la opresión.

El costo de todo el proceso descrito en esta parte del libro fue un grave daño antropológico a la nación cubana. La sumergieron en la improductividad, la tendencia al éxodo que ha sido creciente hasta hoy, el desgarramiento familiar masivo y una enorme confusión en la nueva generación que se defendería hasta hoy con la simulación como mecanismo de defensa. La sovietización entró en la escuela por la fuerza, en la cultura, en el cine y en los medios de difusión, y entró grotescamente y de manera humillante en la propia Constitución: la declaración expresa del Estado cubano como ateo, de la fidelidad y el alineamiento a ultranza a la Unión Soviética en las relaciones internacionales y de la consolidación o legalización del poder total del Partido Comunista.

En definitiva, ha sido un poder totalitario y personal de Fidel Castro porque en Cuba el Partido Comunista nunca ha tenido otro poder que no sea para ser un mecanismo de administración, propaganda y represión incondicional a Fidel Castro.

Lo tragicómico fue que esta dependencia de la Unión Soviética, el sometimiento más servil y antisoberano, solo se acabó cuando se acabó la Unión Soviética. Y se acabó la Unión Soviética y los rusos dieron la bienvenida al capitalismo. Es ridículo pero cierto que, en los cuerpos represivos, intelectuales y de periodistas oficiales y en ciertas esferas del poder del régimen en Cuba, existe mucha más nostalgia por el poder soviético de la que puedan tener Putin o cualquier ex general ruso o ex jerarca del partido, incluyendo a los que amanecieron millonarios con la caída de la tiranía comunista.

Siguiendo esta secuencia encontramos que las transiciones en Europa Oriental fueron un buen ejemplo para el pueblo de Cuba, pero solo hasta cierto punto. Bueno por la inspiración y la esperanza que sembraron. Bueno porque demostraron que el cambio sí es posible, que el comunismo sí tiene fin y que puede ocurrir sin violencia y sin venganza.

Pero el régimen cubano ha reaccionado contra la historia, primero maniobrando a costa de la inercia de la cultura del miedo, de sus recursos represivos, de la indefensión del pueblo y del estado de guerra ficticia con los norteamericanos. Así logró mantener, más que nunca, el campamento y el ambiente de trinchera durante lo que llamó el «período especial» y hasta ahora. Occidente le abrió las puertas al comercio y el régimen aceptó con muchas condiciones y limitaciones la inversión extranjera. Finalmente apareció Chávez, con su poder neototalitario en Venezuela que fundió con el totalitarismo opresor de Cuba.

La actuación egoísta y antipopular de la clase gobernante en Cuba es diferente a la que tuvo la élite dirigente comunista llamada «nomenclatura» en Europa Central y Oriental. En general, esa nomenclatura permitió o se hizo a un lado ante el movimiento popular, la historia y el clamor por la democracia. Esa nomenclatura aprovechó y pactó para, venderse a sí misma muchos bienes y recursos y así amanecer ricos en la democracia.

En Cuba, los de la clase del poder han creído descubrir hace mucho tiempo que ya eran ricos, que podían ser más ricos y dueños del país, que podían dejar una herencia de riqueza a sus herederos manteniendo el poder totalitario con cierta dosis de capitalismo. Al mismo tiempo no quieren permitir ningún cambio político, ni libertad, ni derechos porque estos son incompatibles con el poder totalitario que tienen y que quieren conservar, aunque modificado en imagen para sus hijos. Están ciegos estos cubanos. Y no solo ellos.

Solo comprendiendo lo que ha significado y significa la opresión económica en el totalitarismo, que he tratado de describir, estamos listos para entender la insistencia en prolongar el régimen sin derechos por parte de la clase en el poder. A esta actitud es a la que le llamo «la arrogancia terminal o arrogancia final».

Esa actuación de arrogancia fatal del grupo o clase en el poder es el mayor peligro para Cuba y no es un peligro potencial, es ya un mal que produce más daño a la sociedad, sufrimiento al ser humano, angustia, incertidumbre y que sienta las malas bases de otra etapa de la vida de este pueblo basada en la corrupción institucionalizada, la trampa, los privilegios, el abuso de fuerza, el miedo, la falta de derechos y oportunidades, la marginación y la pobreza de la mayoría. Lo peor es que todo esto se está enmascarando en esas distracciones y en ese fraude-cambio o cambio-fraude que parece haber sintonizado con el deseo de estabilidad de los que quieren, aunque sea sobre la injusticia, el petróleo cubano y hacer de Cuba una isla, mercado, burdel y balneario. También sintoniza con los intereses de los que quieren quitarse de encima el compromiso de los derechos humanos sobre Cuba porque trae muchos problemas. Interesados en la estabilidad falsa, necesitan decir que «hay cambios» y tratan de impulsar la cooperación con los cambios sin derechos. Todo esto bendecido por algunos que han convertido en doctrina la idea antisoberana y antipobre de darle «un voto de confianza a Raúl Castro».

Aquí llegamos al punto de definición de la historia inmediata de Cuba, de la suerte en juego de nuestro pueblo y de la posibilidad de vivir y morir de cada cubano en su propia tierra y no en el exilio, de la posibilidad de violencia o reconciliación, de estado de derecho o de estado sin derechos que traiga nuevas tragedias después de vivir 53 años sin libertad. Pero la definición no debe dejarse solamente al gobierno y a unas pocas personas el poder total, la definición la debemos y la podemos hacer todos los cubanos, reclamando nuestros derechos y viviendo la reconciliación. Esa será la fuerza mayor que determinará que se produzcan los cambios hacia la democracia y que se produzcan pacíficamente.

Esa tomadura de pelo, esa burla, ese «mega fraude» a escala nacional de sociedad e historia solo puede traer la descompensación, la ira, o la desestabilización con violencia; inclusive en caso de ser estable lo será como una consecuencia inmoral de un régimen inmoral que vuelve a sumergir al pueblo cubano en la desesperanza, en el éxodo, en la corrupción y en la desigualdad mayor que la que se produce en el comunismo salvaje. Para decir esto hay que decirlo así como anuncio para que nadie se engañe pensando que al pueblo cubano se le puede engañar o someter indefinidamente, y como anuncio de las malas consecuencias, el castigo y el sacrificio que le impondrán para conquistar el respeto por su dignidad, una dignidad que tenemos por ser sencillamente seres humanos pero que a ningún pueblo se le ha cuestionado como al nuestro.

Cuando comenzó la perestroika en la URSS dirigida por Mijail Gorbachov, en Cuba se produjo cierto estremecimiento o cierto desconcierto debido al contraste. Imagínense que la URSS era el santuario ideológico y la sociedad modelo que se enseñaba en las escuelas.

De pronto los cubanos buscaban desenfrenadamente *Sputnik* y otras revistas donde encontraban radicales críticas al sistema comunista, ironías y burlas sobre sus absurdos e ineficiencias.

Los cubanos ciertamente no tenían ninguna simpatía por los soviéticos; estos en Cuba eran símbolo de atraso, de mala calidad, de lo burdo y lo opresivo. Si no había agresividad y odio contra los rusos (aunque sí contra sus dibujos animados porque eran un castigo para los niños), es porque los cubanos consideraban a los rusos más desgraciados que nosotros mismos. Cuando pensábamos en los rusos la expresión era: «allí es peor que aquí».

Pero la sumisión del régimen cubano y su «guatatequería» llegaron a ser un sovietismo forzado que se trataba de imponer en la cultura cubana. Esta sovietización llegó a convertirse en ley, y en la propia Constitución[11] se mencionaba expresamente a la URSS como referente en las relaciones internacionales y aliado total de Cuba. La presencia de los oficiales soviéticos y sus satélites, también de profesionales en el ejército, cuerpos represivos y otros sectores estratégicos era propia de la relación entre la metrópoli y su colonia.

Mucho se ha escrito sobre estos eventos, por ejemplo: el propio Fidel Castro ha reconocido públicamente que la instalación de más de cuarenta cohetes nucleares en Cuba destinados a aniquilar a los Estados Unidos en 1962 no era una necesidad defensiva de Cuba sino un gesto de solidaridad

---

[11]   Nos referimos a la Constitución socialista proclamada el 24 de febrero de 1976. Es una constitución muy similar a la adoptada por los demás países del entonces llamado «campo socialista» y a la de la extinta URSS. Esta Constitución, además de hacer referencia explícita a la indestructible amistad con la URSS y a la fidelidad a los lineamientos ideológicos del campo socialista, proclama al Partido Comunista de Cuba como la fuerza dirigente superior de la sociedad y declara que a él se subordinan todos los demás poderes estatales y organizaciones sociales.

con la URSS. Habían sido tan «buenos» con nosotros que podía ponerse en peligro nuestra existencia para complacer las ambiciones militaristas de la potencia. Mientras los pueblos de Cuba y Estados Unidos corrían el peligro de ser exterminados, el Che estaba seguro en las cuevas llamadas «Los Portales» en Pinar del Río donde puso su estado mayor. ¿Quién más se iba a refugiar ahí? ¿Para quién estaba asegurada la supervivencia mientras que la mayoría del pueblo cubano moría? En todo caso toda esta maniobra fue realizada sin el conocimiento y consentimiento del pueblo cubano que corrió el peligro mayor.

De esto han hablado muchos expertos, politólogos, militares, políticos de la época, desde Fidel hasta McNamara. Quien no ha podido hablar es el ciudadano cubano.

El caso es que, en la «gloriosa» Unión Soviética, los propios gobernantes comenzaron a renegar del sistema perfecto y, por supuesto, para esto sí tuvieron todo el apoyo popular. Por primera vez en más de setenta años, los rusos apoyaban a sus gobernantes libre y alegremente. Paralelamente se fueron liberando del comunismo y de sus nexos los países dominados por este imperio.

Fue una ridícula demostración de inconsistencia política e ideológica, pero también de miedo a la libertad, que el gobierno cubano tuviera que retirar nada más y nada menos que las publicaciones soviéticas de los estanquillos. Eran subversivas, qué paradoja. Pero no se puede hablar de una liberación del pueblo ruso, sino de pasos que por su condición de imperio son más lentos y espaciados. Los antiguos jerarcas se hicieron ricos, no todos, y nuevos ricos surgieron mientras el poder era secuestrado por un grupo heredero de la KGB.

La estrella que se encendió en la Primavera de Praga de 1968 y que parecía anulada por los tanques soviéticos volvía a brillar ahora nada menos que en Moscú. Los polacos por su parte habían abierto en 1980 los senderos de la liberación con el movimiento «Solidaridad», que indiscutiblemente fue la otra fuente más cercana en el tiempo que animó a todos los pueblos de Europa del Este a quitarse la pesadilla de arriba.

Mucho se ha escrito sobre esta etapa y también se han hecho muchas comparaciones tomando a Cuba por ejemplo, sobre las que muchos se preguntan: ¿por qué aquí no ocurría lo mismo? No soy historiador pero tampoco conozco a alguien que pueda explicar con ciencia lo que no ocurrió. Lo que sí sé es que en Cuba no ha habido perestroika y que mientras la mayoría en todo el mundo consideraba al bloque comunista de Europa como un conjunto tiránico con su gente y simpatizaba o apoyaba los cambios hacia la democracia, con Cuba no ocurría ni ocurre lo mismo. Como ya hemos dicho, para muchos Cuba era «la isla de la libertad».

La realidad es que en Cuba se ha mantenido un orden de no derecho que ha instalado una cultura del miedo y que al mismo tiempo ha jugado con las circunstancias internacionales a su favor y en contra de la libertad de los cubanos. Pero este juego, como todo juego, no lo han jugado solos, muchos partidos y movimientos de izquierda, también de centro y derecha, sectores intelectuales y artísticos, estados del norte y del sur, del este y del oeste, muchos intereses geopolíticos desde diversas posiciones.

Particular importancia ha tenido en toda esta etapa el embargo de Latinoamérica a Cuba. Los gobiernos latinoamericanos en su conjunto, con excepciones contadas y temporales que hace años que no existen, han mantenido embargada la solidaridad hacia el pueblo cubano. Han silenciado en los últimos años de manera total la realidad de falta de derechos y democracia que hay en Cuba.

Las explicaciones serían extensas. Al miedo de muchos gobiernos a sus propios pueblos y a la influencia subversiva e injerencia del régimen cubano en sus países hay que sumar la complejidad socioeconómica y la desinformación que existe en esos pueblos sobre Cuba.

Mientras se producía la liberación del comunismo y del imperio soviético por parte de los países de Europa Oriental y el propio pueblo ruso, en Latinoamérica se producía un proceso que fue llamado de democratización.

Argentina, Chile, Paraguay y también Nicaragua tuvieron elecciones libres y parecía iniciarse una etapa democrática descalificando la vía armada como vía de cambio excepto en Colombia, según predecía y orientaba la doctrina sostenida por líderes de la revolución en Cuba.

Previamente a esta etapa, en Latinoamérica diversas corrientes políticas con una estrategia u otra se habían involucrado en la lucha por los cambios sin excluir la vía armada. Por su raíz en la sociedad y la cultura de estos pueblos, los cristianos eran mucho más que una corriente, porque con diversos matices ideológicos constituían la componente humana más numerosa de las comprometidas con los cambios por la democracia y la justicia social en Latinoamérica. La propia Iglesia, consecuente con el Evangelio y el Concilio Vaticano II, realizó jornadas como la de Medellín y Puebla que ciertamente iluminaban a todo el continente con una visión donde la persona y su dignidad, su libertad y el bien común, la justicia social y la paz primaban claramente por encima de intereses económicos egoístas. No era un nuevo proyecto político sino una visión sobre el ser humano y la sociedad que, en América Latina como en ninguna otra parte, iluminaba a los pueblos porque brotaba de su propia Fe, su Historia y su Esperanza.

Pero paradójicamente comenzó una desmovilización de los cristianos del mundo político o, al menos, un alejamiento de esta visión como fuente inspiradora de proyectos políticos y de compromiso con los pobres. Es como si le dijeran: «ya no hay peligros. Vuelvan a sus templos, dejen la política». Algunos pasaron a diversos movimientos políticos de izquierda y de derecha.

Al producirse los cambios democráticos, la orientación que toman la mayoría de los gobiernos parecía no tener en cuenta la experiencia vivida por esos pueblos por salir de la desigualdad y la pobreza. Sectores políticos e intereses económicos que en su momento determinaron la política de estado consideraron que el peligro comunista había pasado, y que la cuestión ahora era hacer buenos negocios.

La aplicación de doctrinas mercantiles con un tono tan determinista como lo es el neoliberal se concretó en proyectos donde el mercado era lo primero. La democracia no fue capaz de iniciar un proceso de eliminación de la desigualdad y de ascenso de la calidad de los más pobres.

No se puede hablar en términos absolutos, pero los movimientos de inspiración social cristiana, con sus diversos matices, al alejarse en sus planteamientos políticos y electorales de sus fuentes y su misión, se fueron diluyendo, perdiendo influencia política y social.

De esta forma las políticas neoliberales en América Latina prepararon el camino a los proyectos neototalitarios.

Un proyecto inspirado en el humanismo cristiano para Latinoamérica no significa necesariamente gobiernos de etiqueta social y democristiana. Y de ninguna manera un proyecto político de la Iglesia, pues sería una confusión de planos.

La realidad latinoamericana, su propia experiencia histórica y sus raíces demandaban en las décadas pasadas y demandan todavía un proyecto democrático que, en el respeto a todos los derechos humanos, sea capaz, también, de iniciar el camino de la justicia social y la eliminación de la desigualdad. Eso es lo que necesita también la sociedad cubana.

Una vez más, después de un proceso de democratización, se instalan políticas de choque que amenazan con la extinción de la clase media, aumentan el número de pobres y los niveles de pobreza, mientras por otra parte los estados se debilitan con la corrupción y el narcotráfico.

En este contexto, a finales de la década de los 90 y con todo el apoyo del gobierno cubano pero también con una mayoría electoral, el golpista coronel Hugo Chávez Frías llegó al poder por las vías democráticas.

Chávez y su equipo llegaron al poder usando los canales que las democracias en Latinoamérica han conservado para que los pueblos puedan decidir. Pero ningún pueblo, tampoco el cubano ni el venezolano, decide renunciar a sus derechos civiles y políticos. Si la vía electoral utilizada para llegar al poder es legítima porque el sistema lo garantiza, no es legítimo que ese gobierno comience a secuestrar el Estado y a privar de espacios de libertad a sus ciudadanos. De manera manifiesta, el proyecto principal del chavismo comienza a ser y ya es la permanencia en el poder.

Con otro estilo y por otras vías, pero tal como ocurrió en Cuba, estos «redentores» llegan al poder en nombre de los pobres pero muy pronto ya los pobres no tendrán voz ni para decir que son pobres.

En definitiva, el comienzo del milenio encuentra a los pueblos de América Latina atrapados como en un sándwich político entre el neoliberalismo y el neototalitarismo. Sin embargo, mientras funcionen los mecanismos democráticos para que los pueblos puedan elegir, existe la posibilidad de renovar los gobiernos, y reorientar las políticas y el camino de la sociedad según la voluntad del pueblo.

El desfasaje y las diferencias de Cuba con Europa Oriental y Latinoamérica son enormes; no hay que explicar por qué Cuba no se ha liberado como si fuera un pecado del pueblo cubano, pues más duró el comunismo en Rusia y más castigados están aún los coreanos. De lo que hay que hablar es de la solidaridad. Necesitamos amigos y no jueces.

DISIDENCIA U OPOSICIÓN

Para comprender el término oposición o disidencia dentro del comunismo, hay que comprender antes que es una sociedad donde se supone que todos son revolucionarios, todos excepto los delincuentes, aunque esos también pueden serlo, los resentidos herederos del otro régimen, los enfermos mentales y los que pudieran haber decidido ser traidores.

Ordenemos la idea: la psicología, la propaganda y los mecanismos de control y represión del régimen consideran que todos los seres humanos deben ser revolucionarios incondicionales al dictador y al gobierno. El resto son calificados como gusanos o contrarrevolucionarios, a los que por «generosidad» se les permite vivir.

Su condición de desafectos nunca será explicada desde el régimen por aquello que todos conocen como «la libertad de conciencia» sino a partir de la maldad, la traición o la perturbación psicológica. Entiéndase, no hablamos de opositores activos, críticos, disidentes o adversarios políticos, estamos hablando de la clasificación clásica y por eso recordamos el principio fidelista: «con la revolución, todo; contra la revolución, nada», «primero dejar de ser, que dejar de ser revolucionario», «Patria o Muerte», o «Socialismo o Muerte».

Puede pensarse ahora lo que significa y ha significado para un individuo o una familia, no confesarse como revolucionario, o confesarse cristiano o no negar su creencia en Dios y la asistencia a la iglesia. Hay que situarse en este paisaje semejante a aquel en que cualquier alemán podía pasarle por el lado y gritar «*Heil Hitler*». ¿Qué sucedía si usted no respondía con un saludo semejante?

Definitivamente usted era un enemigo del Reich, no es una exageración. No hay término medio, no hay neutralidad: o se es revolucionario o se es gusano, un enemigo en potencia de la Revolución.

Imagine usted ahora mismo lo que significa para algunos cubanos, quizás unas decenas de miles, responder «sí, yo creo en Dios» ante el entrevistador en una escuela, en el hospital, la universidad, el centro de trabajo, la unidad de la policía o el propio barrio donde vive. Inmediatamente es fichado y calificado, por lo que de ahí en adelante debe afrontar todas las consecuencias que trae consigo tal actitud.

Una pregunta semejante y que todavía se hace, ¿usted está integrado?, define el grado de «integración revolucionaria» del ciudadano. Esto significa ser miembro de las múltiples organizaciones de masas creadas por el gobierno, entre ellas los Comités de Defensa de la Revolución (CDR), la Federación de Mujeres Cubanas (FMC), la Central de Trabajadores de Cuba (CTC), el único sindicato legal en Cuba, la Federación Estudiantil Universitaria (FEU), la Unión de Jóvenes Comunistas (UJC) entre muchas más. Si la persona dice «no pertenezco a nada» es calificada de no revolucionaria. Si además esa persona tiene un expediente porque ha solicitado su salida del país, también entra en esta denominación.

No voy a seguir abundando sobre los mecanismos de clasificación e identificación porque sería interminable y complejo de explicar.

Entonces, si una persona decide firmar un documento en donde escriba su nombre y apellidos, la dirección donde vive y su número de identificación, pero que además este documento vaya dirigido al gobierno o más bien a la Asamblea Nacional del Poder Popular diciéndole: «Quiero mi derecho a expresarme libremente con mi voz y a través de los medios de difusión y quiero ese derecho para todos los cubanos; quiero que todos los cubanos podamos asociarnos en organizaciones de todo tipo; quiero que los cubanos puedan tener sus propios negocios y fundar sus empresas privadas; quiero una nueva ley electoral donde cada cubano pueda elegir libre y democráticamente a sus representantes y además quiero elecciones libres ahora». Entonces, la reacción del gobierno ante tal «atrevimiento» sería similar, algo así, a la reacción de Drácula cuando le enseñan un crucifijo.

Compréndase el acopio de coraje, voluntad, autoafirmación, amor y solidaridad hacia su pueblo que debe hacer y hace un ciudadano común, quizás hasta ese momento con estatus de revolucionario (uno más entre once millones), que trabaja y estudia para plantarse así frente al poder.

Un poder que niega esos derechos pero que, además, diseñó todo un sistema, una cultura del miedo, con todos los mecanismos posibles para que a nadie se le ocurriera ni tuviera la voluntad de hacer eso. Frente a un régimen tan abarcador de la persona y la sociedad que supone la dominación total de la vida, un paso sostenible como este solo puede expresarse con una palabra: LIBERACIÓN.

Ese despertar de liberación fue lo que ocurrió con el Proyecto Varela.

El régimen estaba muy seguro de que en Cuba, aunque la Constitución lo permitiera, no habría diez mil ciudadanos, no necesariamente disidentes, con la fuerza espiritual suficiente para desafiar al tótem del terror y saltar más allá de la pecera.

Lo que explicábamos al principio de este capítulo le ayudará a comprender que cuando una persona dentro de Cuba opta abiertamente por la defensa de los derechos humanos, promueve los cambios hacia la democracia, será calificado por el pueblo con respeto como disidente u opositor y, por parte del régimen, con odio como mercenario o contrarrevolucionario.

Un hecho que lo marcará a partir de ese momento pues ya no tendrá una vida normal en ningún aspecto. Podemos decir que ser disidente en Cuba es mucho más que una opción política. Es un nuevo estado de vida.

Si millones de personas, piensen lo que piensen, no se atreven a decir «yo no soy revolucionario» podemos imaginar lo que significa decir «yo quiero la libertad». No son los disidentes los únicos que lo dicen pero son estos los que consagran su vida a la lucha para que el pueblo sea libre.

De esta manera se enfrentarán a un poder que los perseguirá con todos los recursos del totalitarismo; escucharán sus teléfonos si los tienen, pondrán vigilancia permanente sobre sus casas; los seguirán a dondequiera que vayan, harán lo mismo con quienes los visiten; difamarán de sus personas, los expulsarán del trabajo o controlarán sus vidas laborales a través de agentes, e igualmente enviarán a estos a las escuelas de sus hijos y podrán ser encarcelados arbitrariamente.

Todo esto saben los agentes de la Seguridad muy bien cómo hacerlo, pues cuentan con toda la logística posible y el amparo de un sistema judicial fabricado para tal efecto.

Solamente la fe, los ideales de libertad y de defensa de los derechos de su pueblo sostienen a los que con autenticidad y valor abrazan esta lucha pacífica por la liberación, disidentes u opositores.

Algo muy peculiar de lo que significa ser disidente u opositor en Cuba es el siguiente ejemplo: si un disidente tropezase en la calle con alguien conocido, este, antes de saludarlo, mirará primero hacia todos los lados antes de estrechar la mano del amigo.

Como ven no hablo del concepto de disidencia, estoy hablando de personas que se enfrentan por todos los que callan, simulan e inclusive progresan y ganan un estatus dentro de un régimen que les quita la libertad y los derechos.

No es el objeto escribir la historia del movimiento cívico cubano pero para situarnos en este momento creo necesario referirme a algunos antecedentes.

Desde mediados de la segunda mitad de los años 80, comenzaron a vibrar en Cuba algunas almas inquietas que con gran decisión fundaron los primeros movimientos defensores de derechos humanos, unos por la libertad del arte y la prensa y otros por la liberación integral de Cuba como es el Movimiento Cristiano Liberación. El movimiento cívico cubano aunque con raíces autóctonas vio una luz de esperanza en el proceso de la perestroika y más adelante en la liberación de Europa Oriental sometida al comunismo y al imperio soviético.

Largo fue el camino de este movimiento cívico que hasta hoy permanece luchando. Desde el principio el régimen comenzó a reprimir estos movimientos y agrupaciones, encarceló a muchos, otros han tenido que marchar al destierro debido a la persecución sufrida. Esta situación ha seguido renovándose aunque algunos permanecen aún en Cuba con las mismas intenciones, mientras que otros nuevos han ido tomado la antorcha de la lucha por los derechos humanos y la democracia.

No hay que clasificar ni cualificar a la persona en el exilio según las motivaciones por las que se fueron, pero el hecho es que la inmensa mayoría sale buscando la libertad y una nueva vida, y que por esa causa sufren el despojo, el desprecio y la persecución.

La diáspora o el exilio es una gran parte de nuestro pueblo que peregrina por todo el mundo por no tener derechos y oportunidades en su propio país. El exilio en su conjunto y especialmente la mayoría de los grupos militantes o activos en la lucha por la democracia en Cuba han sido y son solidarios con la lucha pacífica de la disidencia. También muchas personas, familias, comunidades cristianas y otras sin filiación son permanentemente solidarias con los disidentes y sus familias dentro de Cuba.

Lo anterior no debe negarse sino que es justo resaltarlo, porque esa diáspora ha acompañado durante todas estas décadas a su pueblo dentro de Cuba, no solo enviando mucha ayuda material sino vibrando con sus sufrimientos y denunciándolos en todo el mundo.

Fue inevitable que el régimen y sus servicios de inteligencia, discípulos de la KGB y la *Stasi*, desde muy temprano penetraran a los grupos disidentes, crearan dirigentes y grupos disidentes tanto dentro como fuera de Cuba que contaron y cuentan con todos sus recursos para su labor: la desmoralización y la división del movimiento democrático cubano.

Esta vieja estrategia del comunismo se extremaría en Cuba en dividir, auto desprestigiar, disociar y generar un ambiente de confusión permanente para tirar una cortina de humo sobre la auténtica oposición que mantenía y mantiene limpios sus objetivos.

Difícil se hace la lucha ante la combinación de estos factores; uno de ellos es la gran maniobra divisionista de los cuerpos de inteligencia; otro el acoso, el encarcelamiento de los disidentes y la represión permanente contra sus familiares; además, está el propio ambiente de la cultura del miedo que se describe al principio de este libro.

Con todos estos recursos, el régimen trata de mantener a la oposición como un bonsái al que no deja desarrollarse pero al que no puede matar porque tiene sus raíces en el pueblo y sus potencialidades en los deseos de libertad.

La negación de los cambios y los derechos para el pueblo de Cuba es por supuesto responsabilidad del régimen, pero la mencionada cortina de humo le viene muy bien especialmente en esta etapa en que el pueblo no espera nada del régimen que está definitivamente agotado.

Dentro de esta cortina de humo se inscriben la teoría de la supuestamente imposible unidad de la oposición y la falsa doctrina que promueve el voto de confianza al régimen como actor principal del cambio.

Otro asunto es la unidad organizativa o táctica. Algunos insisten con buena voluntad y deseo en que la unidad debe darse en un bloque o alianza de todas las organizaciones. Este concepto es discutible porque la lucha por los derechos puede darse y de hecho se está dando dentro de una diversidad de estilos, vocaciones y orientaciones tácticas que lo que hacen es enriquecer la lucha y fortalecer el pluralismo.

La unidad en la diversidad es posible pero no en un bloque a veces difícil de lograr por protagonismos, desconfianzas, rivalidades que no justificamos pero que no han sido muy diferentes en nuestra historia ni en la de ningún otro país.

Sin embargo creo que la unidad estratégica con un método u otro se concretará en su momento y lo que hace daño es tratar de forzarla.

El daño mayor es el falso complejo diseminado de que en Cuba no puede haber cambios porque supuestamente la oposición no se une y, sobre todo, porque no se une en una alianza dirigida por sus principales figuras. Comprendamos que el régimen siempre tiene la capacidad para crear líderes y situaciones que inclusive promuevan y sean partes de «un proceso de unidad» para que después sea movido el piso provocando directa o muy sutilmente la ruptura con la consecuente decepción del pueblo y los amigos de la democracia.

Expreso esto aquí porque ha sido repetitivo y para que al final se refuerce el complejo a la falsa conclusión: «ya ven, en Cuba no puede haber cambios porque la disidencia no se une y no tiene capacidad para lograrlo».

En esta trampa no se puede caer. Porque los cubanos tienen derecho a los derechos y a una nueva vida, únase o no la disidencia. Además, el factor principal del cambio es la unidad orgánica del pueblo que tiene que decidirse a demandar sus derechos o no los tendrá; decir otra cosa es demagogia.

Los responsables de lograr los derechos y los cambios somos todos los cubanos. Y es justo decir que este camino de demanda de los derechos ha sido abierto por la disidencia u oposición pacífica, que ha sido una verdadera vanguardia recibiendo los embates, la represión, sufriendo la cárcel, la burla, la soledad y en algunos casos hasta la muerte.

En esto tenemos que decir que la mayor parte del tiempo, todos nosotros, la disidencia interna, hemos luchado solos, pero no hemos luchado solo por nosotros sino por la esperanza, los derechos, la libertad y la dignidad de todos los cubanos.

El otro corolario de la trampa de la unidad imposible lo proclaman los que con otros intereses afirman: «la oposición no está unida y no es capaz de lograr los cambios, el único que puede hacer los cambios es el gobierno». Esto es un verdadero fatalismo porque, si por una parte muchas personas que son parte del gobierno, y este en sí mismo, tienen la obligación de facilitar e implementar los cambios democráticos, por otra parte ese gobierno no solo cierra las puertas del futuro sino que anuncia sin pudor que no habrá cambios políticos, es decir, que no habrá derechos.

En definitiva como afirmó Juan Pablo II: «los cubanos somos y debemos ser los protagonistas de nuestra propia historia». Eso en esta hora significa que el pueblo tiene que ser quien demande y conquiste sus derechos, diseñe y realice los cambios democráticos.

En medio de este paisaje surge la radical iniciativa del Proyecto Varela, una propuesta que apela al pueblo y en la que el ciudadano es el principal protagonista.

Surgió un movimiento cívico transparente, no conspirativo, donde la estructura y el liderazgo no eran determinantes sino factores en función de la meta.

Esta era su primera fortaleza, no la única ni la más importante. Lo más importante es que cada ciudadano hacía un acto de liberación personal frente a un régimen diseñado para el sometimiento y el miedo. Así se demostró que el régimen podía penetrar en cualquier agrupación pero no en las personas.

La otra fortaleza estaba en una demanda sostenible, inclusive apoyada en algunos vestigios que dejaba abiertos una constitución aberrada pero que dejaba abierta esta posibilidad. Es muy importante que fuera una demanda sostenible y no solo un hecho espectacular, siendo los derechos civiles y políticos de los cubanos los protagonistas. De esta manera el Proyecto

Varela golpeaba radicalmente los dos pilares fundamentales de este régimen y que son la esencia de su antagonismo con la vida del pueblo: uno, el miedo de la gente, sobre el cual se sostiene, y dos, la negación de los derechos, que es el recurso de permanencia en el poder de un pequeño grupo de personas con todos los privilegios.

Pero aún queda otra fortaleza que no se expresa en términos políticos ni en categorías semejantes porque está en el mismo espíritu de los que impulsaron y desarrollaron el Proyecto Varela: los cubanos quieren cambios pacíficos, sin odios ni violencia. Cambios que hagan retornar al pueblo lo que nunca se les debió arrebatar: su libertad y la soberanía.

Pero ocurrió lo inimaginable: miles de cubanos rompieron la barrera del miedo y el régimen se descompensó. Esta vez de nada sirvió movilizar tropas, hacer propaganda, detener personas. Fue particularmente entrañable cuando el ex presidente James Carter, en el Aula Magna de la Universidad de La Habana y frente a las cámaras de la televisión que transmitían para todo el pueblo de Cuba, en su magistral conferencia, invitó a Fidel Castro a realizar el referendo que pedía el Proyecto Varela.

La respuesta del régimen no se hizo esperar. Fue vulgar y con esta lógica: si el Proyecto Varela se apoya en la Constitución, pues «se cambia la Constitución».

El régimen convocó a una colecta de firmas para solicitar unos cambios a la Constitución. Algunos cubanos lo recuerdan como los tres días que paralizaron a Cuba. Días en los que se suspendieron el trabajo y las clases de los estudiantes para que las personas pudieran firmar la petición de cambio.

La Seguridad del Estado, los CDR y otras organizaciones oficiales visitaron millones de casas amenazando fríamente a las familias para que firmaran. Les decían: «sabemos que usted repara zapatos clandestinamente, está haciendo una construcción ilegal, su hijo estudia en la Universidad, o tal vez usted esté esperando el permiso de salida».

En una sociedad donde cada persona para sobrevivir de alguna manera tiene que hacer «algo ilegal» o depender del régimen, todo el mundo es deudor. El régimen le pasó la cuenta al pueblo con el chantaje más vil nunca antes visto.

Muchas personas decentes firmaron bajo presión y se sintieron humillados y ultrajados. Fue verdaderamente aplastante y sin respeto alguno por las personas.

Algunos, no sabemos cuántos, heroicamente y salvando la dignidad de todos dijeron: «no, yo no firmo».

Lo curioso de este proceso entre tantas cosas es que el gobierno hizo la propaganda de esa colecta para responder a la política de Bush.

Ni Bush ni los Estados Unidos inspiraron y participaron en la elaboración ni en la colecta de firmas del Proyecto Varela, aunque siempre hay una declaración «oportuna» que puede servir de pretexto al gobierno cubano para perseguir a quienes luchamos por los derechos de todos.

Finalmente el gobierno logró más de ocho millones de firmas, según ellos, para una petición cuyos firmantes ni siquiera conocieron; pero este tema será para otro libro.

La Asamblea Nacional del Poder Popular hizo transformaciones a la Constitución en una bochornosa ceremonia en la que Fidel Castro obligaba a los diputados, uno a uno, a pararse y decir «sí acepto». Con este accionar los comprometía ante la historia en una acción de traición mayor contra la soberanía popular.

Con estos cambios constitucionales se amordazaba al pueblo de tal manera que no le quedaba ningún recurso cívico y legal para cambiar un sistema que, de ahora en adelante, sería llamado como irrevocable con una Constitución a la que se le añadieron más contradicciones de las que tenía.

No obstante la esperanza siguió creciendo y, aunque no se puede hablar de masividad, un número importante de cubanos llegaron a conocer el Proyecto Varela, así como aumentó también la solidaridad de otras naciones con el pueblo cubano.

Los ataques de algunos medios, grupos y personajes establecidos en Miami y otros lugares, no opacaban la simpatía de la mayoría del exilio cubano y sus agrupaciones por esta campaña de recogida de firmas pero, sin duda alguna, complementaban mucha maniobras que la inteligencia del régimen hacía dentro y fuera de Cuba.

El régimen utilizó sus agentes para tratar de falsificar firmas, alentar la envidia, sembrar diferencias y mover el piso dentro del esquema de unidad en la oposición que se había logrado y que ya comenzaba a cuartearse. Pero como habíamos dicho, el Proyecto Varela además de ser apoyado por la mayoría de la oposición iba dirigido al ciudadano, que es su principal protagonista, y contra esto el régimen nada pudo hacer. Cuando el régimen comprendió que sus maniobras y estrategias de nada le servían frente a una movilización sencilla, decidió entonces asaltar la oposición.

Durante los días 18, 19 y 20 de marzo de 2003, con un gran despliegue de agentes, medios y usando como cobertura mediática la inminente invasión a Irak por tropas de Estados Unidos, fueron detenidos en todo el país más de un centenar de líderes de la oposición, en su mayoría gestores del Proyecto Varela.

Con esta acción, el régimen intentaba matar la Primavera de Cuba, aquélla que había nacido aquel 10 de mayo de 2002 cuando un grupo de activistas presentamos el Proyecto Varela con las firmas, direcciones y número de identidad de 11.020 ciudadanos que, de esta manera, decían: «ya no tengo miedo. Quiero mis derechos».

Los que no fuimos detenidos en el movimiento y en la disidencia nos movilizamos para denunciar este encarcelamiento y apoyar, de una u otra forma, a nuestros hermanos y sus familias.

Nuestro movimiento dirigiendo el Comité Ciudadano del Proyecto Varela se reagrupó y continuó con la campaña de colecta de firmas en todo el país. Nos faltaban físicamente la mayoría de nuestros líderes, pero el heroísmo y coraje que mostraron en los juicios sumarios y en la prisión cruel fueron verdaderamente épicos y motivo de inspiración.

Sin embargo algo fue particularmente duro y difícil en esta segunda etapa de la campaña: el ataque mordaz de pequeños grupos y personajes establecidos fuera de Cuba como exiliados a través de sus medios de difusión, y de algunas figuras de la disidencia interna. Coincidentemente con la detención y estos ataques contra el Proyecto Varela y el Movimiento Cristiano Liberación, el régimen visitaba amenazando y chantajeando a los firmantes de la primera entrega del Proyecto Varela.

Los mencionados actores identificados como disidentes, opositores, periodistas dentro y fuera de Cuba, por otra parte decían que el Proyecto Varela se apoyaba en la Constitución comunista, y sus espejos dentro de Cuba decían que era un proyecto sin base legal.

Para todo esto se usaban todos los medios, la radio, la prensa escrita e Internet, para tratar de desalentar a los ciudadanos a firmar y para confundir a la opinión pública, dando versiones deformadas. Se emitían y se emiten un sinnúmero de argumentos y espacios en los medios aparentemente contradictorios pero que se complementan con la represión del régimen y siempre con un único objetivo: neutralizar el Proyecto Varela y aniquilar el Movimiento Cristiano Liberación.

Este conjunto de actitudes, coordinadas o no pero sí coincidentes con el accionar del régimen, continúa con la consigna de silenciar cuanta denuncia, declaración o propuesta salga del Movimiento Cristiano Liberación.

En estas situaciones específicas, pocos pero influyentes casos fueron invirtiendo el sentido del apoyo y la solidaridad, trayendo como consecuencia la manipulación con una seria perturbación a la lucha en el interior de Cuba, y la desorientación de muchos disidentes. Sea cual sea la intención de los que actúan así, esta posición ha sido ocasión para la contaminación de la disidencia con personas que buscan un lugar en la disidencia con la sola intención de salir del país.

No podemos juzgar ni las intenciones ni las motivaciones, pero esta agresividad sostenida contra el Movimiento Cristiano Liberación es un hecho que tienen que explicar sus promotores y ejecutores.

No obstante el encarcelamiento de la mayoría de los líderes del Proyecto Varela, muchos de los cuales eran líderes del Movimiento Cristiano Liberación, el Proyecto Varela continuó.

El 3 de octubre de 2003, a menos de siete meses de la primavera de 2003, entregamos en la Asamblea Nacional del Poder Popular 14.384 firmas más. Se confirmaba la voluntad de miles de cubanos de lograr los derechos del Proyecto Varela y la capacidad del movimiento cívico para seguir adelante después del encarcelamiento de nuestros hermanos. Muchos cubanos se entusiasmaron con este nuevo gesto. Fue un nuevo desafío al régimen que había empleado grandes recursos represivos, políticos, de inteligencia y propaganda para aniquilar el Proyecto Varela y ahí estaba, vivo y en crecimiento. Era el momento para la mayor solidaridad, pero no fue así. Grupos del exilio, no decimos el exilio, que es mucho más, nos atacaron y restaron importancia a esta acción cívica. El boicot informativo funcionó en los medios que se ocupaban de Cuba. Las manos del régimen y su inteligencia, combinadas con la rivalidad y la competencia de algunas personas de la oposición dentro y fuera de Cuba con mucho poder, hicieron todo lo posible por sepultar esta acción popular por los derechos políticos. No ha habido otra semejante ni parecida.

Durante el año 2004 comenzamos una encuesta a nivel ciudadano a la que llamamos «Diálogo Nacional». Llevamos un documento de trabajo a miles de personas que se reunieron en grupos o que individualmente participaban. Nada más que anunciamos también comenzaron los ataques y las descalificaciones por parte del los mismos elementos, dentro y fuera de Cuba, siempre con un gran poder mediático para este fin. Mientras estos círculos reanimaban a los ciudadanos, nos ofendían y trataban de confundir sobre el «Diálogo Nacional», la Seguridad del Estado nos perseguía ferozmente en toda Cuba. Resultados: logramos que cerca de 15.000 personas participaran. De estas, cerca de 11.000 dieron sus opiniones por escrito sobre todos los temas tratados[12]. Logramos con estos aportes redactar el Plan de Transición «Cuba Primero» y una propuesta de Constitución. Todo el conjunto se titula *Programa Todos Cubanos,* en el cual se visualiza por primera vez un proceso de cambios pacíficos que devuelve a los cubanos

---

[12]   Para mejor comprensión leer resumen del PTC *(Programa Todos Cubanos)*, Proyecto Varela, Heredia y foro cubano El Camino del Pueblo en Anexo. www.oswaldopaya.org.

todos los derechos y la soberanía popular, mientras el propio pueblo conduce los cambios haciendo en todos los campos, económicos y sociales, lo que considera más justo. El PTC es un instrumento de cambios con los que cuenta el pueblo de Cuba para la transición, ahora.

Mientras vivíamos este proceso entre cubanos de dentro y fuera del país, el gobierno de los Estados Unidos, a sugerencia de influyentes sectores del exilio, nombró una comisión gubernamental para redactar nada más y nada menos que un «Programa de Transición para Cuba». Fidel Castro estaba muy cómodo porque mientras nos reprimía cuando hacíamos el diálogo en Cuba para redactar un programa de transición cubano, ya desde los Estados Unidos le preparaban en bandeja lo que él necesitaba: un programa salido del gobierno americano.

Así fue, hicimos público el *Programa Todos Cubanos* (PTC) el 10 de mayo de 2006, pero Castro no lo mencionó. No le hacía falta porque ya tenía el otro al que le dio toda la propaganda, especialmente asustando al pueblo con los términos del programa hecho en Estados Unidos, que amenazaba con la devolución de propiedades y con eliminar ciertas prestaciones sociales. La propaganda contra ese programa fue masiva y sostenida, mientras nos reprimía a nosotros por haber redactado un programa de transición que la Seguridad del Estado afirmaba que: «no podía ser conocido por el pueblo porque si lo conocía lo iba a apoyar».

Paradójicamente el rival que esgrimió Fidel Castro contra nuestro programa de transición no fue el suyo, pues no tiene ningún programa de futuro. El rival que presentó Fidel Castro para reprimirnos y confundir al pueblo no fue nuestro programa. Es decir, cuando le hablaba a los ciudadanos de nosotros, de los llamados «varelistas», le hablaba de lo que dice el programa hecho en Estados Unidos y no del nuestro.

Pero ese es nuestro programa, que tenemos que divulgar mano a mano y bajo la represión: nosotros los disidentes nunca nos erigimos jueces de nuestro pueblo, sino que comprendemos cuán profundamente están atrapados en la cultura del miedo por sentir y vivir como pueblo y no como meros observadores de la realidad.

Sin embargo algunos de los sectores intelectuales, oficiosos y también puntuales de laicos bien posicionados en la Iglesia que se adueñaron del tema social y político, y otras personas en la sociedad, sí se erigieron en jueces de la oposición pacífica. Más que solidarios comenzaron a tratar a la oposición como un rival, con los mismos términos que el régimen, con el mismo desprecio y pedantería de los que suponen que están intelectualmente por encima de todos.

Desde sus vitrinas, con sus revistas y medios de difusión en posiciones muy cómodas están desarrollando una verdadera carrera política en un marcado contraste con la mayoría del laicado, sacerdotes, monjas y algunos obispos que tienen una actitud respetuosa y solidaria, e inclusive de apoyo y acogida en las situaciones más difíciles.

LA CORRUPCIÓN INSTITUCIONALIZADA Y LA HORA DEL CAMBIO

EL ALTO MANDO

El utilitarismo y la corrupción política son propios del totalitarismo comunista al grado de convertirse en su forma de ser y en su moral.

Los que han sufrido este régimen conocen estos rasgos y la desfachatez con que se practican: los dirigentes, los que están con el régimen, los que cooperan son premiados con viajes al exterior, casas, paseos, autos, prebendas y facilidades según su nivel y sus relaciones en el mundo del poder, y ahora tienen las mejores facilidades para ser empresarios. Como siempre diremos, no todos ni de la misma forma.

Los que tienen cargos son denominados «cuadros». Estos son los elementos de confianza que ascienden en puestos a partir de su nivel político. Los militantes del Partido Comunista o ex miembros de los cuerpos represivos o con un historial político formalmente tienen ventaja en cualquier situación o aspiración sobre cualquier ciudadano normal. No se esconden para decirlo. Eso está normado. El Partido Comunista tiene una metodología llamada «política de cuadros», entre otras cosas para regular y supervisar las posiciones administrativas y de dirección. En fin, son premiados por su incondicionalidad al régimen, lo que significa un régimen de clientelismo político sin ningún pudor. Al mismo tiempo es un régimen de exclusión para la mayoría. Es notorio para los trabajadores especialmente, y para los ciudadanos en general, cómo los dirigentes o los bien posicionados políticamente «se lo llevan todo». Todos los beneficios, oportunidades de superación, como dijimos, viajes y otros para ellos y sus familiares, pues ser hijo de un dirigente no es igual, en este sentido, que ser hijo de un sencillo trabajador, mucho más en una sociedad que todo se resuelve con relaciones o con dinero. Últimamente ya es notorio que ciertos cargos y posiciones implican también dinero. Esta corrupción es más cínica en cuanto que niega a la mayoría como derecho lo que ellos tienen como privilegios.

Ya han formado una nueva clase dentro de la cual hay sus estratos, empezando por los más altos e intocables que, como dijimos, son una aristocracia de históricos, sus familias y sus cercanos. Lo más grave es que se ha hecho norma y hasta doctrina que ellos (o «esta gente», como les dice el pueblo) y sus familiares merecen con creces todo y mucho más de lo que se ha negado a los cubanos por ser estos últimos simples mortales, por no ser como ellos: personajes que lucharon en la Revolución o que han alcanzado un alto nivel en ese círculo que en el mundo comunista europeo le llamaron «nomenclatura». Pero ese término está muy tecnificado y no se entiende en los códigos populares, donde se les llama «pinchos» o «mayimbes».

Sépase que el cargo, el grado militar no es de por sí condición para tener esos privilegios ni esos niveles. Algunos altos funcionarios o militares viven con moderación y hasta con modestia. El alto nivel de privilegios, la pertenencia al clan de los «superiores» no puedo descifrarla totalmente, pues nunca he estado ni remotamente cerca del mundo del palacio, de la nobleza, de la familia real. Pero sí es notorio que ese alto nivel de privilegio lo determina la proximidad a esos círculos, y muy especialmente a Fidel Castro o Raúl Castro, mientras no se mete la pata o se cae en desgracia, como les pasó a Robaina, a Pérez Roque, a Aldana, a Carlos Lage y a tantos y tantos otros. Pueden ser movidos con un dedo sin avisarles y rodar hacia el abismo de la humillación y el castigo o la cárcel. Pero esas son las reglas de palacio que como dije no es mi campo ni mi tema.

Entre estos privilegiados se ha hecho «normal» la exclusión por motivos religiosos y políticos. Si alguien no es revolucionario está excluido, si alguien tiene méritos políticos entonces es merecedor de privilegios, posiciones y cargos. Aunque la competencia en esos niveles es despiadada y fratricida. Una nueva moral, que es aceptada a la fuerza por casi todos. Por otra parte, uno de los pecados más imperdonables es el cuestionamiento de la vida de privilegios y de poder por encima de todo derecho de esos «superjefes». ¿Quién se atreve? Comprendamos que este «estilo de poder y privilegios» tiene su máxima expresión en el culto a la personalidad de Fidel Castro, Raúl Castro y así de otros «héroes» vivos. Ahí nace la corrupción institucionalizada, nace desde arriba y por eso es una tiranía totalitaria. La primera corrupción es la propia tiranía en sí que secuestra el poder soberano del pueblo desde ese poder político-militar represivo.

Aunque los beneficios en prebendas, cargos y poder, tienen sus límites en cuanto a estabilidad, permanencia y altura, pues caer en desgracia política en competencia con alguien más fuerte o más simpático al mando supremo es perderlo todo. Todo es posible en esas alturas y relativo a las relaciones con el alto mando.

En esta pirámide de poder y privilegios hay un nivel reservado a la aristocracia al que no se llega si no es por nacimiento o por historia. Y aun así, la incondicionalidad al alto mando es requisito indispensable.

El grupo más selecto que no está definido por cargo o méritos, es sui géneris. Siendo parte de la clase dominante se es intocable salvo por los «súper mandos» supremos que son el poder absoluto. Esto todos lo saben y nadie se equivoca sin pagarlo muy caro.

No hay instituciones ni leyes que estén por encima de este grupo de poder ni del poder de Fidel y ahora de Raúl Castro. Bastaba con que lo ordenara Fidel y esa era la ley, la política, el plan, la verdad y la interpretación de todo en la vida, en el mundo y en la historia. Una ley que era o que es él mismo. Esa ley que son ellos mismos al parecer ha sido trasmitida al general Raúl Castro, aunque en realidad parece que otros generales tienen ahora más cercanía a Raúl de lo que podían acercarse a su hermano. El caso es que en Cuba se ha iniciado una sucesión que todo indica, por el ambiente de publicidad con que rodean a su propia familia, que se pretende perpetuar como dinastía.

LOS OTROS COMUNISMOS

No son buenas las comparaciones pero sí las experiencias. Haciendo un recorrido por la reciente historia de la Europa dominada por el comunismo, podemos comprobar cómo la clase política-militar dominante cedió a los cambios. Se vio presionada por el ejemplo de Solidaridad y de hombres como Walesa, Hável y muchos otros que inspiraban a los pueblos el aliento de la libertad. Cedieron impulsados por la perestroika de Gorvachov. Cedieron por la fuerza de la historia y el fracaso del régimen sin libertad que nunca logró el progreso de esos países. Pero cedieron muchos de ellos el poder político mediante procesos que abrieron una etapa de democracia y pluralismo con resultados diferentes en diversos países. Lo cierto es que muchos de esos hombres de la «nomenclatura» lo prepararon todo para que ellos, y otros beneficiados, amanecieran ricos empresarios capitalistas, con mucho dinero y propiedades. Inclusive además de esas riquezas obtenidas en el cambio como premio por haber sido parte de las tiranías, también continuaron participando en la vida política. La democracia es así.

Sí, amanecieron ricos, es verdad, al estilo capitalista como resultado de su pertenencia al poder totalitario, pero con excepciones, se abrió el espacio de democracia con esos cambios, como ocurrió en Polonia, Chequia, Eslovaquia, Alemania y otros países. Hasta aquí la referencia de una historia reciente que todos conocen. Pero en Cuba parece que esa nomenclatura está diciendo: «no hace falta que amanezca, ya somos y seguiremos siendo ricos, lo tenemos todo y no haremos cambios políticos». Lo tienen todo y parecería que lo quieren todo para siempre: ¡Gloria, poder y fortuna!

No puedo juzgar intenciones y no deseo que lo afirmado antes tenga razón, Dios quiera que no, pero la vida, lo que están haciendo y lo que están impidiendo al pueblo tiene esos signos y eso hará sufrir mucho más al pueblo cubano. Además de ser insostenible.

Después del último congreso del Partido Comunista y su prolongación en una Conferencia Nacional del Partido realizada en enero del 2012, lo único que han confirmado es el cierre de las puertas al futuro y el hundimiento del país bajo el poder dinástico, sin ninguna perspectiva de libertad y democracia. Sin ninguna perspectiva de parte del gobierno; el pueblo al menos tiene el deseo de cambio, de una nueva vida y esperanza y tiene también una gran frustración e indignación por este despotismo del alto mando.

LAS CLASES EN CUBA

LA NUEVA CLASE: LA CLASE ALTA Y LA CLASE MEDIA

El gobierno totalitario con su corrupción institucionalizada garantiza el «súper privilegio» de las familias de los estratos más altos del poder. Una verdadera casta de personas establecidas a partir de su pertenencia a las familias históricas y a círculos con un vínculo muy estrecho a esa esfera de poder, aunque esto no es siempre así ni uniforme.

Debajo de la corrupción institucionalizada, la de la tiranía al más alto nivel, se mueve la corrupción tolerada. De esta manera se ha conformado una clase media alta que goza del privilegio de poder adquirir recursos, dinero, comodidades y otras ventajas a partir de cargos gerenciales, de su participación en empresas, violando o no la ley o según las leyes del poder. El caso es que su altísimo estándar de vida es de personas que ganan y disponen de altos recursos financieros. Obviamente no son las mismas reglas que se les impone a la clase trabajadora. Por ejemplo, mencionamos los «superpaladares», verdaderos restaurantes de lujo con ganancias semanales jugosas. Estos restaurantes se establecen, mediante una gran inversión en divisas generalmente, en grandes y lujosas residencias, casi siempre en barrios de zonas congeladas, que una gran mayoría, en muchos casos, los actuales propietarios adquirieron a partir de asignaciones a ellos o a su familia debido a su posición política. ¿Serán la punta del iceberg de un capitalismo en el que los compañeros dirigentes se convertirán en los señores gerentes y los nuevos propietarios, según su nivel? De esta manera a partir del privilegio que ya tienen algunos se va estableciendo una clase media alta con negocios, visibles o no visibles pero bien establecidos, con conexiones dentro y fuera de Cuba. Mientras, por otra parte, la clase trabajadora se queda como está, pobre y sin oportunidades. Es injusto dos veces: en primer lugar, porque los que han sido privilegiados en el comunismo por su posición política o militar, mientras el pueblo, los trabajadores pasaban hambre escuchando sus discursos y obedeciéndoles en las fábricas y empresas, ahora son los beneficiarios de la implosión capitalista dentro del comunismo dándole la mala al pueblo, y en segundo lugar, porque todavía mantienen la misma represión y las mismas consignas comunistas, con Congreso del Partido y todo, cantando *La Internacional*. Si alguna vez el socialismo fue auténtico en Cuba nunca fue para bien del pueblo, pero tampoco lo será con una máscara de los neocapitalistas gritando «socialismo o muerte». Sé que me he esforzado por explicar de muchas maneras esta realidad, pero este libro no es solo para los cubanos, que comprendo que ya tienen conciencia de la gran estafa de que han sido víctimas.

La cuarta clase: la última clase, los trabajadores

Esto, aunque generalizado, no se cumple siempre. Algunos podrán definir otros estratos, pero muy por debajo de estas dos está esa muchedumbre que es la mayoría del pueblo que incluye a los trabajadores y sus familias, a los pensionados, a los estudiantes y a los niños, que se mueven y viven en ese gran campamento de los pobres donde hay que luchar para sobrevivir. Dentro de este campamento también hay diferencias y algunos son más hábiles o tienen la virtud de la «FE» (familia en el exterior que les envía dinero). Aun así, la mayoría come mal, viste mal y vive mal en sentido material. Si algo merece llamar la atención es que la tendencia al aumento de las condiciones de pobreza extrema que va afectando a muchísimas familias cubanas, si no es a la mayoría, ya es masiva. Si observamos sus casas, el hacinamiento, sus ropas, sus privaciones, la falta de todo lo elemental, muebles, productos de aseo, podemos entonces decir en qué nivel de pobreza viven muchos. En todo caso, la triste realidad es que ser trabajador, como vimos, es ser pobre.

HAY QUE LUCHAR

La cultura del miedo, la pobreza y la desinformación producen la desesperanza y en no pocos casos generan la mentalidad de sobrevivir, según un término popular en Cuba, «luchando».

Pero este luchar, en parte, es el trabajo diario, como ya dijimos, por buscar el pan. Lo que ocurre es que el régimen convirtió en ilegal esa lucha legítima por buscar el pan nuestro de cada día, sostener a la familia y mejorar sus condiciones de vida sin hacer daño a otros. Nadie se puede escandalizar por estas ilegalidades en un país donde, por mucho tiempo, leyes y medidas opresivas han perseguido a los padres y las madres de familia, a los jóvenes, por luchar por la supervivencia mientras los poderosos lo tenían todo. Estamos hablando de los últimos cincuenta años. Hablando, como hemos dicho, sin odio de clase y sin odio de ninguna clase, pero solo la verdad nos puede liberar de los rencores, envidias y resentimientos porque también esa verdad buscada entre todos nos pondrá en el camino de la justicia sin violencia y sin que los cubanos nos dañemos unos a otros. Lo que es insostenible e inadmisible es que se mantenga a la mayoría como una muchedumbre de indigentes, inseguros y llenos de angustia, sin oportunidad de construirse un futuro mejor para sus familias, mientras ya todos saben que hay una clase rica que cada vez será más rica, y todo a costa de la falta de libertad que ha sufrido el pueblo. Esa clase rica se forjó durante muchos años en los que el pueblo era mantenido bajo una economía de campamento. Inclusive en los últimos veinte años muchos de los pertenecientes a esos sectores, altos y medios altos, tuvieron «oportunidades» de enriquecimiento dentro del sistema de privilegios mientras se mantenía el cuadro cerrado para la ciudadanía. Ahora, cuando surge una pequeña apertura, ya esos ricos están posesionados. Hasta el momento del cambio los jerarcas no hacen el cambio en profundidad, le hacen trampa al pueblo y se toman la mayor ventaja, siguiendo la tradición de la corrupción institucionalizada en la que los privilegiados por estar en el poder, o por estar a su sombra, no solo se llevan lo mejor y lo mayor, se lo llevan casi todo. Están negando el justo proceso popular de transición mediante la democratización política y económica mientras hacen una reconversión de sus privilegios del estilo comunista al capitalista. Es como si le dieran continuidad de la condición de jefes del partido único al de capitalistas únicos.

Luchando

Las prohibiciones y la desigualdad descarada e impuesta han generado la mentalidad de la trampa, la falsificación y la simulación. El mercado del Estado y sus servicios han sido los primeros practicantes del engaño, el maltrato y la estafa al consumidor, ofreciendo servicios y productos necesarios para la vida a precios súper inflados y con la peor calidad, sin dejar recurso defensivo alguno. Se ha extendido esta práctica a la relación entre los ciudadanos y también como respuesta y mecanismo de defensa del ciudadano hacia el Estado. Ya había generado mucha competencia fratricida entre compañeros de trabajo, vecinos y en todos los ámbitos de la sociedad, en la que unos tratan de alcanzar posición política o de poder a costa de desplazar o perjudicar a su prójimo. A esto súmele el neocapitalismo salvaje dentro del totalitarismo que potencia todos los vicios, desventajas y privilegios posibles engendrados durante estos 53 años.

NO AL ESTADO MAFIA

El sucesor de los Castro será el pueblo libre y soberano

Ahora, ya no como mecanismo de defensa pero sí como reacción de los que quieren obtener riqueza por caminos no oficiales, ya que estos están copados, ha florecido una industria paralela de falsificación de productos y de marcas de productos alimentarios y de otro tipo. Esta nueva industria amenaza seriamente al mercado, que es el negocio del Estado y de los que están situados desde el poder político en las grandes empresas autorizadas con sello capitalista S.A., pero amenaza la salud de los cubanos que no tienen idea de lo que están comiendo y tomando bajo diferentes etiquetas. Esta es la versión paralela de la estafa: los sobreprecios, la mala calidad de servicios y productos, inclusive de primera necesidad. Se arrecia el ultraje al ciudadano, consumidor indefenso que ya practicaba el mercado del gobierno, especialmente el mercado en dinero convertible con que ha castigado al pueblo impunemente. El consumidor y sus familias se encuentran indefensos bajo un fuego cruzado contra sus pobres recursos y su salud. Es como verse acosado por dos bandas distintas: una muy poderosa con los recursos del Estado y otra paralela que le hace la competencia, ilegalmente, pero con la misma inmoralidad del Estado. Hay una estafa autorizada oficial y otra clandestina como sucedáneos de una empresa y un comercio decentes y justos que no existen. No se respeta a los consumidores como seres humanos ni como consumidores. Sabido es que estas dos estafas de alguna manera coinciden en los mismos centros comerciales y hasta se combinan. Es decir, en los centros comerciales del Estado o con fachada oficial con frecuencia se colocan para la venta, mediante actos de trampa, esos productos fabricados «por la izquierda», pues es con esta cobertura que se obtienen más ganancias. La cobertura la dan los precios salvajemente inflados que impone el Estado. Dos estafas y una sola víctima: el pueblo.

Hay que evitar que siga el establecimiento definitivo de la trampa, la corrupción, la estafa y las gravísimas diferencias económicas como forma normal de vida pues eso será desintegradoramente anormal para nuestra sociedad. La forma de evitarlo es con la democratización. Ya probaron con la tiranía socialista que lo que hizo fue generar y consagrar esta corrupción institucionalizada y este desastre que sufre Cuba en tantos órdenes. La tiranía ha sido caldo de proliferación de ese germen. Ahora es el turno de la democracia, de la verdad, de los derechos, de la libertad. Ahora es el turno del pueblo y no se lo va a dejar quitar otra vez por la fuerza.

Si no hay un proceso transparente como explicamos en este libro, con apertura a los derechos para que los ciudadanos puedan expresarse, organizarse según sus ideas, participar en el diálogo y en elecciones libres para decidir, no se potenciará lo bueno del pueblo, su decencia, su honestidad y su sentido de justicia.

Si no hay una auténtica transición a la democracia controlada y dirigida por los ciudadanos, ¿qué prevalecerá? A la tiranía comunista le sucedería el estado mafia. No puede seguir imponiéndose desde el poder más alto hasta el ciudadano más indefenso la ley del más fuerte, del más rico y de ese nuevo rico, contra el más pobre, con esas reglas del juego en que no hay reglas morales sino las de la mentira, el abuso, la falsificación, en definitiva las de una neomafia incubada a la sombra de la tiranía mientras que mantiene al pueblo con las manos atadas.

En materia económica, el pueblo, especialmente los pobres, que son los trabajadores, están como confinados entre esos dos fuegos, el del totalitarismo sin derechos y el del capitalismo desleal y abusador que este engendra. Eso, una vez más lo denuncio, es el comunismo salvaje.

No pretendo tener la verdad total, pero tampoco estoy trabajando solo con la imaginación. Estoy describiendo una realidad que ya los cubanos sufren y les agobia. Les acorrala.

La corrupción institucionalizada cuando llega la Hora del Cambio

Situándonos en este preciso momento en que el pueblo de Cuba está listo para los cambios, la corrupción institucionalizada emerge con todos sus efectos negativos y desventajas acumuladas para el pueblo, y todas las ventajas acumuladas para el sector dominante. Llegamos así a este momento en que se define el futuro de nuestro país. Es decir, al punto de inflexión donde la clase dominante no habla de derechos ni de apertura ni de espacios para que los ciudadanos conozcan, dialoguen y decidan. Se comporta una vez más como quien tiene secuestrado al país. Este es el gran peligro: que Cuba ahora, en el momento del cambio, renazca con una grave malformación congénita. Esta malformación es la que está en camino cuando los ciudadanos ni siquiera tienen conocimiento del rumbo de la nave.

La democratización económica[13]

Pensemos en la desventaja que tienen los ciudadanos cubanos en este momento de cambio, sin recursos económicos, desinformados, dependientes del estado para cubrir necesidades elementales, sin sindicatos libres, ONGs y partidos políticos, sin acceso a los medios masivos de difusión, atomizados bajo la presión de los cuerpos represivos y mecanismos de control sobre todos los aspectos de su vida.

El total desconocimiento del pueblo de los niveles de riqueza, posiciones, negocios y relaciones que tiene esa clase dominante en sus diferentes estratos. Ya son capitalistas. No estoy defendiendo, ni mucho menos, la instauración de un capitalismo salvaje, sino denunciando y llamando la atención de la deslealtad y la estafa que esto significa contra una mayoría pobre a la que todavía se le aplasta diciéndole «socialismo o muerte». Como dije al principio del libro, «el nuevo rumbo que impone esta vieja tripulación y sus sucesores tampoco lleva a la libertad».

Repetimos, si queremos en Cuba, y la mayoría del pueblo sí quiere, un ambiente de confianza, tiene que ser transparente, justo y con oportunidades para todos. No se trata de una privatización desenfrenada donde los que tienen mucho, sean cubanos o extranjeros, se compren el país o se lo vendan a sí mismos, como en Rusia. Si podemos hacer un proceso de democratización económica sostenido y garantizado por el pueblo, de la única manera que se puede sostener es con un proceso de democratización política.

---

[13] Recomendamos para mejor entendimiento leer el Programa Todos Cubanos del MCL, ver Anexos.

CONSUMIDOR

La economía de campamento se sostiene entre otros factores con la mentalidad de indefensión de las personas que ni siquiera alcanzan a hacer valer, no ya su condición de ciudadano, sino de ser humano que merece respeto a su dignidad, a su inteligencia, a su trabajo y a su dinero. Hablamos del respeto a su dinero porque en otras partes hemos hablado del daño antropológico del régimen.

Es raro para un cubano ponerse en el lugar del consumidor con todos los derechos que le corresponden, no solo en cuanto al trato recibido sino en cuanto al valor real de los servicios y productos que adquiere mediante dinero. En cuanto a lo primero, el cubano fue «acostumbrado» a «no merecer». No se puede hablar en términos absolutos pero las personas se acercan a comprar un artículo o recibir un servicio, aun pagándolo generalmente con un valor desproporcionado, como si estuviesen recibiendo un favor y acatando las reglas que impone el vendedor que durante mucho tiempo solamente era el gobierno.

El sistema de racionamiento no cubre ni remotamente la canasta familiar, las necesidades alimentarias y de ninguna manera las de ropas y otros artículos que solo pueden ser adquiridos en moneda convertible (ver proporciones de cambio en otro capítulo). Aunque sea doloroso es mejor reconocer un mal para poder superarlo que ocultarlo. Si la cultura del miedo generó por una parte la simulación y la mentira, también generó el sometimiento al abuso en los precios, a la estafa sistemática, al robo descarado y al maltrato.

Es común la adulteración de las cuentas en las cafeterías y restaurantes donde se alteran no solo las cuentas sino los precios. Esto mismo puede ocurrir en las tiendas. Pero lo peor es que se ha inventado un término para justificar esta nueva moral; este término es «luchar». También se altera la calidad y composición de los productos.

El primer estafador es el gobierno y sus grandes empresarios que imponen precios desproporcionados y extorsionan a los ciudadanos de manera aplastante y sin recurso de reclamación. Un par de zapatos cuesta 40 CUC, quiere decir cerca de 50 dólares, que es posible que algunos los reciban de sus familiares del extranjero. Pero para la mayoría de los trabajadores representa el salario de, por lo menos, tres meses de trabajo. Ocurre con frecuencia que esos zapatos se rompen a los pocos días de ser usados y que el consumidor víctima se queda sin zapatos y sin dinero.

EL PUEBLO NO SABE NADA

La bahía de La Habana debido al túnel construido bajo su entrada, ha perdido la capacidad para el ingreso de los súper cargueros o «súper panamax» con los cuales se realiza el intercambio comercial marítimo en la actualidad. El mayor calado que pueden tener los barcos que entran debido al túnel de la bahía de La Habana solo puede ser de 11,43 m.

En el puerto del Mariel podrían entrar súper cargueros porta contenedores de gran calado. Alrededor de Mariel se construye, con capital de Brasil, la infraestructura de lo que será una zona de desarrollo integral. Tendrá una moderna terminal de contenedores que, según informaciones de la propia televisión cubana, enlazaría con puertos de La Louisiana, el puerto de Miami, el canal de Panamá y otros de la región. Así que ya se construye con la vista puesta en el comercio con los Estados Unidos con criterios y perspectivas totalmente capitalistas, ¿de zona franca? Estamos hablando de un capitalismo de *apartheid*, como tantas y tantas iniciativas del régimen que durante años han marginado a la mayoría de los cubanos. Durante décadas se les prohibió la entrada y disfrute de los hoteles (hoy son a precios prohibitivos, la habitación puede ser seis meses de sueldo de un profesional), el uso de celulares, comprar y vender autos y casas, aún se les prohíbe viajar libremente, tener sus propias empresas, tener Internet libremente, comprar y vender terrenos y tantas y tantas cosas están prohibidas. El gobierno exhibe como grandes logros y concesiones aquello que ahora permite e inclusive hasta con una especie de descaro proclama como logro aquellos productos que ofrece en moneda nacional.

Este puerto será el centro de la formalmente llamada Zona Especial de Desarrollo Integral Mariel, lo que será, en el futuro, el principal polo económico de Cuba y del comercio con el mundo. Abarca una amplia zona de territorio que incluye la bahía del Mariel y territorios aledaños.

No negamos el desarrollo, pero el desarrollo responsable, con justicia, en armonía con el medio y con la democracia. Recordar que Cuba fue siempre un país que vivió de su trabajo. La ineficiencia y la improductividad del comunismo se combina con la ambición y el despotismo de los jerarcas que quieren mantener el poder absoluto aun a costa de desdoblarse en un híbrido capitalista comunista, «capicastrismo». Esta «minichina», como centro de la economía cubana, basta para desfigurar un país pequeño como el nuestro y convertirlo en un basurero contaminado como han hecho los asiáticos, que tienen el triste galardón de ser uno de los más contaminados del mundo, y consolida a largo plazo las bases de la exclusión masiva de la mayoría a costa de los privilegios de la casta gobernante. Todo esto con la participación de muchos poderes y la complacencia de los que saben que, a la larga, el negocio será con los EEUU y tendrán su tajada.

Todavía mucho más. El petróleo en el lecho marino de la zona de exclusión económica cubana ya es ambicionado por muchos. Ya se encuentra en aguas cubanas la plataforma de exploración, la compañía Repsol ha realizado las primeras perforaciones en las aguas al norte del occidente de la Isla. Todo esto lo conoce el pueblo cubano después de las denuncias, denuncia del MCL y de otros, pero el gobierno solo dice una ínfima y deformada parte de la realidad que el pueblo debía conocer. Perforar en el lecho marino cubano, instalar extractores de petróleo y explotarlos a base de negocios y pactos con otros estados y empresas extranjeras, es una decisión que ha tomado el régimen sin consultar al pueblo, sin informarlo debidamente. Sin el conocimiento ni el consentimiento de los cubanos, el régimen lo enfrenta a los hechos, no todos conocidos, que ya están iniciados y comienzan a consumarse a alta velocidad. La repercusión social, económica y política de estas decisiones inconsultas comprometen el futuro del pueblo sin que el pueblo «sepa» o decida nada. Precisamente el pueblo no puede saber bien, porque preguntaría: «¿y lo mío dónde está?», y no puede decidir nada porque el régimen de por sí no consulta en las urnas. Si el pueblo pudiera decidir, decidiría poder decidir siempre, es decir, la democracia y entonces tendría la posibilidad de conocer, opinar y finalmente decidir sobre tan definitorio proceso de desarrollo que se está produciendo de manera tan despótica y excluyente. El riesgo de derrame en nuestra verde, aunque ya contaminada, isla será a partir de ahora como una sentencia de muerte no consumada. Un desastre de este tipo y tan cercano destruiría la vida, al menos, desde Varadero hasta el Cabo de San Antonio.

La oligarquía militar es la garante de la estabilidad forzada, la mayor fuente de inestabilidad es la injusticia y la falta de libertad y la mayor fuente de corrupción es la tiranía de cualquier tipo, la ausencia de democracia real y de control público. Así la consagración del comunismo salvaje, en su modalidad de «capicastrismo», deviene de una verdadera conspiración de la oligarquía y poderosos intereses, que condenan a Cuba a convertirse, en caso que evolucione, en un estado mafia, y mientras es un estado totalitario garante de los negocios de los capitalistas extranjeros y cubanos, los compañeros dirigentes.

LA ESTABILIDAD INESTABLE (ES LA TIRANÍA)

Aunque muchos intereses, hasta estados y grandes empresas, pensando por ejemplo en el puerto del Mariel y en el petróleo que hay al norte de Cuba apuesten por la estabilidad de la tiranía como garante de esos intereses, considero que es un error y una ceguera que desecha la piedra angular: el pueblo.

Lo más inestable es mantener al pueblo de Cuba sin libertad y derechos mientras tramitan nuestra vida y nuestra Patria con todos sus recursos a espaldas del propio pueblo. Es un peligro no solo porque no va a salir bien, porque no tiene porvenir, sino porque es injusto y los cubanos no lo van a permitir. Estos mismos cubanos que hoy parecen tener miedo y estar sometidos, no lo van a permitir.

Pueden evitarse grandes tensiones y posiblemente confrontaciones por el bien de todos. La alternativa justa y buena para todos es realizar una apertura a la democratización política para que el pueblo construya la justicia en un proceso de democratización económica que supere la exclusión, la pobreza y las desventajas que ahora tiene.

LA SUCESIÓN VS. LA TRANSICIÓN

Descripción del paisaje actual del «macrofraude»

Recordar día D, día antes y día después.

El falso escenario de cambio o escenario ficticio se desplegaba en la expectativa de la muerte de Fidel Castro. Este acontecimiento posible, aunque no creíble en la lógica de la pecera, concentraba en sí mismo la frontera ficticia entre el antes y el después. Pero también trataba de suprimir la esperanza, el esfuerzo, el intento, convirtiendo al pueblo cubano y a muchos en el mundo en espectadores de un juego al que aparentemente no podían jugar. Unos deseaban el suceso o simplemente creían que este suceso definiría sus vidas y otros, por el contrario, clamaban por la inmortalidad de Fidel, pero unos y otros, junto a la mayoría que «esperaba», coincidían en el sentimiento determinista de la muerte de Fidel como frontera de definición de la suerte de Cuba.

El mismo Castro gobernó medio siglo con este concepto («después de mí, el diluvio») pues todo giraba en torno a él mismo. Sus decisiones eran traídas como leyes naturales o divinas por muy antinaturales y «antidios» que fueran. Pero cuando se rompe el mito, es decir, se manifiesta el Fidel Castro mortal al enfermar gravemente y no poderse ocultar la posibilidad real de fallecimiento ni el temor a que esto ocurra, entonces por primera vez, masivamente, en Cuba se comienza a pensar en el después como una posibilidad.

Sin embargo esta etapa larga de su enfermedad, de lento deterioro físico y mental, fue también explotada como elemento paralizador. Aunque ya no gobernaba ni administraba, la inercia de su autocracia ha sido larga y nociva. Poco a poco, el régimen pasó de la expectativa de su posible muerte a la instalación de los herederos del trono y así mismo trataron el cambio.

Mientras tanto, solo había información sobre el estado de salud y vida de Fidel Castro a través de mandatarios extranjeros que venían de visita.

Lo mataron repetidas veces y reaparecía. Después, la expectativa se centró en la espera de que Raúl Castro se instalara formal y efectivamente en el poder, pero siempre con una gran desinformación para el pueblo de lo que ocurría verdaderamente en la esfera palaciega.

Mientras tanto el gobierno mantiene el lenguaje «kimilsuniano» para los ciudadanos, los trabajadores, los estudiantes y, sobre todo, para «la mano que aprieta», sus fuerzas represivas y sus represores ideológicos. Poco tiene que hacer el régimen para desatar la especulación, basta con una frase de un personaje con todo su sistema de inteligencia y de penetración, extendido muy profundamente dentro de la propaganda mundial, y con el deseo de tantos para que se hagan muchas conjeturas: el régimen logra que se amplifiquen los rumores del «cambio», sin mucho «costo político». Este doble lenguaje, o esta táctica de «dos circulaciones» o «dos planos de circulación», le conviene y le sostiene porque, en el falso escenario de cambio, los mejores intencionados confunden el deseo con la realidad. Los más interesados o comprometidos encuentran una justificación para someterse, o para no enfrentarse, o para afianzar sus intereses con la permanencia del régimen totalitario con el que están «embarcados» o en el que han invertido sus vidas y sus fechorías, y ahora quieren el beneficio del «neocastrismo». También se ha generado el mito de la «estabilidad» falsa, pero establemente falsa y algo que sirve de mucho a los pragmáticos.

El otro plano de circulación es el de la cárcel grande en el que se mantiene el discurso de los 60, la autoridad incuestionable de los jefazos, la doctrina marxista, el lenguaje, la cultura del miedo y de las trincheras. Mientras construyen su «capicastrismo» y ganan tiempo para sus sucesores, mantienen la represión, la intolerancia y la mascarada de igualdad más burlesca que conozca la historia de Cuba. Este fraude ya está en marcha, los ricos son accionistas de las S.A. y el pueblo no sabe nada de nada ni puede saber.

Cuando observo los letreros de las sociedades anónimas o con cobertura de empresas extranjeras, que son la dimensión capitalista dentro del totalitarismo, no puedo dejar de pensar que este privilegio y este fraude están construidos sobre la base de ese «sociocidio» cometido contra el pueblo cubano a nombre de la Revolución, a la que dedicó cinco décadas en la construcción del socialismo, del comunismo y en la incondicionalidad a Fidel Castro para, al final, todavía gritar «Socialismo o Muerte» y llegar aquí donde estamos: un país de desigualdad, de minoría de ricos al estilo capitalista con el poder político, y de pobres sin derechos.

La indefensión aprendida sembrada durante años funciona, ahora también, en el momento de definir el futuro para el pueblo. Un momento en que se proponen remarcar profundamente las relaciones económicas en la sociedad con una severa exclusión de los pobres, especialmente de los trabajadores, que paradójicamente, son el sector más pobre de la sociedad. Desde los empleados de un hospital hasta los médicos, desde los ingenieros hasta los ascensoristas. El salario de toda la vida no les ha alcanzado, ni les alcanza, para hacer una nueva habitación para que se casen sus hijos. Decir jubilarse es pasar a la indigencia. Pero para el «capicastrismo» es esencial mantener lo que llaman «masa trabajadora», atomizada, intimidada, manejada por los mecanismos de control político que hay en cada centro del trabajo, no solo mediante la administración, sino con el Partido Comunista y, por supuesto, con el sindicato y también con la presencia, más o menos oculta pero amenazante, de la Seguridad del Estado en cada escuela, universidad y centro de trabajo. Este mecanismo de dominación «ambienta» toda la vida de los trabajadores en sus centros, en muchos casos con gran penetración en sus vidas familiares y privadas. La dependencia llega a la orfandad, porque no es posible «irse» y buscar otro trabajo.

La atomización, es decir la falta de solidaridad, ha sido el ancla que lanza a los trabajadores a la profundidad de la indefensión. Es por supuesto, fruto de los mecanismos de miedo, de soborno político, de amenaza, de condicionamiento para «prosperar» o poder permanecer, de terror y represión y también de la perversa metodología de convertir a unos en vigilantes y rivales de otros. Así llegamos aquí, cuando las mentalidades comienzan a cambiar antes de que los mecanismos de control se disfracen de falsas reformas.

EL «MACROFRAUDE»

Durante los años posteriores a su enfermedad, Fidel Castro ocupó un gran espacio de los medios de difusión diariamente con una sección llamada «Reflexiones». Era como adueñarse de todas las causas justas de la vida, de la humanidad y juzgar todo y a todos como si fuera una gran conciencia suprema que dice a todos lo que tienen que pensar sobre cada acontecimiento, sobre cada hecho histórico y cada actuación. Pero siempre tocado por una justificación de sí mismo o un intento de tener un rol en acontecimientos que no estaban a su alcance o en los que ya no contaba. Ha sido como una prolongación de su presencia. Pero también generó una gran confusión, especulación de si, en medio de su deterioro general, era capaz de escribir textos tan largos, a veces caóticos en su contenido, con temas que podían empezar hablando del Imperio Romano y podían terminar con el mundial de fútbol o con el cambio climático. Era como mantener una presencia dando la idea de que mandaba y no gobernaba, y se generaban también múltiples especulaciones. Tal como en los discursos de cuatro o cinco horas y en comparecencias de televisión, podía decir lo que quisiera durante el tiempo o extensión que quisiera sin nada que lo limitara, pues disponía para sí de todos los medios de difusión y un estado lacayo con todos sus recursos. Sus reflexiones eran leídas en el programa mal llamado «Mesa Redonda», que él mismo fundó y dirigió hasta que pudo. Es como la sustitución del minuto de odio del Gran Hermano en *1984*, de George Orwell, por varias horas de odio y mentira, que si no hace más daño es porque la mayoría del pueblo no lo ve. Aún continúa este programa como arteria principal del sistema de mentiras del régimen, de coacción a través de los medios y de condicionamiento de las conciencias, negándoles, mientras tanto, fuentes alternativas de información y opinión. A este se suma el programa enfermizo de manipulación y odio del señor Walter Martínez llamado «Dossier», trasmitido en el espacio noticioso «Lo mejor de Tele Sur», que es la intervención chavista en los medios cubanos. Uno de sus temas favoritos era Obama. Obama despertó gran simpatía en Cuba entre los negros y blancos y no podía ser acusado de reaccionario o racista. Gran problema. Entonces, Fidel Castro se convirtió en su consejero público, en su crítico y en su obsesivo analista de cuanto decía y hacía. Parece que el tema número uno y más importante para Cuba es el estado de ánimo, las palabras y la salvación del alma de Obama y no la propia vida del pueblo cubano. Todos los días la televisión comenzaba su noticiero, los programas de radio y la prensa con una o dos páginas de las reflexiones del compañero Fidel ante la necesidad de mantener la imagen viva de Fidel Castro con juegos especulativos de su enfermedad, nunca como información al pueblo de su estado de salud. Si varias veces estuvo mal o cuántas de esas veces echaron dentro o fuera de Cuba a rodar la bola de su muerte o su inminente muerte, el caso es que mantenía al pueblo de Cuba expectante y al mundo lleno de conjeturas, y después reaparecía con el consiguiente entusiasmo de sus adeptos (no moriría y su salud es de hierro) y la decepción de los que ponían su esperanza en la muerte del viejo. Mientras, se desarrollaba y todavía se desarrolla la siguiente especulación: Raúl quiere cambios, pero Fidel no le deja.

En la Iglesia, en el cuerpo diplomático, en el exilio, la prensa extranjera, los medios intelectuales se encargaban de construir una teoría o una perspectiva sobre la supuesta voluntad de cambios y apertura de Raúl, con debates y conjeturas que entretenían a todos con cambios falsos. Mientras tanto, ni Raúl Castro ni nadie entendían nada, o había mucho que decir sobre los cambios y no había compromiso. Con solo una frase echada a rodar, o con la conjetura de que Raúl o alguien la había dicho, ya bastaba para que esos círculos mencionados generaran un verdadero mundo de especulación y de proyecciones de cambio, mientras el propio régimen se echaba fresco manteniendo el totalitarismo real a toda máquina.

Llegamos a la conclusión de que es una estrategia para el régimen y es también una teoría de la justificación que usan poderes, instituciones y gobiernos para tomar distancia de actitudes comprometidas con los derechos humanos y con la solidaridad con el pueblo cubano. En todo caso, esos son los hechos.

Teorías como que el pueblo de Cuba no está preparado para el cambio, que es mejor una evolución donde siempre el protagonista sea el régimen y el pueblo no tenga ni siquiera derecho a saber lo que pasará al día siguiente, son una forma de exclusión que tiene mucho acompañamiento.

También las comparaciones con Latinoamérica: el mundo se está acabando y en Cuba no hay drogas ni hambre ni violencia, es mejor estar así y no como en Colombia o Afganistán. Miren los pobres checos, rusos y polacos y lo que pasó en Yugoslavia.

Socialismo o Muerte llevaba también la coacción, la represión y la amenaza nada velada, casa por casa, barrio por barrio, escuela por escuela y trabajo por trabajo, de que no hay tolerancia ninguna para los que demanden el cambio. Y aparte, para los que lo demandan abiertamente, como el MCL y otros en la oposición, el mensaje es: «estamos dispuesto a matar»[14], y ahí están los actos de repudio con cabillas y palos en las manos. Actos preparados.

Una vez, una personalidad de la Iglesia me comentó: Raúl Castro dijo a fulano «que quería cambios pero que los dinosaurios no lo dejan». Eso lo escuché entre periodistas, en toda la Iglesia, entre diplomáticos y hasta algunos desde el exilio lo decían, así como personalidades extranjeras que visitaban Cuba. Muy cómodo que el jefe de los dinosaurios se quite toda la responsabilidad. Lo alienante era cómo con esto se tranquilizaban todas las conciencias y se neutralizaba toda actitud de exigencia de cambios reales, de un diálogo verdadero y se ponía a todos en un compás de espera. Una droga podemos decir que deseada para evitar el enfrentamiento, la exigencia o cualquier confrontación o tensión con el régimen. Una verdadera racionalización en términos freudianos, aunque con la característica de que creo que es muy consciente. Esto no es extensible al pueblo, que no cree en esas especulaciones aunque les llegan pero simplemente se deprime. La conclusión, una vez más, es no hay nada que hacer o mejor no hagas nada que Raúl, el pobre, quiere pero no puede.

Aparece, también, finalmente, toda una doctrina: después de tener al pueblo los últimos años en espera, primero a que muera Fidel, después a que se recupere, más tarde a que se desconecte totalmente del poder sin saberse quién gobernaba realmente, luego a que Raúl Castro tomara formalmente el poder número uno, es decir, se sentara en el trono con su corte de generales, a continuación hay que esperar al Congreso del Partido, y en el propio Congreso del Partido se anuncia que habrá que aguardar a una Conferencia del Partido para enero del 2012. Lo indignante, humillante y alienante es que en cada caso surgen muchos factores reforzando pública o veladamente este compás de espera, sustituyendo la esperanza por la sumisión. Pero definitivamente aquí está la doctrina: una gran especulación de

---

[14]   En los momentos en que concluía este libro, Oswaldo Payá moría en Cuba en un atentando de Estado, que también cobró la vida de su joven colaborador Harold Cepero, el domingo 22 de julio de 2012.

prensa extranjera y otros medios sobre los «cambios». La mentalidad reaccionaria y el juego de insulto a la inteligencia de los cubanos se hacen notables. Por una parte se habla de cambios y, cuando se pregunta cuáles son, se resume a esto: ahora se permiten cafeterías, paladares familiares, vender discos, hacer todo tipo de trabajo personal y tener una licencia para botear, es decir, alquilar autos.

El razonamiento era este: si Pinochet permitía o no el trabajo por cuenta propia, y en Sudáfrica también, y si con esto ya era suficiente para decirle a los chilenos y sudafricanos: «miren ya tienen bastante». Es como un racismo, como un desprecio contra el pueblo de Cuba llamarle cambios a estas migajas pírricas, sin derechos.

Lo peor es que no hay perspectivas y que todos los factores callan cuando se habla de este tema. Porque el propio Raúl Castro, la doctrina del Partido, su Congreso, la Seguridad del Estado, el sindicato único y oficial, las escuelas en las que se adoctrina a los estudiantes ya docentes, solo hablan de perfeccionar el socialismo y con el mismo lenguaje polpotino o estalinista. Otros, los que se encargan de mantener viva la especulación, de que hay perspectivas de apertura, o los que le llaman apertura a que algún pobre pueda vender discos en la calle. Porque el gobierno, el régimen y su propaganda, no hablan ni de apertura ni de cambios políticos ni de cambios económicos que signifiquen libertad de los cubanos para tener empresas u otras libertades.

Pero si durante estos años la teoría de este ejército de especuladores, interesados en sostener la expectativa en el régimen, era que habría cambios poco a poco y que inclusive esto traería los cambios políticos, hoy ya hay una doctrina como que el pueblo debe tener comprensión[15]. Se refuerza cada vez más la idea de que estos son los cambios que ya comenzaron y se asume implícitamente. Muy a menudo y expresamente escuchamos que no hacen falta los derechos. Se insulta al pueblo de Cuba diciendo que no le interesan los derechos sino vivir mejor. Eso está a todos los niveles en los sectores antes mencionados. Es decir, que los derechos son para otros pueblos y otras sociedades. Nosotros decimos: ¿por qué no los derechos?

Pero lo que hay detrás es un pragmatismo del sometimiento a las reglas del juego del régimen a su terror, a su ceguera y esto es a su vez una ceguera, que puede traer la tragedia después del sufrimiento de cinco décadas.

Unos nos dicen rupturistas, algunos nos dicen que prefieren el diálogo y no la confrontación (como dijeron a Aznar), otros que prefieren la gestión y no la denuncia. Mientras, los trabajadores se someten y callan, los estudiantes y vecinos, también.

---

[15] Márquez, Orlando. «Un momento decisivo». En *Palabra Nueva*, nº 212, noviembre 2011.

Esta teoría ya no es teoría, es una doctrina que se aplica y se impone desde fuera del régimen pero muy acoplada con sus necesidades estratégicas de adormecer y ganar tiempo, de engañar y silenciar mientras, por otra parte, el régimen mantiene su discurso, su política, sus planteamientos ideológicos inmovilistas sobre todo, su intolerancia y su represión real, desde la coacción en los centros de trabajo hasta los actos de repudio, las golpizas, las expulsiones y encarcelamientos a quienes se manifiestan o proponen movilizaciones cívicas donde el reclamo son los derechos, como el Proyecto Varela y el Proyecto Heredia.

Pero hay una componente a la que llamaremos del «intrarrégimen». Es un sistema de retroalimentación; por una parte, la mayoría de los cubanos quieren cambios, inclusive se sabe que muchos de los que están en el régimen a alto nivel, militares y hasta miembros de los cuerpos represivos, pero no son factores de cambio porque se someten totalmente y son cómplices y actores de la represión y del funcionamiento del régimen, sin chistar o haciendo su papel mientras son parte beneficiada.

Otra dimensión es que son al alto nivel no de gobierno, sino de pertenencia al clan de los oligarcas beneficiados del «capicastrismo».

PELIGRO DE CONJUNTO

El paisaje actual es el siguiente: en Cuba sigue mandando Raúl Castro a la sombra de la imagen viva de Fidel Castro en estilo totalitario y de régimen militar. No se puede hablar de instituciones, aunque existan, como escenario de transformaciones que impulsen el cambio de la sociedad, ya sea el *apartheid* comunista, el ejército, la Seguridad, que en otros países dominados por el comunismo jugaron un papel. No se puede hablar de instituciones porque hay una oligarquía, un grupo de familia, una casta de generales y personajes del mundo del poder.

Esta oligarquía coronada durante más de cincuenta años por Fidel Castro se sabe que en cuanto a poder y decisiones culmina y se concentra en una persona, y esto no ha cambiado porque ahora se concentró en otra persona con otro estilo, pero la esencia de la relación entre el poder y el pueblo y sus consecuencias siguen siendo la dominación opresiva que niega la libertad y los derechos y que sumerge a la sociedad, o mejor dicho la vida de once millones de seres humanos, en función de ese poder. Aunque el sistema y hasta su ideología puedan ir variando, siguen en función de la oligarquía.

En ese estado estamos ahora con la diferencia de que el régimen está cambiando, pero cuidado, ¿cambiando hacia dónde? Se está generando un falso escenario de cambio; mientras tanto el pueblo no tiene conocimiento, ni control del proceso, ni información, lo que es peor ni tan siquiera visión de lo que está ocurriendo. Aquí hay que aclarar: la necesidad y urgencia de cambios no la explicamos a partir de un supuesto peligro futuro, que sí existe, sino del estado actual de opresión, pobreza y ausencia de libertad y derechos, un estado actual que tiene 53 años y no es necesario explicar por qué los cubanos tenemos derecho a los derechos, así que el primer peligro ya no es peligro sino una triste realidad, el estado de la vida en Cuba.

Por una parte el pueblo de Cuba ha sufrido el proceso del Congreso del Partido Comunista sobre el que algunos medios políticos y de difusión se empeñaron en depositar expectativas. Se anuncian cambios solo en el campo económico dirigidos en esencia a hacer más eficiente y productivo el régimen comunista. Esto, de hecho, en el discurso tradicional estalinista dentro del estrecho círculo de lenguaje de la ideología del régimen, es decir, un proceso de cambio que lo primero que definió son los límites y las barreras. Al mismo tiempo se anuncian y conceden licencias al trabajo por cuenta propia, contratación de empleados por parte de los pequeños negocios familiares y se anuncia como un gran logro la posible venta de automóviles y la flexibilización del traspaso de propiedades de casas, mientras se afirma hasta la saciedad que el objetivo es perfeccionar la empresa socialista.

No hablo nunca de libertad de empresa porque no es la empresa la que tiene que ser libre sino la persona, y para que esta sea libre tiene que tener el derecho de tener su propia empresa. De esto, de derechos económicos de los cubanos, es de lo que no se habla ni antes ni después del Congreso, pero de este tema estamos saturados los cubanos, aunque hay que decir en respuesta a los entusiastas que tienen un concepto bastante disminuido de lo que merecemos los cubanos. Hay que recordar que derechos a la compra venta de autos, casas, pequeños y grandes negocios privados existían durante el régimen de Pinochet, en la Sudáfrica segregada, el régimen de Gadafi, en Egipto y hasta en la dictadura de Batista. Entonces, ¿para qué se hizo la Revolución en Cuba?

Pero en esos países, como en Cuba ahora, faltaban la libertad y los derechos que determinan la condena a la pobreza de la mayoría de nuestro pueblo, y de un círculo pequeño de privilegiados que viven como capitalistas, o lo son, aunque desde las tribunas griten «Socialismo o Muerte».

Sobre el estado actual seguiremos hablando porque eso por sí solo necesita de cambios radicales que signifiquen libertad, derechos, democracia y reconciliación. Pero por si fuera poco el haberse devorado la vida de tres generaciones, ya está en peligro la actual generación y la que está por nacer.

Algunos apuestan y apoyan desde fuera y dentro supuestos cambios económicos al estilo chino o semejante, aunque el régimen no ha anunciado nada. La más grande expresión de despotismo es negarle al pueblo una perspectiva transparente de lo que se propone la oligarquía.

En cualquier caso, cambios económicos sin derechos políticos y civiles para los ciudadanos, con apertura a cierta economía de mercado, pudieran traer un escenario en que el grupo de poder político se transfiera o se venda a sí mismo, si no lo ha hecho ya. Propiedades, recursos, empresas y otras pueden ser adquiridas por poderes económicos fuera de Cuba, sean cubanos o extranjeros, como ocurrió en China, Rusia y otros lugares. Como habíamos dicho, no hay cambios institucionales porque la que determina es la oligarquía, y más que transición lo que hay es una reconversión del privilegio (Corleone), donde los dirigentes se vuelven gerentes y los jerarcas del partido único capitalistas únicos.

Este peligro se acrecienta y podemos comprenderlo en la situación de desconocimiento y falta de control de medios para verificar que tiene el pueblo de Cuba. Además, los que no tienen nada se quedan sin nada o con menos.

Recordemos que aquí la Revolución se hizo a nombre de los pobres, pero después de utilizarlos para suprimir a los ricos y dejar sin nada a todo el que tenía algo, se les quitó el derecho de expresión a todos y a los mismos pobres, que hace mucho quedaron sin voz y ni tan siquiera pueden decir que son pobres.

En esta situación de desigualdad actual sostenida por la opresión, si concretan en estos cambios solo se profundizará en la desigualdad. Siempre hemos dicho esto sin odio de clase ni odio de ninguna clase, pero todo indica que esta reconversión del privilegio se concreta no en una transición sino en una herencia en que la oligarquía deja a sus sucesores con otros estilos y otro contenido de desigualdad.

Mientras tanto, desde las tribunas, los medios de difusión en todos los escenarios oficiosos siguen hablando de socialismo o muerte como si fuéramos esquizofrénicos.

De esta manera, la única perspectiva explícita por parte del grupo de poder es continuar con el poder totalitario bajo las banderas del comunismo, con la intolerancia y exigencia de la incondicionalidad a la Revolución, sabiéndose que este concepto es variable y relativo excepto en que la Revolución es el poder total y vitalicio para la familia de los Castro y sus generales.

Como hemos dicho, el estado actual clama cambios pero el peligro es que Cuba pase del totalitarismo al estado mafia; es como después del terremoto, el tsunami.

En medio de todo esto surge la noche de desarrollo de Mariel y el posible *boom* petrolero del litoral norte cubano. Bien poco saben los cubanos de esto. Las primeras noticias llegan alrededor de declaraciones y propuestas hechas en el Congreso norteamericano para tratar de impedir la prospección en los mares al norte de Cuba. Pero el pueblo de Cuba no sabe, no tiene información, ni control, ni posibilidad de decidir sobre estos asuntos y otros semejantes que puedo imaginar cuando veo tantos carteles de S.A. ¿De quiénes son estas sociedades, sus accionistas? ¿Saben los cubanos lo que esto significa?

Hay una ceguera desde el poder pero también desde otros factores que en nada contribuyen a los cambios justos y pacíficos en Cuba ni a la paz, ni a la estabilidad. Puede decirse que están apostando por cambios con Raúl y dentro del régimen, unos a nombre de la estabilidad, algunos sin nombre pero por sus propios intereses, y otros no sabemos a nombre de qué miedo e intereses, pero lo están haciendo. Esto se está convirtiendo en propaganda, en especulación académica, en doctrina y hasta en una especie de teología de la adaptación o la sumisión, en todo caso con una significativa falta de transparencia por parte de todos los factores. Hay suposiciones y doctrinas, generalmente, muy ligadas.

Mientras tanto el pueblo vive un largo *stand by* que parece pasar a estar en algún momento pero no pasa. Es un largo *stand by* de 53 años y ahora con conciencia de *stand by* donde, desde el poder, se lanza la bola y muchos la amplifican diciendo: «¡esperen, el gobierno va a hacer cambios!». Pero lo peor es que todo *stand by* tiene una perspectiva, es una parada o un espacio antes de la arrancada, pero para los cubanos dentro del régimen no hay perspectivas, ni el propio régimen tiene perspectivas justas para el pueblo ni el pueblo con el régimen va a ninguna parte, solo permanece en este estado que no es de *stand by* sino de parálisis. Mientras tanto, los que tienen el poder sí viven y tienen poder, viven como ricos y preparan a su descendencia para que sean igual de poderosos y ricos. ¿Eso es Revolución? ¿Y la Revolución y la gente? ¿Y la vida de los cubanos?

La suposición es que el régimen actual va a hacer una apertura económica amplia, gradual, algo que el gobierno no ha anunciado y, por otra parte, ha negado en el último congreso al reafirmar el socialismo como sistema, pero al parecer otros factores que pueden, como personalidades, intelectuales, diplomáticos, algunos cubanos en el exilio, saben más de lo que sabe el pueblo y el propio gobierno dice. Esto último reafirma la desconfianza y la falta de transparencia.

La doctrina es que la apertura a la economía de mercado o espacios trae consigo la democracia (China, Gadafi, Batista, Pinochet). Creo que no hay ningún ejemplo histórico; lo que sí ocurre es que la absolutización del mercado o fundamentalismo mercantil está trayendo la desintegración de los estados democráticos o el debilitamiento de las democracias para convertirnos en presas de mafias traficantes o fuerzas políticas que imponen el neototalitarismo, pero en el caso de Cuba estamos en el viejo totalitarismo, así que sigamos con el tema.

Lo perverso de estas posiciones y doctrinas es que niegan el derecho a los derechos y se someten a la reglas del juego del régimen negando la esperanza. Ni siquiera se atreven a preguntar: ¿por qué no los derechos?

¿Por qué hacer este recorrido tan torcido? ¿Qué supone la inserción del capitalismo salvaje dentro del totalitarismo comunista como en China, primer país en construir el comunismo salvaje?

Hay rasgos del comunismo salvaje en Cuba, pero eso lo veremos después (precios, trabajadores, desigualdades). En todo caso, la mencionada suposición y la doctrina son cómplices de una legitimación de la injusticia para Cuba y conspiran sin pudor contra la esperanza de nuestro pueblo.

Pero la otra componente es un grave peligro, casi tan grave como la realidad que vivimos de la desestabilización: ceguera; el pueblo de Cuba no debe intervenir.

Los que apuestan por la estabilidad con este «megafraude» están desechando la piedra angular: el pueblo cubano. No abundo en calificativos, pero es una postura muy reaccionaria, venga de la derecha, del centro o de la izquierda, de agnósticos o de creyentes, del norte, del sur, del este o del oeste. No es retórica sino denuncia, porque el pueblo de Cuba en su desventaja está bajo fuego cruzado, aunque también despierta solidaridad y hay mucha buena voluntad que necesita informarse y despertar.

Suponer estabilidad dentro de esta gran tomadura de pelo es desconocer el deseo de cambio y de libertad que tiene el pueblo de Cuba, pero también ignorar que ese proceso acentuará la desconfianza, la búsqueda de caminos para la supervivencia, la pérdida de respeto a la autoridad dentro del sistema opresivo, la desigualdad y preparará a Cuba para que, en cualquier fenómeno de descompensación del poder, de protestas, se desate la violencia y el caos con el consecuente sufrimiento humano, la sangre, la destrucción y el inicio de otro ciclo de resentimientos y odios.

La conclusión antilógica e inhumana que pueden sacar algunos es que para que esto no ocurra es mejor dejar las cosas como están y que el actual poder siga manteniendo el orden dentro del peor desorden, que es la falta de derechos y libertad: el orden de los campos de concentración. Porque las cosas como están son este estado de injusticia y no de derecho que de por sí debe cambiar radicalmente, y sobre las bases de esta injusticia no se pueden hacer cambios legítimos.

Este orden de no derechos y la perspectiva de complicarlo con el «capicastrismo» cierra las puertas de un futuro mejor al pueblo de Cuba y lo puede sumergir en un túnel de desorden y oscuridad que nadie en Cuba desea.

La desconfianza

Contra la solidaridad imprescindible para la liberación conspiran todavía los rencores, el resentimiento, el miedo, la tentación de la arrogancia y abuso de los que detentan el poder en cualquier nivel y la desconfianza entre los ciudadanos. Todavía muchos cubanos están capturados en la mentalidad de «sálvese quien pueda» y de la inseguridad como si siempre estuviésemos en una cola (fila) para comprar alimentos o artículos de primera necesidad, sabiendo que no alcanzan para todos.

Esta ansiedad se encuentra lo mismo en la consulta del médico que en la cola para montar en un avión. El propio régimen ha sembrado el sentido de la inseguridad y la incompetencia que afloran en este momento en que ya el agotamiento del régimen nos está anunciando el cambio. Como no se produce la apertura ni hay transparencia, aumentan la ansiedad y la inseguridad. Es como si las oportunidades y los lugares en la vida solo alcanzaran para unos pocos, como ocurre en las colas. Esa situación convierte una vez más al cubano en competidor del cubano y genera un individualismo disociador.

A esta mentalidad no escapa ni la oposición dentro y fuera de Cuba, ni los que tienen ventajas a partir del poder, ni los intelectuales y otros sectores de la sociedad. Aun en el ambiente de la lucha por la democracia se actúa como si cada episodio, palabra o documento fuera por sí mismo a determinar todo el futuro de Cuba e inclusive como si se estuviera compitiendo por un lugar único en el poder y la gloria. Creo que es una tentación que se da en todos los ámbitos de la sociedad, y el que se crea libre de culpas que se observe.

Recordemos cómo el Estado ha vendido un solo televisor, en un centro de trabajo o en el barrio, subastado por los méritos revolucionarios, entre decenas de aspirantes, para ser asignado según esos méritos. Algo parecido a tirar una moneda al aire entre un grupo de hambrientos mientras otros contemplan como riñen por alcanzarla.

Esta ansiedad que produce la mentalidad de la cola (fila) donde el producto no alcanza para todos, aplicada a escala de sociedad y de relaciones políticas y al mismo proceso de cambio, debemos hacerlo consciente en un proceso de auto terapia empapado de modestia y amor al prójimo. Pero no podemos negar que la confianza solo se puede alcanzar en un proceso de establecimiento de los derechos en las leyes. También es necesario que todos nos esforcemos en practicar la tolerancia, el respeto y la solidaridad que no se darán por decreto sino proponiéndonoslo.

El origen de la inseguridad, y paradójicamente de la competencia angustiosa y hasta penosa, es la falta de derechos que ha vivido nuestro pueblo y la manipulación política por parte del Estado de todos los recursos y servicios imprescindibles para la vida.

Solo la toma de conciencia de que los intereses más legítimos, el de la libertad y los derechos, son comunes, nos hará despertar a la solidaridad, que será nuestra fortaleza como pueblo.

RECONCILIACIÓN

Durante todo un siglo de República, la violencia nunca trajo ni más justicia, ni libertad, ni democracia. Ni las que pretendieron liberarnos de las dictaduras, ni las que ejercieron estas en nombre de la justicia, del orden o de la soberanía nacional, que es el caso de la actual dictadura.

En una mirada de futuro inmediato, el pueblo cubano no solo debe diseñar su propio proyecto de democracia, sino convertirse en su protagonista sin ceder su soberanía a ningún caudillo, grupo de poder o nación extranjera.

Algunos podrán decir: «nunca la cedió, siempre se la quitaron», pero sería muy demagógico dejar de decir que ciertas expresiones de apoyo a las tiranías y de aplausos por parte de un grupo, a veces bastante numeroso, han confundido a muchos, dentro y fuera de Cuba.

Dios quiera que en Cuba no haya más una revolución sino que se eliminen las causas que provocan las revoluciones, sin arrebatar al pueblo toda su autonomía, su libertad y sus derechos. Sin manipularlo.

Sin apartarme del tema, me gustaría hacer una reflexión, si es que el ejemplo vale. En España, el gobierno socialista de José Luis Rodríguez Zapatero promulgó la «Ley de Memoria Histórica» hace menos de un lustro. Pensé, y sigo pensando, que la citada ley debería ser llamada «la ley de reavivamiento del odio histórico». ¿Por qué? Se reivindicaba a unas víctimas y se silenciaba a otras. Si alguien fue víctima durante la guerra civil del bando Nacional o de la dictadura franquista debía ser reivindicado, pero hablar de las víctimas del bando Rojo era de mal gusto, y hasta pueden calificarte de facha si te atreves a hablar de esas víctimas. Es como retrotraer la mentalidad franquista multiplicada por menos uno. Pero el asunto está en la pretensión subyacente de identificar al bando culpable de aquel momento con los adversarios políticos actuales de los comunistas y socialistas. Pienso que la transición española fue posible porque la mayoría del pueblo español decidió mirar hacia delante para construir la democracia y una nueva sociedad, y que esto es un mérito de todos y un camino que todavía están haciendo.

Por eso, más que esa ley, esa corriente que pretende reavivar el conflicto con carácter retroactivo no deja de ser forzada y artificial como lo puede ser una droga de fabricación sintética.

La historia no puede negar que una vez en esa nación compuesta por diversidad de regiones y pueblos, que no me corresponde definir, estuvo dividida en dos bandos que se enfrentaban a muerte. Sin negar las verdades de aquella etapa dolorosa anterior, durante y posterior a la guerra, creo que a partir de la transición, y mucho más a estas alturas, el espíritu positivo que la mayoría tiene se puede expresar diciendo: «nunca más aquello».

En Cuba todavía los medios de difusión, los libros, los maestros en las escuelas, los cubanos que hablan en la escalinata de la Universidad, en el parque de Céspedes en Santiago de Cuba, en el Prado de Cienfuegos, en un surco de caña en Jatibonico, en la calle 8 de Miami, en el Central Park de New York o caminando por el Prado de Madrid, hablan de los eventos dolorosos de la historia durante la dictadura de Batista y durante la dictadura de Fidel y Raúl Castro, en un sentido u otro, como si todo hubiese ocurrido ayer, porque todavía está ocurriendo. Porque los daños acumulados por esas dictaduras están ahí, porque se mantiene el mismo poder con los mismos jefes y la misma opresión. La dictadura y sus jefes es la misma, y ellos son los mismos y la falta de libertad es la misma. Esta congelación de la vida paraliza la memoria y trata de ahogar la esperanza para que la gente no mire hacia delante ni se proponga nuevos horizontes.

Constantemente los dirigentes máximos de la Revolución hacen sus propias historias, donde ellos son los máximos héroes. Un gran equipo de aduladores, ideólogos, periodistas historiadores y hasta Frei Betto se encargan de la alabanza. Tratan de reciclar constantemente la ideología no creíble y no aceptada nunca por los cubanos introduciéndoles nuevas modalidades y elementos, pero siempre con los viejos gobernantes como factor permanente y dominante.

La propaganda oficial mantiene viva estas historias de dolor donde los protagonistas principales no son los mártires, sino los superhéroes vivos que todavía gobiernan.

Esa propaganda mantiene atrapados a los cubanos por lo que pasó, para así atraparlos en la sentencia de que no puede pasar nada diferente y mejor. Ocurre porque se mantiene presente, inamovible, el factor principal de toda esta etapa de 60 años que es la lucha por mantener el poder totalitario del grupo que tomó el poder con Fidel Castro. No se permite a nadie hacer su propia historia, inclusive ni el pueblo mismo la puede hacer.

Si en España la expresión para iniciar una vida nueva, por mi parte, la interpreto y resumo en «nunca más aquello», en Cuba «aquello» se sigue imponiendo y la nueva generación está diciendo «basta ya».

No hablo de negar la historia, sino de liberarla con la verdad. No hablo de ser ingratos con tantos que dieron su vida, su trabajo y su sangre por una sociedad mejor, sino de realizar esa sociedad mejor que ellos soñaron. No hablo de negar el pasado, sino de liberar el presente y el futuro.

Considero que el pueblo cubano ha sido forzado por más de una vez a perder su propio protagonismo en la conducción del país para ser sustituido por algún poder o por un caudillo. Primero desde el exterior, como fue el caso de la Enmienda Platt, después por los golpes de estado dados por Batista en septiembre de 1933 y en marzo de 1952 y, al final, embelesado, por el acceso de Fidel Castro al poder en enero de 1959.

La permanencia del mismo grupo de militares en el poder dirigidos por Fidel y Raúl Castro, exhibiendo la película de su historia constantemente y gobernando con el mismo sistema cerrado y el mismo lenguaje, convierte a la sociedad en rehén de esa historia como si cada episodio hubiese ocurrido ayer o hace pocas horas. De esta manera, las consecuencias de 53 años de totalitarismo absoluto se combinan con el propio poder totalitario que se ejerce actualmente, como reciclándose en sí mismo y actualizando su fuerza aplastante sobre la sociedad y el individuo.

Pero la inserción de la persona en la Revolución, lo que se conocía como «integrarse» era la antítesis de la verdadera libertad. Esto me hace reflexionar sobre cómo se sentirían los judíos en aquellas sociedades donde se les marginó, se les marcó y se les persiguió, en algunos casos, como durante el nazismo, hasta el aniquilamiento. Porque si bien integrarse, es decir inscribirse y participar en las organizaciones y actividades revolucionarias, es como el salvoconducto para ser un ciudadano normal, esa integración no constituye de ninguna manera un espacio de libertad interior.

Nadie puede juzgar la intención última de ninguna persona, pero sé que muchos de estos integrados que se identifican y han vivido como revolucionarios auténticos, a partir de ciertos momentos ya tenían que seguir simulando en contra de su voluntad.

Si simula, o no, al menos saben que no son libres. Saben lo que deben decir y lo que deben callar. Muchos han trabajado con buena voluntad y amor, han gritado con pasión y han participado en buenas obras, pero su espacio político se reduce a la incondicionalidad a Fidel Castro. Para el gobierno esa incondicionalidad es la definición de lo que consideran un verdadero revolucionario. No son libres para disentir del alto poder. Sí son libres para vigilar y participar de la represión y en todo aquello que se les designe.

Pero hay cambios en muchas personas identificadas como revoluciona-rias. Estas, sin renegar de su condición de revolucionarias, ya en la práctica ni son incondicionales ni se prestan para la represión. Pero el asunto es que la inmensa mayoría de los cubanos, viviendo como vivían en la pecera, se integraban, pues era la única manera de vivir sin acoso y sin exclusión.

Hoy es de conocimiento general que, por disentir o caer en desgracia hasta por error, muchos revolucionarios verdaderos, inclusive militantes del Partido Comunista de Cuba, militares y miembros de los cuerpos re-presivos, conocieron el ostracismo, la exclusión y la cárcel. Fueron vícti-mas de una persecución implacable por disentir expresamente o por haber decidido apartarse de ese esquema de pertenencia a la Revolución. Estoy describiendo la realidad a partir de los hechos y de una experiencia gene-ralizada. Creo que tanto el revolucionario como el que no lo es, y más allá de lo que aparente, ni unos ni otros son libres. También pienso que a partir del descubrimiento que uno y otro hagan de esa libertad interior, que na-die puede quitarle, puede surgir y va surgiendo una identificación humana entre cubanos que también necesitan de la humildad y perdón mutuo para convertirse en solidaridad.

Por eso el proceso de liberación debe superar esta división y no susti-tuirla o reciclarla con otros signos ni con signo contrario. Nadie es juez de nadie. Debe haber comprensión, respeto, caridad, perdón con todos y en-tre todos. La liberación, en buena medida, consiste en identificarnos como hermanos y como cubanos, sin condenar a nadie y sin forzar a nadie a renegar de sí mismo, de su historia, de lo suyo y de los suyos, pues eso es lo que ha hecho el comunismo. Este enfrentamiento forzado entre cubanos, este convertir a la víctima en verdugo del prójimo y de sí misma ha sido uno de los peores daños a la persona (antropológico) que ha causado este régimen.

Humildad para reconocer que el daño que cada uno haya podido causar a otro o a otros o las propias malas acciones y actitudes contra el próji-mo. Humildad por parte del que ha hecho daño para aceptar el perdón de la víctima. Me detengo aquí para decir que tampoco debemos dividir la sociedad en víctimas y victimarios, pues sería una clasificación siempre injusta, pero sí es real que hay personas, grupos y familias que han sido víc-timas de acciones y persecuciones, crímenes y exclusiones que han dañado sus vidas gravemente. La reconciliación implica el perdón de la víctima y la humildad del victimario, pero no el silenciamiento de la verdad.

Una componente del proceso de reconciliación entre cubanos ya es abandonar el trato hostil, desconfiado y/o excluyente entre las personas solo por su posición política. En esto la juventud lleva la vanguardia, pero no va sola en esa corriente positiva, para esperanza de Cuba.

También es necesaria la humildad del que ha sufrido para perdonar y para reconocer que no necesariamente los otros «son malos», o todo lo han hecho mal o con mala intención. Este reencuentro entre humanos, esta aceptación del otro y de los otros, sin odios, reconociendo su dignidad y sus derechos pero también su condición de compatriota y hermano, es imprescindible para sanarnos como individuos y como pueblo. Para sanarnos de desconfianzas, rencores y miedos y mirar hacia delante y poder finalmente ver a Cuba en paz y fraternidad como a través de tantas generaciones hemos soñado.

La mayor complejidad del problema cubano está a nivel humano, y también la mejor esperanza. Hablar de reconciliación no puede llevarnos a trazar una línea divisoria entre buenos y malos, y entre el pecado y las buenas obras. Primero porque nadie está facultado para hacerlo, y en segundo lugar porque esa línea se convertiría en una enredadera inclusive dentro de cada persona. La esperanza es que sabemos que dentro de cada corazón y en las relaciones entre los cubanos es posible borrar las barreras que dividen sin negar la diversidad en la sociedad ni libertad de cada cual.

Podrá parecer que el tema reconciliación es tratado en cortas líneas en este libro y todo lo contrario, está tratado en todos los capítulos. Porque en el totalitarismo la fuerza opresiva, los privilegios, las exclusiones, la desigualdad desigual, los abusos de poder, el miedo, la desinformación, la imposición, la simulación y la incomunicación han contaminado todos los campos de la vida social y también, en gran medida, las relaciones humanas, incluyendo las relaciones entre compañeros de trabajo, de cuartel y de estudio, las relaciones entre vecinos y, en no pocos casos, entre miembros de una misma familia.

Eso sí, la liberación es perdón y reconciliación también es, decididamente, el reclamo y logro de los derechos para todos; es derecho a la verdad, a buscar la verdad y a la denuncia. No se puede pretender una reconciliación, sin todos los derechos, los políticos y civiles, ni liberación sobre la base de silenciar a nadie por la fuerza ni de ninguna manera. Si alguien prefiere perdonar y ni siquiera mencionar o recordar el daño que alguien le ha hecho, es su generosa decisión. Pero las víctimas tienen el derecho a decir la verdad y a buscarla. No puede haber reconciliación sobre la base de la mentira o del premio a los que dañan y se benefician del daño que hicieron, pues la reconciliación es sobre la base del perdón y la buena voluntad de todos y entre todos y no sobre la base del cinismo y la arrogancia del dañador. Otra cosa sería trasmitirle a nuestros hijos un estado de mentira y de sumisión, no importa disfrazado de qué. Tampoco la justicia es necesariamente castigo del que hizo daño.

Un proceso de reconciliación es humanamente complejo y no se puede imponer, pero es inseparable de la liberación y de la sanación de un pueblo. El perdón no es la justificación del daño, sino el no odiar al que hizo el daño ni castigarlo. El perdón no permite que el daño pasado siga haciendo daño a la nueva generación.

Y requiere la reconciliación, además, humildad para reconocer la complicidad o el daño en sí por parte del victimario y aceptar el perdón de la víctima; humildad por parte de la víctima para perdonar y reconocer su necesidad de perdón para ser sanado de sus miedos y rencores. Actitudes que nos permitirán mirar y caminar hacia una Cuba soñada por tantas generaciones y siempre frustrada.

UNA ESPERANZA

La esperanza está ahora en la nueva generación, en parte por un despertar propio pero también porque la generación anterior comenzó aún en un ambiente muy difícil de opresión y de persecución a uno mismo; a negarse al daño. Popularmente en Cuba al hablar de los mecanismos de los cuerpos represivos, la gente dice: «están para el daño».

Inclusive en estos medios muchas personas tratan por todas las vías a no hacer daño alguno. En general permanece la opresión, pero cada vez menos los profesionales del daño se pueden apoyar en el ciudadano común para realizar su nefasta actividad.

La tolerancia, la medida para no ofender, y lo que creo un deseo de reconciliarse y vencer al miedo van ganando terreno a nivel humano, mientras que el régimen recrudece su opresión aislándose cada vez más.

Un asunto difícil, para evitar absolutizar, es deslindar cuál es el campo humano del régimen, porque en el totalitarismo el régimen compromete a toda la sociedad, eso lo conocemos los cubanos porque lo estamos viviendo. Aunque comprendemos la existencia en que estamos envueltos, un paso reconciliador y liberador es que estamos dejando de señalarnos como culpables o enemigos los unos a los otros. Este paso es muy importante para la sanación espiritual del pueblo de Cuba y con él se liquida el mecanismo más importante de la dominación de las personas por parte del régimen: el enfrentamiento entre nosotros convirtiendo a unos en verdugos y a otros en víctimas o viceversa.

Esta búsqueda y aproximación humana entre los cubanos aísla al régimen, pero no cierra las puertas ni estigmatiza a las personas que, en uno u otro nivel ejercen el poder. En primer lugar, por el vínculo familiar que pueda existir, y en segundo, porque una especial sabiduría del pueblo cubano le está permitiendo, por primera vez en su historia, buscar el camino del cambio sin pasar por el odio ni la destrucción incluyendo al opresor.

Si por una parte lo descrito es una esperanza y un proceso que ya está en marcha positiva, por otra parte esa misma esperanza no nos puede impedir ver que existen peligros. Una actitud de ceguera del régimen que mantenga cerradas las puertas hacia una nueva vida y trate de impedir esos cambios reprimiendo cruentamente, solo traerá más sufrimientos a los cubanos, pero no impedirá los cambios. La propia meta de reconciliación, concordia y derechos que quieren los cubanos deja sin sentido el recurso de la violencia en cualquiera de sus manifestaciones, ya que es incompatible con estas metas no solo desde el punto de vista estratégico, sino ética y espiritualmente. Pero la violencia represiva también puede causar mucho daño al involucrar a los cubanos en enfrentamientos fratricidas. Por eso los cubanos, además de muy valientes, deben ser muy sabios y firmes en mantener la meta y el camino pacífico sin dejarse desviar por perturbaciones.

El proceso que vive el pueblo de Cuba está muy lejos de esas estrategias, llámense revolucionarias o reaccionarias, de derecha o de izquierda, que se orientan hacia la toma del poder político por parte de militares, o un partido, o un líder, o un grupo de vanguardia para supuestamente después dirigir la instauración de la democracia, o un proceso revolucionario, o ambos, que al final redundan en otra forma de opresión.

En esta etapa de su historia los cubanos saben que el cambio se concreta en el logro de los derechos para todos los ciudadanos, en el ascenso del pueblo al ejercicio de la soberanía con instrumentos democráticos, pero que también esta meta debe ser alcanzada con la participación de los ciudadanos en la demanda cívica, en el diálogo y en la definición del nuevo proyecto nacional. Esta meta debe mantenerse muy firme hasta ser conquistada por este camino cívico, frente a este gobierno y aún frente a otros gobernantes, con cualquier imagen o contenido político, mientras no se abran en la ley y en la práctica todos los espacios de respeto a los derechos y a las elecciones libres.

LA ESPERANZA, LA TRANSICIÓN EN SÍ

Transición no significa desintegración ni caos, que pueda causar desabastecimiento, calamidad, destrucción de sistemas productivos y de servicios que solo pueden aumentar el dolor humano, traer hambre, desorden y violencia, en todos los casos aumentando el gasto, el tiempo y el trabajo de reconstrucción.

Hablando en términos muy simples, nadie quiere una reyerta en su casa y Cuba es nuestra Casa. Si por una parte el proceso de reconocimiento en la ley y en la práctica debe ser radical, auténtico y rápido, por otra, el proceso de desmontaje del sistema de organización del Estado, la producción y los servicios y del propio esquema totalitario que impide el desarrollo, debe hacerse con toda inteligencia y sentido de justicia para no castigar más a la víctima que es el pueblo. Por ejemplo, la Revolución en sus comienzos, y es un ejemplo entre miles. A nombre de la imposición de la propiedad socialista y el odio contra los «burgueses» cerró muchas pequeñas fábricas de zapatos, ¿para qué? Para quitárselas a los dueños (familias que habían dedicado toda su vida a este negocio). El resultado, un grave daño a los propietarios con este despojo cruel, desempleo, cierre del local, robo y desmán de todo aquello con algún valor que en muchos casos fue a parar a los ríos y basureros y, sobre todo, las personas en Cuba se quedaron sin zapatos. Así lo hicieron con todo lo que valía y el pueblo de Cuba quedó sin nada.

En la transición debe quedar claro que lo que hay que desmontar hasta la raíz es el orden totalitario que explota al pueblo y quita los derechos llevando la nación a la miseria. Transformar todo lo que pueda ser salvado, establecimientos, fábricas, sistemas de producción y de servicios para hacerlos productivos, eficientes y eficaces siempre en función de las necesidades de la nación.

Nada de esto entra en contradicción, puede apoyarse en la iniciativa privada como en la propiedad estatal, que deberá continuar hasta que el pueblo mediante instrumentos democráticos pueda decidir lo más conveniente.

La transición no requiere para nada de la parálisis y el caos, al contrario, hay que evitarlos a toda costa. El asunto es que no se puede parar el acueducto, el sistema energético, las escuelas, los hospitales, el transporte. Esto hay que pensarlo, preverlo y programarlo con espíritu positivo y responsable pero sobre todo con amor y respeto hacia los cubanos que vivimos aquí.

Si toda la sociedad se prepara y define un camino de cambio con plena conciencia de los pasos que quiere y debe dar, entonces ya no habrá temor al cambio, sino una inmensa disposición a realizarlo con dos grandes motivaciones. La primera, la convicción y la esperanza de saber que sí pueden tener una vida mejor y la segunda, presente durante décadas, la necesidad vital de salir de este orden absurdo y sin derechos que causa una profunda insatisfacción existencial.

Pero las cosas pueden ser de otra manera, porque el pueblo las quiere y las sabe realizar y tiene como desafío hacerlas de otra manera, a su manera cubana y con un resultado bueno para todos los cubanos. Como diría Martí: «con todos y para el bien de todos».

No se puede confundir el deseo con la realidad, tampoco sumergirse en la impotencia, o en las racionalizaciones de los profesionales del desaliento que están en todas partes y en todos los bandos.

Cada vez que alguna parte de la oposición democrática en Cuba, y en especial el Movimiento Cristiano Liberación, ha reclamado al gobierno cambios en las leyes para garantizar derechos como iniciativa de sus miembros o de miles de ciudadanos, estos desalentadores con muchos recursos en los medios afirman: «¿para qué, si el gobierno no quiere?».

La historia demuestra que el gobierno totalitario no quiere cambios que signifiquen derechos para los ciudadanos porque sería el fin del totalitarismo. Pero para el propio poder totalitario es muy cómodo contar además de la Seguridad del Estado para reprimir, con este elenco de desalentadores que complementan la función represiva. Lo que proponen es la parálisis, es solo criticar y lamentarse sin intentar superar esta situación con realismo. En muchos casos se limitan a afirmar que con los Castro no son posibles los cambios o que primero tienen que irse los Castro para comenzar los cambios.

Si, por una parte, este es el régimen de los hermanos Castro, por otra parte es todo un sistema y una realidad, que abarca toda la sociedad. Los cambios que el pueblo de Cuba quiere y necesita van mucho más allá del cambio de gobernante. Más adelante veremos que lo más radical no solo está en cambiar estos gobernantes por otros sino en lograr de manera permanente el derecho soberano de los cubanos a elegir y cambiar sus gobernantes.

Ciertamente a los cubanos no solo les interesa poder elegir libremente a sus gobernantes, algo que creo que sería el fin del poder totalitario de los Castro, sino también diseñar y realizar su propio proyecto de nación en la nueva etapa de la historia. Pero el asunto ahora es que el gobierno cierra las puertas del futuro y niega los cambios que la mayoría del pueblo quiere.

Aquí pudiéramos encontrarnos frente a un debate ficticio porque muchos políticos de diferentes tendencias, y el propio régimen, pretenden encarnar la voluntad de los cubanos y proclaman que este es el sistema que quieren los cubanos.

Aunque parezca elemental es justo hacer el siguiente recorrido lógico: para saber lo que quieren los cubanos hay que escuchar a los propios cubanos. Y para que estos puedan expresarse deben contar con este derecho y también con la posibilidad de elegir y decidir libremente.

Continuando este recorrido hacemos las siguientes preguntas:

¿Pueden los ciudadanos cubanos expresar individualmente o en grupo a través de los medios de difusión sus críticas, ideas, propuestas incluyendo las que implican un cambio de gobernante y de sistema?

Sería interesante que esto lo respondiera el propio gobierno y que muchos ciudadanos pudieran acudir a la radio y a la televisión que paga el pueblo, pues son del Estado, para emplazar a Raúl Castro, a la Asamblea del Poder Popular. Todos saben que no, que en Cuba no existe la libertad de expresión, prensa o manifestación, manteniendo de esta manera amordazado y comprimido al pueblo. Por lo tanto es inmoral y abusivo pretender expresar los sentimientos y deseos de unos ciudadanos que están silenciados y no pueden hablar por sí mismos.

¿Pueden los cubanos entrar y salir libremente a su país sin permiso y sin condicionamientos?

NO, todos saben que los cubanos para hacer esto necesitan un permiso que el gobierno lo da si quiere. En Cuba existen normativas para viajar, viajar libremente no es un derecho ciudadano.

¿Pueden los cubanos fundar y legalizar un sindicato, organización estudiantil no dominada por el Partido Comunista o cualquier otra; o un partido político u organización cívica e inscribirla en el registro de asociaciones?

NO. Los voceros del régimen dirán que el pueblo de Cuba escogió el sistema unipartidista, pero ningún pueblo renuncia al pluralismo, a la diversidad ni a la libertad. Pero además el partido es comunista y la mayoría de los cubanos no son marxistas ni comunistas y mucho menos ateos. La mayoría del pueblo creyente o no creyente no tiene la opción de fundar o de pertenecer a otros partidos.

¿Pueden los cubanos nominar y elegir por un proceso verdaderamente democrático a su parlamento y gobierno?

NO. En primer lugar porque esto requeriría un marco de respeto a la libertad de expresión y asociación de los ciudadanos, y en Cuba lo que existe es un marco de vigilancia, control y represalia modulado siempre por el miedo. En segundo lugar requeriría una ley que permita a los ciudadanos elegir a sus diputados y gobierno, y la ley cubana No. 72 no permite hacerlo. Esto último no es una interpretación, queda demostrado con solo leer la ley, si tiene paciencia para hacerlo.

Le ofrezco en este libro no un análisis sino una descripción objetiva de los elementos de la ley electoral vigente que demuestra que el cubano no tiene derecho a elegir su parlamento y su gobierno.

Como se demuestra, la ley electoral establece un solo candidato a diputado por cada cargo. Pero además este candidato lo designa la Asamblea Municipal del Poder Popular en base a una propuesta única que presenta una Comisión de Candidatura formada por las organizaciones dirigidas por el Partido Comunista. En definitiva, el pueblo ni postula los candidatos ni los elije, a no ser que usted pueda llamarle competencia a una carrera donde hay un solo corredor.

Por si fuera poco el propio gobierno, el Partido Comunista y la Seguridad del Estado son protagonistas de verdaderas maniobras conspirativas para imponer bajo ropaje de procesos espontáneos a sus propios candidatos. No les basta con el ambiente de miedo que hay en la pecera y con una ley electoral asfixiante, tienen que manipular y actuar sin transparencia. En conclusión, el pueblo de Cuba tampoco tiene instrumentos ni ambiente para ejercer su soberanía y autodeterminación.

Cuando se habla de este tema electoral los voceros del gobierno y sus ideólogos para no quedar enmudecidos comienzan a hacer comparaciones con otros sistemas electorales acusándoles de corruptos y afirmando cínicamente que este fue el sistema que el pueblo cubano escogió, es decir, que «el pueblo cubano eligió no poder elegir».

Esto no es un asunto teórico o un ejercicio intelectual del logro o no de estos derechos; de incluir un sistema electoral democrático y elecciones libres depende que el pueblo de Cuba pueda realmente construir una sociedad más justa, más humana y emprender un proceso de desarrollo económico que redunde verdaderamente en oportunidades para todos.

Algunos insisten en el esquema del eslabón perdido, que consiste en hacer una descripción de la realidad cubana y en postular programas de la futura sociedad cubana. No se dan cuenta que les falta el camino del cambio para ir de esta realidad a aquella otra.

Ni siquiera la descripción de ese programa de futuro puede ser muy consistente si no se habla del camino para lograrlo. El recorrido que haga el pueblo de Cuba determinará su futuro, por eso insistimos con total transparencia en una estrategia de movilización ciudadana en que los derechos son el camino y la meta, rechazando toda intervención extranjera, caudillismo o dejación del protagonismo del pueblo a favor de élites, partidos o súper figuras.

Hay tendencias reaccionarias que empujan en esas otras direcciones, la más poderosa apunta al continuismo en que la élite del régimen, sus figuras y sus sucesores serían los protagonistas principales. Hay toda una doctrina modulada por la imposición que aboga por el voto de confianza a Raúl Castro y a sus sucesores. Es decir, por la cooperación de un grupo de poder que ha decidido convertirse en su propia alternativa. Esta gran maniobra supone un engaño consentido. Decimos esto porque se envuelve en el miedo y mecanismos de represión instalados durante cinco décadas.

También empujan en esta dirección estados poderosos como China, Rusia y Venezuela, los dos primeros mirando a Cuba una vez más como espina irritante de su competidor, los Estados Unidos, y el chavismo que es ya un proyecto neototalitario que necesita vitalmente mantener a Cuba como santuario. Pero también muchos intereses económicos de estados llamados democráticos u occidentales con no poca complacencia de apoyo de sus gobiernos, tanto en América como en Asia y Europa, que prefieren una Cuba bajo una mano que garantice la estabilidad para sus negocios, sus turistas y que le evite otros problemas.

No hay mayor inestabilidad que un estado de no derecho. Este estado se vuelve aún más inestable mientras persiste en mantener cerradas las puertas del cambio. No hay que olvidar que el sistema totalitario comunista ha pretendido en Cuba apropiarse de la persona y la vida. Si por una parte el régimen está agotado y sin futuro, por otra parte el pueblo está cansado de mal vivir de esta manera.

Hay una pregunta que es también una denuncia y la expresión de la determinación de aquellos que luchamos por cambios auténticos. ¿Por qué no los derechos? ¿Por qué se atreven a componer falsas teorías y doctrinas de continuismo que suponen que el pueblo de Cuba no quiere o no merece tener derecho a los derechos?

Se atreven porque el pueblo de Cuba hasta ahora no ha podido hablar por sí mismo.

La estrategia de los derechos como camino y meta consiste en que los cubanos como protagonistas seamos los que reclamemos los derechos y estos deberán hacerlo de forma creciente mientras no se definan cambios que garanticen transformaciones en la ley. Lo repito por dos razones: la primera no tiene explicación, los cubanos tenemos derecho a los derechos y ya; la segunda porque solo progresando rápida y eficazmente se logrará la confianza, el orden, la participación democrática para que la transición curse pacíficamente y orientada hacia el establecimiento de un verdadero sistema democrático que sea capaz de realizar la justicia social.

Hay que partir del escenario en que estamos, el pueblo de Cuba está en desventaja, las organizaciones de derechos humanos y pro-democracia, aunque representativas de los deseos de la mayoría, están perseguidas y sin recursos; la ciudadanía, desinformada; y las familias empleando toda su energía en lograr lo necesario para su supervivencia.

A los que nos acusan de no tener una propuesta de cambios le respondemos: eso es totalmente falso.

Hablar de cambios económicos, privatizaciones y de otras supuestas aperturas como alternativa de un cambio sin derechos civiles y políticos es sentenciar a Cuba a mayor desigualdad y a una sociedad con más corrupción. Este será seguramente el escenario más adecuado para mayores tensiones, inestabilidad y posiblemente enfrentamientos violentos que el pueblo de Cuba ni quiere ni necesita.

No solo se engañan sino que hacen mucho daño a la posibilidad de cambios pacíficos en Cuba los que impulsan desde una posición u otra el «megafraude» que estamos denunciando. Porque el pueblo de Cuba ya no va a consentir en esa tomadura de pelo. No permitirán los cubanos que se subaste nuestra isla como un pastel con petróleo, y todo después de haber sido tratada como una finca privada.

No tengo afán de discurso en este texto pero creo que hay reclamos que resumen justamente nuestra demanda: dar al pueblo lo que es del pueblo.

No faltan, más bien abundan, quienes nos quieren convencer de que los cambios económicos traerán los cambios políticos. ¿Dónde ha ocurrido así? Hay un empeño en hacerle creer a los cubanos el llamado cuento chino, país al que la oligarquía político-militar gobernante mantiene en una segregación económica y social, lo dicen ellos: «un país, dos sistemas», negándole la libertad y los derechos a sus ciudadanos.

Han logrado insertar la versión más inhumana y contaminante del capitalismo dentro del comunismo. Eso es el comunismo salvaje. En Cuba se produce ahora una nueva paradoja que pudiéramos llamar «un sistema y dos países». Bajo el esquema totalitario o supuestamente socialista ya existe una nueva clase con un nivel económico y las consecuentes facilidades de viajes, propiedades y solvencia sostenidas por su poder político, que los cubanos popularmente han calificado como «la otra Cuba».

Los cubanos tenemos todas las capacidades humanas y también recursos tales como la creatividad y laboriosidad para desarrollar una economía del trabajo, potenciando la iniciativa privada, combinando la empresa privada con otras formas de propiedades estatales en las que se garanticen todos los derechos con sólidas dimensiones humanas.

A quien le interese enmarcar esta visión dentro una u otra ideología tiene abierto todo el espacio para el debate y el análisis. No perderé tiempo en eso, ni creo que muchos cubanos perderán su tiempo en configurar el cambio a partir de una ideología.

Los hechos no se discuten ni los derechos tampoco, por eso nuestra insistencia en que el proceso de cambio tiene como comienzo la demanda de los derechos para los cubanos. Un comienzo que ya es realidad. Continúa con el logro de las libertades de expresión, asociación, movilidad y de elecciones democráticas garantizando el pluralismo político, porque solo así los ciudadanos podrán participar verdaderamente en la toma de decisiones, y en el diseño, y solo así será justo. Es importante que desde ahora existan visiones y hasta propuestas programáticas; nuestro movimiento tiene la suya en el orden social, político y económico. Pero ningún programa puede anular la iniciativa ciudadana y sus decisiones y ninguna élite, partido, poder pueden desplazar al pueblo en su conjunto en el protagonismo y toma de decisiones en el proceso de transición, si es que va conducir a la democracia y justicia verdadera.

Como hemos dicho, no existe la democracia instantánea, debe ser un proceso que el pueblo viva en el orden y la velocidad que se proponga y las circunstancias vayan propiciando, pero siempre con la perspectiva inequívoca de la libertad, el ejercicio de todos los derechos, la democracia, la justicia social, la reconciliación y la paz y el desarrollo sostenible en nuestro país soberano e independiente.

Estos deseos ahora cada vez más vibrantes representan los sueños de muchas generaciones de cubanos. La nuestra ahora despierta, no para renunciar a esos sueños, sino para realizarlos, lo que significa que esos sueños, ahora, son propósitos y si son propósitos debemos abordarlos con determinación y enfrentar los desafíos que nos presentan.

La lucha cívica pacífica, y muy posiblemente el clamor y el impulso que cada vez mayor cantidad de cubanos darán a los cambios, será decisiva.

Estamos hablando no solo de estrategia sino de actitudes que cada uno en su estilo, con total libertad de conciencia y desde su propia situación o posición política o social, seguramente aportará con decisión y buena voluntad para propiciar el ambiente y los pasos que concreten estos cambios.

Es innegable que los derechos deben concretarse en la ley, mientras tanto los cambios no serán verdaderos, pero no basta. La reconciliación no se da a partir de cambios en las leyes aunque estas los faciliten sino que requiere una apertura de corazón conjuntamente con un espíritu de perdón y ser perdonados, que no será fácil para ningún cubano pero que, ciertamente, es un paso imprescindible para lograr la paz en el corazón. Como decía Teresa de Calcuta: «Hay que tener mucha humildad para perdonar, pero mucho más amor para pedir perdón».

Inclusive sobre la reconciliación puede haber diferentes visiones y opiniones. A nadie se le puede imponer, pero creo que solo viviendo la experiencia personal de perdonar y ser perdonado, también a escala social, podremos impedir el daño que nos hemos hecho los unos a los otros.

Puede que el daño causado siga produciendo en algunos sufrimientos y recuerdos tristes porque las secuelas del daño no desaparecen con el perdón, pero lo que sí se supera es el rencor, la arrogancia, el cinismo, la mentira que nos impedirían caminar como hermanos.

No se puede hablar del derecho a perdonar o ser perdonados, eso solo se da sufriendo por amor. Un pueblo que rechaza experimentar el perdón con autenticidad se mantiene esclavo del daño que ha sufrido y no puede mirar limpiamente al futuro.

El perdón y la reconciliación no niegan la verdad, ni privan al que perdona de su derecho a conocer y que se conozca la verdad de los hechos que lo convirtieron en víctima. Aun sin negar este derecho, cada cual decidirá si en algún momento dice: «te perdono y no quiero hablar más de eso», o dice: «hablemos la verdad sin odio para que nunca más vuelvan a ocurrir cosas así».

La verdad es una componente necesaria para realizar la justicia. Esta no siempre se concreta en el castigo de quien ha causado el daño, pero todos debemos saber que la víctima tiene el derecho a la demanda y a la reclamación. Sería una simplificación dividir la sociedad cubana entre buenos y malos, poniendo a las víctimas y a los verdugos en uno u otro bando en los que artificialmente ha querido ser dividido el pueblo cubano. La víctima mayor es todo el pueblo cubano.

Existe otra dimensión en el proceso de reconciliación y de transición en su conjunto que es la responsabilidad. En esta etapa de conquista de los cambios pacíficos, durante la realización de los cambios y después, el pueblo de Cuba es el responsable.

La libertad indiscutible que nos corresponde por ser seres humanos e hijos de Dios implica una responsabilidad. No es mi intención ni está en mis palabras un juicio, ni siquiera un análisis, sobre la responsabilidad que ha tenido el pueblo de Cuba en toda esta etapa, pero sí un llamado a asumir los cambios y el futuro con responsabilidad.

Como hemos dicho, debemos ganar la capacidad y los instrumentos para tomar las decisiones democráticamente con sentido humanista. Entonces, nosotros seremos responsables de lo que hagamos bien y hagamos mal; eso es bueno y se traduce en trabajo, diálogo, respeto al derecho ajeno y transparencia en la toma de decisiones.

Acabamos de hablar sobre el desafío de la reconciliación y nuestro llamado es al perdón y a la no-venganza pero nadie puede perdonar a nombre de otro, mucho menos los líderes políticos elegidos a nombre de la sociedad. Tampoco dictar según su parecer pasos y procedimientos para reivindicar o indemnizar a la víctima, o sancionar al culpable. No hay que hablar con demagogia asuntos tan graves e importantes como es el juicio del pasado. Mirar hacia el futuro es una responsabilidad de toda la sociedad y por eso debe haber un diálogo, debates abiertos y decisiones democráticas que nunca violen ningún derecho de la persona.

Está bien que propongan, y es un derecho a expresar su visión sobre asunto tan importante como la justicia, pero la primera justicia está en no permitir que el daño pasado nos siga haciendo daño para que las nuevas generaciones puedan vivir en paz y con derechos. El pueblo no debe temer al pueblo. Lo que sí debe temer y no puede tolerar es ser manipulado, engañado y sometido por cualquier mecanismo de opresión bajo la apariencia de democracia. Porque, en definitiva, los cubanos saben lo que quieren y lo que les conviene.

Por eso la mayor confianza la tengo en que si pueden decidir democráticamente con espíritu de amor, de inclusión y tolerancia, considerando los derechos e intereses legítimos de todos, decidirán lo mejor.

Son muchos los temas que inquietan al cubano cuando mira al futuro, debido a que el régimen nos tiene encerrados en el día a día sin información de lo que va a pasar mañana, pero los cambios democráticos que debemos conquistar llevan consigo la información, el conocimiento, la participación, la libertad y la responsabilidad.

La democracia en rigor teórico puede ser el dominio de la mayoría pero ni siquiera en este ejercicio la mayoría puede negar los derechos de la minoría o individuos ni la dignidad de otros o la propia.

Ha habido una falsa contraposición entre la democracia representativa y la participativa. Los cubanos han vivido, o más bien sufrido, una supuesta democracia participativa que implica hablar y votar en asambleas bajo la vigilancia de los cuerpos represivos en todas las organizaciones, y también desfilando por la plaza con gritos y banderas para rendir culto a quienes los tiranizan.

Pero cuando logremos la democracia real, es decir, el ejercicio de todos los derechos, el diálogo, el debate público y otras formas de democracia participativa serán un recurso y una necesidad durante y después de la transición.

De una vez voy a introducir la palabra: concertación. Una concertación en la democracia y sin negar la libertad individual. Concertación que se logre en un proceso de diálogo y de participación y que se exprese después en el voto democrático. Porque hay asuntos que los cubanos debemos pensar desde ahora, y decidir, para hacerse la justicia real.

Por ejemplo, considero que el servicio de salud pública gratuita es justo, y más humano, que además es un bien que el pueblo se da a sí mismo. Este punto de vista no es ideológico, no viene determinado porque piense que no es así, que todos ni la mayoría de los sectores productivos y de servicios deban estar dominados por el Estado. Esa desgracia impuesta ya se vivió en Cuba. Tampoco creo que todas las actividades humanas puedan ser reducidas a un objeto de mercado, aun invocándose la mejor calidad.

Cuba tenía, desde antes de la Revolución, un sistema de salud pública bien extendido y eficaz, con limitaciones en alcance pero muy superior a países de Latinoamérica y Europa. También tenía numerosas clínicas que no eran negocios lucrativos, sino sociedades benéficas, mutualistas, sostenidas por las modestas contribuciones de sus beneficiarios.

Después de 1959, estos servicios se extendieron, se tecnificaron. Las limitaciones, deshumanizaciones y deterioros los conoce y los sufre tanto el paciente como el trabajador de la salud. Estoy convencido de que esos defectos no son inherentes al sistema gratuito sino a la politización, a la ineficiencia del sistema socioeconómico y a las carencias impuestas por el régimen y la explotación que sufren los trabajadores de la salud.

Pienso que la mayoría del pueblo de Cuba prefiere mantener todos los servicios de salud pública gratuitos, también lo considero así; otra cosa sería un retroceso humano y social. Hasta ahora ha funcionado este sistema y el régimen lo ha presentado como una concesión y un regalo que solo es posible dentro de este sistema sin libertad, como algo que los ciudadanos deben agradecer a sus líderes, y no como un derecho que el propio pueblo hace posible al pagarlo con su trabajo y pobreza.

Los cubanos tienen toda la capacidad para mantener este sistema de salud, tratando y pagando con justicia a los médicos y a los trabajadores de la salud; mejorando su calidad en todos los sentidos y como un derecho de las personas y un servicio que sostiene la sociedad, y no como un regalo de los líderes políticos.

Todo esto conlleva una responsabilidad de la sociedad que debe conocer y decidir sobre el diseño de su sistema tributario, asignación de recursos y otros factores que hagan posible sostener este modelo de salud con calidad y desarrollarlo aún más. Es un ejemplo de uno de los campos de la vida en que nuestra sociedad debe lograr una concertación con responsabilidad y democracia.

Sobre el pueblo cubano rondan dos grandes fantasmas: uno es el miedo al régimen, a su represión, a sus tótems del terror con sus mensajes directos y subliminales concretados en su máxima de «socialismo o muerte».

El otro es el miedo al cambio. El fantasma de que los dueños originales van a volver para arrebatar sus casas a los que ahora las ocupan, la pérdida de la salud y la educación gratuitas, y el deseo de revancha.

Este último temor, fabricado sobre la ignorancia y el primer miedo, es relativo, porque el hecho es que millones de cubanos quieren irse a lugares donde imperan esos vicios abandonando el paraíso del socialismo; esta es la parte irónica de ese temor.

El gobierno mantiene una propaganda sistemática para infundir ese temor. Algo significativo es la respuesta cuando reclamamos elecciones libres, porque en este caso la respuesta de los gobernantes es que caeríamos bajo gobiernos y partidos corruptos, perderíamos todos los beneficios sociales y nos entregarían al imperialismo.

Es un concepto despótico y ofensivo de los líderes del régimen y sus psicólogos que suponen que el pueblo de Cuba no tiene sentido de lo que le conviene, ni inteligencia ni honestidad, ni amor a su patria.

Es todo lo contrario; si el pueblo de Cuba puede elegir votará por la libertad, por representantes honestos que deberán obedecer la voluntad del pueblo, tomará las decisiones más justas y convenientes para el desarrollo; seguramente defenderá y afirmará, como hombres y mujeres libres, su identidad, su cultura, su soberanía e independencia.

El escepticismo en nuestra patria se ha convertido en una enfermedad endémica. Los cubanos no creen en el cambio y constantemente se preguntan: ¿cómo y cuándo?

Refuerzan este escepticismo la represión contra la oposición y las maniobras para desprestigiarla. El éxito del régimen es presentar al gobierno de los Estados Unidos como su contraparte. También están ciertos grupos del exilio que no representan a la mayoría y tienen una imagen muy negativa en Cuba. Además de que todo en el mundo es guerra, calamidad, corrupción, hambre y hasta catástrofes naturales que no ocurren en Cuba.

Pero algo nuevo está brotando; los cubanos aún temen al futuro y están escépticos pero paradójicamente hay como un acuerdo nacional en que esto no puede seguir así y debe cambiar radicalmente. Los cubanos no creen en «esto»[16] y que «esto» tenga futuro.

Ya es hora de que los cubanos, que en definitiva deben y tienen que ser los únicos protagonistas del cambio, construyan ese cómo y cuándo. En párrafos y páginas anteriores hemos hablado de las tres dimensiones interrelacionadas del cambio:

- *La Visión.* Es decir, dónde queremos llegar. Cuál es el futuro inmediato, ya sea a mediano o corto plazo.
- *El Camino.* Descrito sintéticamente en el concepto de los derechos, camino y meta.
- *El Protagonista.* ¿Quiénes? Nosotros, todos los cubanos.

RESPONDER CÓMO INVOLUCRAR ESTAS TRES DIMENSIONES.

Algunos dirán nuevamente: «y si el gobierno no quiere»… Diremos entonces: «el pueblo sí quiere». Esta visión de los cambios buenos pueden expresarse sintéticamente aunque también ampliamente para que el pueblo tenga definido cuál es el alcance y cuáles son las metas de sus demandas.

Para poder construir un cambio pacífico, es decir, «cómo», se necesita definir con claridad la visión que se tiene sobre ese cambio. ¿Cuándo? Describir con precisión los pasos de esta visión que inequívocamente conduzcan al logro de los derechos y al ejercicio de la soberanía por parte del pueblo.

Pero, además, estos pasos pueden contribuir al aumento de la confianza por parte del ciudadano, a la pérdida de sus temores al cambio y de esta manera a su ánimo para tratar de lograrlo.

No se puede confundir el proceso de transición con el establecimiento de un orden más permanente porque entonces estaríamos hablando de democracia instantánea y negarían la necesidad de un proceso, y eso es una falacia.

---

[16] En beneficio de mis lectores cuando digo «esto» significa el gobierno, el sistema, el comunismo, la revolución y que todos en Cuba entienden muy bien cuando usamos este término. También se usa el término «esta gente» para marcar aprensión al referirse a los que gobiernan, sus dirigentes, los que reprimen.

Si decimos que debemos demandar al gobierno la libertad de expresión y de prensa estamos definiendo una meta con una demanda muy sólida. Pero es necesario incluir en la demanda y en el plan de transición cómo debe concretarse: crear una comisión integrada por los que estén en el gobierno, la oposición democrática y otros componentes de la sociedad civil con la autoridad y los medios suficientes para garantizar el derecho al acceso en igualdad de oportunidades a los medios masivos de difusión de todos los ciudadanos con sus opiniones, además de todas las instituciones existentes.

Doy esto como un ejemplo porque algunos pueden pensar que el primer paso debe ser la privatización de los medios de difusión.

Primero: es algo que debe ser decidido por el pueblo cuando pueda hacerlo. Segundo: ¿quién lo va comprar? Los millonarios del régimen, empresas extranjeras. El primer paso debe ser darle voz a los cubanos que hasta ahora no tienen voz ni medios, y darles su derecho a fundar sus propios medios de difusión.

Otro paso para concretar es cambiar el código penal y las leyes que correspondan para que se garantice este derecho a todos los ciudadanos, despenalizando la libre opinión.

Otro debe ser el libre acceso a la información nacional y extranjera y el derecho a Internet y otros medios, y la prohibición de todos los mecanismos de vigilancia y represión contra el ciudadano por expresar sus ideas y creencias. El cese del control del Partido Comunista y cuerpos represivos en escuelas, centros de trabajos, que coartan la libertad de expresión. El compromiso público de las autoridades, tribunales y militares de garantizar el derecho ciudadano a la libertad de expresión.

Y por supuesto algo que es tarea de todos: la promoción y práctica respetuosa del diálogo y la tolerancia en todos los ámbitos de la sociedad.

Si les parece muy largo y complicado, más complicado es vivir toda la vida mirando para los lados y cerrando la ventana antes de expresar su opinión.

Como ustedes ven, sin que nadie se muera y sin matar a nadie, bien sería que el gobierno los aceptara, pero sería mejor que el pueblo los reclamara hasta que el gobierno los acepte. Sabemos que no basta con este paso pero es imprescindible que los cubanos digan lo que quieren, se comuniquen y participen en el proceso de transición haciéndolo a su manera.

La libertad de asociación es un reclamo fundamental en la transición. Este derecho ya se reclama, de hecho, con la formación de grupos, movimientos políticos pacíficos y de derechos que se han formado bajo la represión ofreciendo un testimonio. No es tan difícil de concretar. La ley debe transformarse para garantizar los derechos de libre reunión y manifestación pacífica y el de libre asociación de los ciudadanos en partidos políticos, movimientos electorales, empresas privadas, sindicatos, organizaciones sociales y religiosas para los fines lícitos de la vida. Pero deberán exigirse procedimientos legales que faciliten la rápida legalización de las nuevas organizaciones, así como facilidades y ambiente de respeto al pluralismo y diversidad de ideas para que los ciudadanos y las organizaciones, espontáneamente, puedan reunirse sin control ni represión.

La transición en Cuba debe incluir la demanda del inmediato cambio en las leyes para que garanticen el derecho de todos los cubanos, incluyendo los profesionales, a salir libremente de Cuba por el tiempo que quieran, sin permiso de salida, sin que se confisquen sus viviendas ni tengan que pagar los trámites en divisas; de la misma manera, el derecho de todos los cubanos a entrar en su país sin necesidad de permiso de entrada y a vivir en él cuanto tiempo deseen, y el reconocimiento de todos los derechos ciudadanos de los cubanos que viven en el extranjero por cualquier causa.

Igualmente, el cese de la discriminación en contra de los cubanos y los privilegios de los extranjeros y el establecimiento de la ley y el respeto en la práctica del derecho para los cubanos a fundar sus propias empresas.

El paso que ha concretado los procesos de transición y que impide la desviación prematura de la verdadera democracia en muchos países ha sido el de las elecciones libres. Les remito nuevamente a los párrafos de este libro donde hablamos del tema. Considero que la demanda de elecciones libres y el logro de su realización marca un antes y un después, probablemente sin retorno, de la transición con el ascenso del pueblo al ejercicio de la soberanía.

Volvamos al tema de la confianza, elecciones libres. Para que en Cuba las elecciones sean libres debe aprobarse una nueva ley electoral que garantice verdaderamente el derecho de todos los ciudadanos a ser nominados para todos los cargos electivos directamente por los ciudadanos, y para que estos puedan elegir libre y democráticamente a sus representantes entre varios candidatos.

Como vimos, la ley electoral actual es un sistema de trampas y barreras para que los cubanos no puedan elegir libremente a sus diputados y a su gobierno.

Pero las elecciones libres las organiza una comisión electoral que tiene un peso decisivo en la limpieza y democracia o no del evento. Por lo tanto, además de la ley electoral es necesario demandar la creación de una nueva

Comisión Electoral Nacional integrada por ciudadanos propuestos por el gobierno, la oposición democrática y otros miembros de la sociedad civil.

He puesto algunos ejemplos que son propuesta para la sociedad cubana, que nos dice que el cambio es posible pacíficamente y entre cubanos.

Queda demostrado que sí hay caminos pero también algunos pasos que pudieran darse. Como dice el dicho: «una cosa es pintar la paloma y otra que tenga pico y que coma». Los cubanos nos hemos preguntado muchas veces: ¿cómo? Estoy seguro de que estas propuestas existentes pueden enriquecerse ya que tenemos la visión de adónde vamos, de cómo vamos a llegar y de quiénes somos los que tenemos que lograrlo.

Como ven, se puede construir el cambio pacífico partiendo de la realidad en que estamos y sabiendo qué pasos tenemos que dar.

Cuando en párrafos anteriores hablamos de la necesidad de abrir los espacios para los derechos estábamos fundamentando lo que sería el punto de partida de una transición o, mejor dicho, la etapa de partida, porque nada aquí va a ser un punto. A partir de ahora ya no nos enfrentaremos más con la incertidumbre que se expresa en esa cuestión: ¿cómo será?, ¿cómo hacerlo?, ¿cómo empezar?

Es algo así como el huevo o la gallina, sería un círculo vicioso y eso es falso.

En primer lugar ya esa etapa comenzó, porque ya los cambios se están produciendo en el corazón y la mente de los cubanos y esta es la esencia de los cambios. Pero describamos esta etapa preliminar con una lógica no solo realista sino justa.

Realista, porque como dijimos no se puede pretender que en la primera etapa del cambio se obtenga lo que debemos tener como resultado de esos cambios. Si usted tiene como tarea y desafío subir una montaña, usted no puede levantar la bandera de la victoria, abrir la botella de champán cuando aún no ha dado el primer paso, uno, por ser ridículo y otro, porque ya no podrá subir la montaña. Si importante es saber lo que usted va a hacer al otro lado del río y entender por qué quiere construir el puente, importante es saber cómo construir el puente y hacerlo.

Realismo y justicia significa que el cambio lo vamos a realizar nosotros mismos en compañía de todos aquellos que quieran hacerlo junto a nosotros. No podemos decir que este es nuestro gobierno o nuestro sistema político porque nos lo impusieron. Y eso es lo que tenemos que cambiar.

Pero sí tenemos que decir que este es nuestro pueblo, nuestra sociedad, que todos somos Cuba y esto es lo que tenemos ahora.

La etapa preliminar de la transición debe estar muy bien definida y concretarse en las demandas y en los primeros pasos que se den. Hay que reiterar hasta que todos los ciudadanos sean conscientes, entiéndanlo o no, que los primeros pasos deben consistir en eliminar las prácticas y leyes represivas y en establecer leyes y en propiciar un ambiente que garantice el respeto a las personas, la no violencia, que no haya descontrol de ningún recurso, que los servicios básicos sigan funcionando e, inequívocamente, los derechos a la libertad de expresión y asociación, el acceso a los medios de difusión y el diálogo sereno dentro de la sociedad y entre los ciudadanos y los que gobiernen en ese momento.

Comprendan en cómo insistimos en la no violencia y los derechos, pero no en la privatización y reparto de bienes y recursos mientras el pueblo no tenga conocimiento y pueda tomar decisiones sobre las riquezas y recursos en general y sobre la configuración de la economía durante esta etapa de la transición.

Por lo tanto en esta etapa preliminar y desde antes debe haber una clara perspectiva de los pasos posteriores, es decir, de la visión del cambio en su conjunto, además de la apertura a los derechos mientras se preparan las elecciones y ciertos cambios en las estructuras e instituciones que garanticen la participación de la sociedad civil desde el principio para el diseño de los pasos siguientes.

Nos detenemos para afirmar que estos pasos deben ir dirigidos inequívocamente a garantizar todos los derechos de los ciudadanos y entregar el poder al pueblo soberano. Esto se concreta además con otros cambios con las insustituibles e imprescindibles elecciones libres, pluralistas y democráticas.

Volvemos a la etapa preliminar; para evitar la antilógica del huevo o la gallina es necesario que antes de las elecciones se forme una comisión ciudadana por las autoridades que gobiernan y miembros de la oposición y de la sociedad civil, de esto ya hablamos en páginas anteriores. Así debe ocurrir en esta etapa preliminar en diversos campos de la vida, no para distribuir poder y beneficios sino para garantizar que la primera etapa en la que los ciudadanos deben tomar el control del Estado y el proceso se haga transparente, cívica, ordenadamente, sin exclusiones y con procedimientos democráticos.

Mientras, gracias a estas comisiones se garantizará que ningún grupo o individuo se adueñe de lo que no debe, oculte o destruya información, tome venganza o represalias contra otros; tome decisiones que involucren y afecten recursos importantes o paralice servicios importantes y vitales para el pueblo.

Comprenda que en esta misma etapa se preparan las elecciones con las que no termina la transición, porque el pueblo tendrá un instrumento democrático para decidir sobre las leyes.

Por lo tanto, en esta etapa esas elecciones deben ser preparadas por esa comisión pluralista que no excluye a ningún sector de la sociedad. Esto garantizará, transparencia, confianza y una nueva experiencia de trabajar unidos por el bien común. Es preferible que todo esto se realice sin romper el orden y la institucionalidad. No porque el orden actual sea legítimo sino para evitar vacíos que traigan males mayores pasando el poder a manos inescrupulosas, ya sean internas o externas.

El proceso que describimos y por el que trabajamos tiene como meta, una vez más, que el propio pueblo pueda conducirla pacíficamente y democráticamente hasta tener el poder soberano.

Si algo hace el pájaro cuando usted abre la puerta de la jaula es volar y hace bien porque para eso es libre. Si algo harán los cubanos en la medida que tengan derechos y libertad, inmediatamente, será expresar sus sentimientos, querer viajar, comprar y vender, trabajar y exigir mejores salarios y construir.

Podrán hacer su propio proyecto de vida, eso será hermoso y necesario. El mayor impulso que se le dará al desarrollo en todos los ámbitos, al mejoramiento de la sociedad cubana. Pero para esto los cubanos debemos ser realistas y justos. Justos porque la mayoría no tiene derecho a nuevas oportunidades y realistas porque esas oportunidades, aunque existan los espacios, no generarán oportunidades con solo desearlo.

Cuba nace a la transición con una muchedumbre de familias que viven en la pobreza y la marginalidad, muchos desempleados, una gran población penal y otros factores sociales y humanos que si tratara de describirlos no alcanzaría un solo libro.

Por otra parte existen una enorme cantidad de empresas mixtas y extranjeras y de proyectos de desarrollo que la ciudadanía desconoce y no controla, muchos de ellos vinculados al sistema de corrupción institucionalizada y de privilegios del régimen. Una parte de la realidad que no debemos permitir que nos aplaste.

La dimensión económica de la etapa preliminar debe estar envuelta y decidida por la dimensión de la democratización de dicha etapa. No se puede parar el país, ni la producción agrícola, ni los bancos ni hospitales. Nadie puede vender o comprar lo que pertenece al pueblo legítimamente. No es posible y no se permitirá la privatización desenfrenada que solo puede concentrar poder económico en pequeños grupos nacionales o extranjeros apoyándose en la desventaja y el desconocimiento del pueblo.

El concepto que para algunos hombres de negocios puede parecer muy práctico y que dice «al que le tocó, le tocó» o *business is business*, además de que es éticamente inaceptable sería una «macroestafa» contra la mayoría pobre.

Por eso, en esta etapa proponemos, tal como debe haber una nueva comisión electoral, otra para la salud, los medios de difusión y las dimensiones de la sociedad. Nos atrevemos a sugerir su nombre en el caso de la economía, algo así como una Comisión Nacional de Control y Fiscalización de Actividades Económicas. Esta comisión pluralista va velar por el mantenimiento de todos los servicios útiles y de producción para la sociedad, y la armonización con la apertura a la libertad económica garantizando el derecho de los cubanos a las iniciativas privadas, el comercio, los derechos de los trabajadores y jubilados de un salario justo y el de poder protestar mediante la huelga.

Mientras tanto, la sociedad estará ascendiendo a las estructuras del poder, estará comiendo, estará viajando y estará en diálogo mirando su futuro inmediato.

En esta misma etapa se tomarán decisiones que ofrezcan tierras, créditos y oportunidades. Pero cambios más profundos en materia económica, así como decisiones para explotar, con mayor beneficio para el pueblo y con su control soberano, importantes industrias y recursos naturales, deberán tomarse después de las elecciones, con pleno conocimiento, responsabilidad y determinación de los ciudadanos a través de sus representantes.

Nadie puede dudar que el pueblo no sea tonto ni va a tomar decisiones que lo despoje de sus riquezas y recursos o de sus beneficios. Eso puede ocurrir bajo un sistema sin democracia. Si la democracia es verdadera construye la justicia.

Continuemos. En el campo económico esta Comisión Nacional de Control y Fiscalización de Actividades Económicas puede auxiliarse de la Oficina Nacional de Orientación y Registro de Actividades Económicas, que tendría la misión de conocer y registrar todas las propiedades, cuentas bancarias y bienes que poseen en Cuba y en el extranjero personas naturales y jurídicas asentadas en Cuba.

Dicho con toda claridad, cualquier concepto de odio hacia la persona envenena la sociedad y por eso lo rechazamos, por eso hacemos un alto para pensar en lo siguiente: en Cuba antes de 1959 todas las industrias, los hoteles, las tierras productivas, los comercios, los pequeños y grandes negocios y hasta los puestos de limpiabotas estaban en gran mayoría en manos de cubanos; había personas muy ricas con grandes propiedades, pero muchos de estos negocios y empresas productivas de todo tipo estaban en manos del pueblo con una amplia distribución. A todos se les quitó todo.

Y todos, hasta los sacrificados compañeros dirigentes, se convirtieron en asalariados del Estado hasta hace pocos años, que se han permitido licencias de trabajos por cuenta propia. Siempre me ha parecido un ultraje a los pueblos que un alto jefe de la KGB o del PCUS en Rusia amaneciera dueño de un hotel o de un pozo de petróleo después de haber «trabajado tanto por el pueblo», ahorrando con su salario.

¿Cómo lo están haciendo aquí? Ni siquiera lo sabemos. La desinformación, la negación de las expectativas para el pueblo es un signo del despotismo sostenido.

Esta comisión tendrá la ineludible misión de recibir las declaraciones o el registro que deberán hacer todos los cubanos que posean propiedades, negocios, dinero, desarrollados o adquiridos a partir de cargos, funciones o relaciones dentro del sistema de poder establecido en Cuba, sean legales o ilegales.

Si el Estado quitó todo a todos, difícilmente será aceptar un compañero dueño que por obra de un falso cambio se haya convertido en un nuevo rico o que ya lo sea desde hace muchos años como parte del sistema de corrupción institucionalizada imperante. Si el pueblo de Cuba no inicia un proceso en que todos sus recursos y bienes, estén en las manos que estén, se pongan en función de la sociedad, se recuperen como propiedad del pueblo, la transición solo abriría una etapa de desigualdad y de sentencia de pobreza a la mayoría bajo el ropaje de una falsa democracia.

Como vimos, el socialismo y el comunismo es la antítesis de la democracia económica porque el poder y el control sobre los bienes recaen sobre un pequeño grupo que también recibe sus enormes privilegios y los derrama en su propia esfera de poder.

Este proceso de democratización económica tiene que ser parte de la transición, que implique la recuperación para el Estado de todos los bienes recursos y finanzas que estén ilegítimamente en otras manos. Un proceso de consulta con los trabajadores y los ciudadanos para poner en manos privadas determinadas industrias y los servicios de manera que representen estímulos para la iniciativa privada, un beneficio para los trabajadores y una entrada de recursos para el Estado, aumentando su capacidad para cumplir sus obligaciones, manteniendo la gratuidad en la salud y la educación y otras necesidades.

Un asunto que deberá decidir responsablemente toda la sociedad es la forma de indemnizar y compensar a tantas familias. Esto es complejo y no puede paralizar ni impedir la transición, porque la mayoría de esos antiguos propietarios son cubanos y víctimas de este régimen. No se puede resolver este problema con otra injusticia, no se puede desalojar de su casa ni pedirle indemnización a ninguna familia a la que el Estado le haya dado una vivienda.

El gobierno de Fidel Castro le quitó todo a todos, una verdadera aberración; ni el Estado democrático naciente tendría que pagar por todo, hasta el último de los pequeños negocios o propiedades incautadas, porque no habría entonces ni para pagar a los bomberos. Sería una democracia naciente en quiebra y empeñada con el mundo. Irónicamente el pueblo de Cuba tendría que seguir sufriendo indefinidamente el mal que le hizo el comunismo al enfrentar a unas víctimas con otras, enfrentándose los unos a los otros.

El primer desafío del pueblo en el campo económico y social está en no paralizarse, en continuar brindando los servicios básicos a los cubanos, en recuperar la mayor cantidad de bienes y recursos sustraídos del bien público; en no endeudarse, en garantizar el sustento de todos, en potenciar la iniciativa privada especialmente entre los cubanos con el correspondiente crecimiento económico, que seguro dentro de este marco de apertura económica y humanista será rápido, consistente y sostenible. Esto será posible por el perdón, la generosidad y el amor de todos los cubanos.

Muy probablemente la sociedad cubana encontrará mecanismos para compensar o indemnizar a los dañados, inclusive convirtiendo este mecanismo en un instrumento de desarrollo.

UN CAMBIO QUE YA COMENZÓ

Lo esperanzador es que la sociedad y especialmente los jóvenes ya van pensando y actuando cada vez más, como quien rompe con ese condicionamiento negativo, y rechazan en sus vidas toda esta herencia no deseada de miedo, odio y negación de la libertad interior. Se manifiesta así una coherencia liberadora que mientras apunta a superar el régimen totalitario actual comienza a desintoxicarse de más de cinco décadas de totalitarismo.

Por supuesto que esto es un proceso y no un fenómeno instantáneo ya completado. Puede ser un indicio muy positivo para el futuro de Cuba y un mensaje para que el mundo entienda que el pueblo de Cuba sí está haciendo su propio camino de liberación, con una profundidad y un alcance humanista que no se puede reducir a los indicadores con que generalmente se evalúan los acontecimientos de cambios políticos. Es como si el pueblo comenzara a rescatarse a sí mismo.

INTRODUCCIÓN A LA ETAPA CONSTITUCIONAL O LA ETAPA EN SÍ MISMA

El pueblo de Cuba ha vivido todos estos años sufriendo como ningún otro pueblo la relativización de sus derechos. De cualquier parte surge alguien que se cree autorizado a preguntar si los cubanos están preparados para la democracia o si los cambios en Cuba no traerían calamidades como las que han vivido América Latina y otras regiones.

Por otra parte hay un amplio sector que habla con un sentido reaccionario o racista afirmando que los cubanos tienen la salud y la educación gratuitas, algo que no tienen otros países. Algo así como: «bastante tienen, para ustedes, está bien siendo latinos».

Es como si los conceptos de democracia, libertades civiles, derechos humanos fueran solo para otros pueblos. Otros tratan de reinventar a Cuba, no es bueno hacer comparaciones en el orden económico y en otros parámetros sociales como es la educación; dos o tres países en América Latina se acercaban a Cuba y en ciertos indicadores, como puede ser la tenencia de equipos electrodomésticos, Cuba estaba entre los primeros en el mundo renglón por renglón.

También desconocen que el sistema democrático en Cuba, por así decir, el funcionamiento de la democracia en cuanto a logros y defectos no era mejor ni peor que muchas democracias clásicas en Europa y el resto del mundo, y el que esté libre de pecado que lance la primera piedra.

No creo que en cuanto a los espacios de libertad de vivir las personas, hubiese muchos países que pudieran darnos lecciones en los años 40, cuando nuestra joven república con todos sus defectos podía exhibir cátedra en materia jurídica y de derechos. Fue entonces cuando se elaboró y aprobó democráticamente una Constitución con la que no contaban ni cuentan aún muchos estados.

Cuba tiene tradición, con pensadores como Varela, José de la Luz y Caballero, Céspedes, Martí, Mañach, historia y verdadera cátedra de pensamiento cívico. Cuba tiene esa reserva y todo ese tesoro, porque no lo ha perdido, porque tiene los sueños, la determinación y la capacidad para construir su sistema democrático.

El haber vivido por seis décadas sin democracia no ha anulado en los cubanos su sueño de libertad y anhelo de construir una sociedad mejor. Converge en este momento de la historia todo el legado histórico con sus luces y sus sombras, la experiencia de la resistencia del ser humano durante todo este tiempo, en este duelo tan desigual entre el poder totalitario y el espíritu de libertad de los hombres. La victoria fue del espíritu, ganaron los cubanos, ganó Cuba.

Pero aún hay muchas preguntas y no pocas incertidumbres sobre el futuro, porque el totalitarismo pretende abarcarlo y someterlo todo. Por eso la transición en Cuba es, en esencia y en cada dimensión de la vida, *liberación*.

La esperanza de ese futuro mejor es parte de la liberación que comienza ahora, es como una realimentación positiva. La visión de ese futuro de democracia y justicia se va convirtiendo en impulso para lograr esa meta. No es una utopía, no es una quimera, si los cubanos creen en ella será porque podemos lograrla y lograrla es construirla. Pero esto último es pensar, programar, colegiar o consensuar, y también trabajar y luchar, que es lo que estamos haciendo los cubanos ahora.

La visión del futuro contiene la visión del cambio, por eso ha sido tan importante poner sobre la mesa este plan o propuesta con la definición de una etapa preliminar. Como ustedes han visto de nuestra lucha por el cambio, de la participación de todos los cubanos, con que logremos los derechos para los ciudadanos y el ascenso del pueblo al ejercicio de la soberanía depende el resto de la transición y el futuro de Cuba.

Habrá un momento de la transición en que los cubanos decidan redactar una nueva constitución y comenzar a desarrollar un proyecto nacional de manera consistente y estable para una etapa más larga. Como hemos dicho, el país no se puede detener mientras la sociedad se prepara y madura para esta etapa. Han observado que la etapa preliminar hace reales muchos pasos de la transición, pero también prepara este proceso constituyente de manera que sea verdaderamente democrático, pluralista, en que los cubanos podamos verter todos nuestros valores y virtudes, potenciar nuestras capacidades creando una sociedad más justa y humana.

Muchos preferirían que presentáramos un modelo económico, hasta una propuesta de constitución que ya nuestro movimiento elaboró a modo de propuesta de visión de cambio. Es lógico y enriquecedor que en esa etapa preliminar de la transición los partidos políticos, organizaciones cívicas y otras instituciones y los ciudadanos en grupos o individualmente presenten propuestas con ideas y hasta con programas completos. De este proceso debe salir lo mejor. Quizás cuando se lea este libro ya esté en marcha ese proceso o los cubanos ya estén disfrutando de una nueva constitución.

Pero es posible que todavía estemos en plena lucha para alcanzarlo y este es el tiempo en que lo escribo. Prefiero anunciar la esperanza y poner la reflexión de nuestra historia en donde la mía es una opinión más.

Esta especie de auto-terapia para reconocer cómo nos han dañado, no para odiar ni vengarnos sino para sanarnos y seguir adelante, creo que en estos momentos en que termino este libro, respetando la fecha en que usted lo esté leyendo, estamos viviendo una etapa privilegiada llena de peligros pero también del despertar a una nueva etapa de un pueblo, y eso es siempre un privilegio.

Repito, con permiso del lector, que escribo esto con la confianza y convicción de que muy pronto el pueblo cubano estará ya en plena etapa a la que he llamado «preliminar» que será sin duda la más emocionante y vibrante, porque es donde se rompen los cristales y barreras de la pecera. Una etapa en la que se descubre la nueva vida y se siente plenamente esa libertad que Dios nos da y nadie nos puede quitar.

En definitiva, Cuba ya está en marcha por el camino de liberación. Si usted lee esto dentro de algún tiempo, conozca cómo soñamos y la fe que tuvimos en la libertad cuando aún no éramos libres, pero si todavía está a tiempo, ande con nosotros.

SOLIDARIDAD Y LIBERACIÓN

La liberación pasa por la toma de conciencia de esta realidad, y por el descubrimiento de que ese «luchar» es solo sobrevivir y no siempre de la manera más digna, aun si se logra ascender en esa escala de injusticia.

Hay un luchar que significa solidaridad en el reclamo de los derechos para todos de forma pacífica. Ese es el despertar a la esperanza de que la vida puede cambiar, de que la vida puede ser de otra manera y de que nosotros mismos podemos lograrlo. Se requiere entonces un paso de calidad y un levantar la mirada para dejar de «luchar» por sobrevivir y empezar a luchar por una vida mejor, lo que significa poner como meta los derechos para todos.

Contra el pueblo de Cuba se desatan muchas maniobras para mantenerle aplastado, sometido por el miedo y sin esperanza. Un recurso de esta maniobra es la doctrina, por lo demás humillante, reaccionaria y racista, que supone que a los cubanos no les interesan la libertad y los derechos, como si estos fueran valores para otros pueblos supuestamente superiores. Algunos dicen: a los cubanos no les interesan los derechos políticos y la democracia, sino vivir mejor. Eso es un ultraje a nuestra dignidad y una droga maligna.

Este veneno alienante pretende ocultar que la negación de los derechos civiles y políticos es la causa de que la mayoría de los cubanos vivan en la pobreza, sin oportunidades de superarse, lanzándose al mar, sin poder viajar libremente; donde la vida de trabajo de padres, hijos y nietos no es suficiente para llegar a adquirir una casita humilde y tengan que vivir hacinados en una habitación; donde ser trabajador, médico o ingeniero es ser pobre y ser jubilado es convertirse en indigente. Esa situación de opresión y miseria solo se supera con la libertad, los derechos y la democracia. Eso es liberación.

Como nos enseña la historia, la lucha por los derechos no se concreta si no es en la solidaridad. La historia de todos los pueblos que han superado una situación de opresión no habla nunca de la lucha por la supervivencia de cada cual mirando sus propios intereses, sino del reclamo de una mayoría demandando los derechos y la libertad para todos, sin odio de clases ni odio de ninguna clase.

Siempre consideré emblemático que el signo del movimiento de los trabajadores polacos en la lucha por la libertad de todo el pueblo fuera precisamente *Solidaridad.*

OTRO PELIGRO, LOS FUNDAMENTALISMOS

La Fe se hace cultura, pero el pecado también puede hacerse cultura. El Evangelio nos trae un mensaje que rechaza los fundamentalismos. El Humanismo Cristiano parte de que todos somos hijos de Dios y por eso todos somos hermanos y la primera ley es la del amor, la de la caridad. Parece elemental y es básico. Pero ni siquiera esta convicción se puede imponer, ni a partir de ella se puede excluir a nadie, porque ya se estaría negando su propio principio, su propio espíritu.

El fundamentalismo rechaza a los que cree malos porque no son o no piensan igual, y los sentencia. El mensaje cristiano lleva un mensaje de amor y libera a la persona por encima de todo prejuicio. Nadie está excluido, cualquiera sea su raza, su religión, su historia o región. Todo ser humano es mi hermano a quien, además, le respeto su libertad, aun si no me considera su hermano y si no es religioso o piensa y actúa diferente. La fe cristiana rechaza el pecado y no al pecador, ahí está la esencia. Con humildad, porque todos somos pecadores. Pero de ninguna manera estamos hablando de un poder cristiano que no buscamos ni de las iglesias. Estamos hablando de un servicio. Mejor que hablar del poder, hay que hablar de los cargos públicos que siempre deben ser fruto de la elección democrática. Quien quiera que los ejerza debe hacerlo como servicio cualquiera sean sus creencias o ideas. Por eso el Estado debe ser no confesional y esto sirve para las religiones y las ideologías.

Cuando al que no es revolucionario se le dice gusano, se le está despojando de su condición humana. Eso es fundamentalismo.

Decimos ¡cuidado! con los fundamentalismos ideológicos, religiosos, étnicos, raciales, políticos. Hay hasta un fundamentalismo mercantil donde todo es mirado a través del mercado y todo toma valor a partir de sus reglas. Algo vale si se puede vender y comprar, y lo que no entre por ahí queda fuera de la vida. Eso es deshumanizante. O un fundamentalismo secular, que es más sutil que la persecución religiosa, que pretende expulsar a Dios de la vida. Hay quien siente el complejo frente a este secularismo y llega a aceptar el silenciamiento del nombre de Dios y de los valores de nuestra Fe. Este fundamentalismo secular es muy poderoso y opresivo y presenta a la vida desde la Fe y a sus expresiones como de algo de «mal gusto». Cuidado, una cosa es no imponer y otra negar nuestro derecho a expresarnos, seamos o no religiosos.

UN PROYECTO DE FUTURO, DE DEMOCRACIA, DE JUSTICIA, DE UNIDAD EN LA LIBERTAD Y LA DIVERSIDAD, COMO CAMINO A LA FRATERNIDAD

Aunque existen diferencias en matices culturales y religiosos, no somos una sociedad dividida en razas. Algunos hablan de lo afrocubano o del arte afrocubano, eso es una desviación. En Cuba hay cubanos blancos, negros y mestizos, pero *todos cubanos*. Es artificial y disociador sembrar diferencias y calificaciones, como lo han hecho contra cubanos de diversas regiones, calificándolos despectivamente como palestinos. Todos somos cubanos y tenemos derecho a vivir en cualquier zona de nuestro país, como lo define el Proyecto Heredia.

Cualquier maniobra que trate de enfrentar a unos cubanos contra otros por motivos raciales, regionales, religiosos y políticos estará atentando contra nuestra identidad y contra nuestra integridad como Nación y contra la paz entre los cubanos. La unidad forzada por el régimen no es legítima porque es la unidad por las cadenas. La unidad se logra auténticamente en la libertad y el respeto a la diversidad.

Cuba está en crisis, la escuela está en crisis, la sociedad, la familia, el gobierno y las iglesias cubanas están en crisis. Crisis es necesidad de cambios. Cambios, cada cual como le correspondan para hacer lo más justo y cumplir con su vocación. Cambios entre todos unidos en la libertad, la diversidad y la fraternidad. Así se logra la verdadera igualdad, que no es la uniformidad sino la igualdad de derechos, respetando y atendiendo la diversidad, y también atendiendo las particularidades y las personas que estén en desventaja por alguna enfermedad o incapacidad. Lo grave de la sociedad y del gobierno en la actualidad no es la crisis, sino la negativa de este último a los cambios.

El proceso de liberación ya ha comenzado en Cuba precisamente desde la comprensión humana, desde la caridad, desde la búsqueda del prójimo con sinceridad. Ahora la gente sí se comunica y han descubierto que los que queremos cambios somos mayoría, somos el pueblo. Ya es un proceso irreversible y es una fuerza liberadora. Definitiva porque dará el fruto de la solidaridad y de la unidad para la libertad.

Este proceso es el que Cuba necesita y lo que este momento histórico demanda. Hablar de ese futuro inmediato desde la situación actual de la sociedad cubana obliga a hablar de cambios y de transición pacífica. Esa etapa de cambios debe ser diseñada por los cubanos. Así superaremos el peligro de que el futuro sea determinado por otros intereses contrarios al pueblo o por un azar descontrolado y potencialmente violento.

La orientación de la sociedad cubana en el futuro inmediato depende de la forma en que realicemos los cambios, en que superemos y terminemos esta etapa para comenzar la próxima.

La participación de los cubanos del exilio será seguramente enriquecedora en el cambio y en el futuro, ya que muchos han conservado nuestros valores culturales, patrióticos y espirituales. Además tienen todo el derecho por su condición de ciudadanos cubanos, al igual que sus hijos nacidos en el exterior. Solo debe recordarse que el proyecto es para Cuba, para la sociedad cubana, para nuestra realidad y tiene aquí, en Cuba, sus caminos y sus objetivos propios.

El cambio tiene que incluir la liberación de la mujer y la superación de todo trato discriminatorio, excluyente, restrictivo, de explotación, cosificación, de todo uso y abuso de la mujer. Su liberación es también el ejercicio de todos sus derechos como persona con respeto a su dignidad, la participación en la sociedad y en la familia, pero no como esclava. No negando su condición especial, su belleza y su capacidad para ser madre, sino dignificándolas.

Igualmente hay que considerar al anciano y al niño debido a las injusticias históricas que aún se mantienen en nuestra sociedad sobre estas personas. Los niños no solo son los hombres y las mujeres del futuro, son ya, desde su concepción, seres humanos con todos los derechos y con el derecho primero que es el de nacer, vivir y ser amado. Vivir en familia y tener un hombre por papá y una mujer por mamá, unidos por el amor y que lo amen. Eso es lo justo porque es lo humano y lo natural y es también la fuente de la felicidad.

La democracia, si es real, debe ser capaz de construir la justicia. En Cuba tenemos que lograr ambas cosas y lo lograremos.

EPÍLOGO. HAY QUE SOÑAR

La toma de conciencia, por parte de los cubanos, sobre las raíces o las causas de sus desventajas y sobre las desventajas mismas, es una necesidad para poder superarlas. El solo conocimiento y comprensión de este conjunto ya es un paso de avance, inmenso en el proceso de liberación personal y comunitaria.

Algunos pueden decir que los más jóvenes no vivieron muchas de las realidades que se describen y analizan aquí. Falso. No la vivieron pero la están sufriendo por el alcance que han tenido esos daños al tiempo de hoy y sobre todo porque en esencia no ha habido cambios profundos. La cultura del miedo sigue presente, los cubanos seguimos viviendo en esa pecera donde los dominadores disponen de la vida de los peces y contaminan el agua según sus preferencias. Y esta galera sigue siendo conducida por un rumbo desconocido para la mayoría. Los jóvenes no pueden vivir su propio tiempo con libertad y decidiendo sobre sí mismos. La vida sigue encadenada al sistema de restricciones, prohibiciones, represión y miedo que les pone en desventaja en todos los aspectos y les condena a la pobreza. Ninguna persona, joven o vieja, puede hacerse su propio proyecto de vida, ni siquiera corriendo riesgos. Porque el régimen mantiene cerradas las puertas del futuro y sumergiendo en «la imposibilidad a los seres humanos».

Esta autoterapia es necesaria comenzando por el conocimiento, o mejor por la toma de conciencia, de la injusticia de muchos aspectos de la realidad.

Ya ni siquiera hay conciencia de lo que no se puede hacer, de lo que está prohibido, porque siempre ha sido así. Cuando se dice no se puede hacer esto, no se puede hacer aquello, hay que preguntarse: ¿por qué? Esto es crucial. En este momento cuestionar el estatus de no libertad y no derechos que genera y sostiene el estatus de pobre, de no justicia y de no aspiraciones. Por ejemplo la nueva ley de la vivienda, la que el gobierno concibe

228

como avance y como cambio que quedaría por muchos años. Esta ley establece que en caso de salida definitiva el Estado confisca la vivienda para…, después dice que puede ser trasmitida a un familiar cercano. Muchos lo han visto como una ventaja, como una concesión del generoso Estado. Pero hay que preguntarse: ¿por qué salida definitiva? ¿Y por qué confiscación? ¿Qué es eso de salida definitiva? Eso es destierro.

¿Por qué un médico, un enfermero tiene que esperar al menos cinco años para salir del país? Y en los momentos en que se escribe este libro ni aun así, ni aun después de los cinco años de castigo, el gobierno les está otorgando la salida a muchos.

¿Por qué hay que pedir permiso de salida? ¿Por qué un cubano no puede salir, cerrar su casa, ir a donde quiera o pueda y regresar cuando quiera a su propio país, sin que tenga que perderlo todo o sin que tenga que pagar impuestos que son un verdadero rescate?

Pero cuidado, si bien salir y entrar libremente a su propio país es lo que distingue un país libre de una cárcel y al emigrante del desterrado, este no es el único derecho, ni siquiera el fundamental. Este derecho es como todos los demás, sagrado y humano, no debe relativizarse y menos estar suprimido. Pero en Cuba toma una gran connotación humana, social y política, debido a la muchedumbre de cubanos que sufren el destierro y no pueden regresar a vivir en su país y que claramente no quieren regresar porque nadie regresa a vivir en la cárcel, aunque la cárcel sea su hogar, no porque fuera siempre cárcel sino porque la Patria fue capturada y convertida en cárcel. Es esa mezcla de sentimientos que añora el hogar, que es la patria, pero lógicamente rechaza el estado de cautiverio en que se vive. Además, la connotación de la ausencia de derecho a la movilidad, a salir libremente, se explica por el propio estado de limitaciones, prohibiciones y la imposibilidad para la mayoría sentenciada a la eterna pobreza de probar suerte y construirse un futuro próspero, porque entonces la gente lo que quiere es irse.

Irse para donde sea y como sea. El miedo es tremendo y algunos dicen: «yo me voy por motivos económicos, así el régimen no se enfada»; es parte de la indefensión. Pero si es así, ¿por qué tienes que hacerlo perdiendo tus bienes y con salida definitiva? ¿Por qué te castigan y puedes pensar también que todo ser humano tiene el derecho de salir, levantarse económicamente y regresar y tú no? Sabes que en tu propio país no tienes ni oportunidad ni posibilidad, mientras que una minoría privilegiada lo tiene todo. Es verdad que te vas por motivos económicos, pero esos motivos tienen una causa política. Además, algunos y no pocos de los que logran hacerse de dinero y tienen mejores recursos y hasta privilegios también escapan. ¿Por qué?

Si humano es levantar la mirada hacia el horizonte y soñar con una vida mejor en otras tierras, mucho más es mirar hacia dentro, y no es un reproche a los que han salido, porque es su derecho y son víctimas del estado de país cárcel a que está sometida Cuba. Pero tanto esos que son parte inseparable de este pueblo como los que estamos dentro, debemos tomar conciencia de que el cambio es posible. El escepticismo es un instrumento sembrado por el régimen junto con su cultura del miedo para que la gente diga: no hay nada que hacer. Ese es el síndrome de la desesperanza que hunde cada vez más a los individuos y al pueblo. Muchos de los que nos critican desfiguran nuestro planteamiento y mienten cuando dicen: ustedes proponen cambios, pero ¿tú crees que Fidel y Raúl y el régimen los van a aceptar? Ellos no quieren. Claro está que no quieren, pero los cubanos son los que tienen que querer esos cambios y reclamarlos cívicamente o no serán libres nunca.

Ya es hora de mirar hacia dentro y, además, de preguntarse: ¿cómo salir de la cárcel? ¿Por qué mi país tiene que seguir siendo cárcel?, y ¿cómo cambiar este estatus de no derechos aquí dentro y devolver la condición de patria y hogar libre para todos y con derechos?

Así, aunque tuviera derecho a viajar libremente, no tendría que irme definitivamente, ya no me arrancarían el corazón con que vivo.

Lo que ocurre es que se ha hecho normal vivir con tantas restricciones y prohibiciones, con miedo y simulando, mientras una jerarquía vive como ricos y dispone de la vida de millones de seres humanos. Entonces este estado de normalidad que ha hecho a los cubanos normalmente infelices, nos llama a preguntarnos también: ¿Por qué no puedo viajar libremente? ¿Por qué tengo que salir de mi país para vivir mejor? ¿Por qué los cubanos no pueden establecerse en cualquier lugar de Cuba y son deportados a sus provincias? ¿Por qué tanta pobreza que obliga a los cubanos a emigrar dentro de su propio país? ¿Por qué el partido dando órdenes o hablando en cada escuela, en cada centro de trabajo y decidiendo en la sociedad? ¿Por qué un solo partido? ¿Por qué una sola persona habla y nadie le responde en la Asamblea Nacional y todos los que están ahí apoyan? ¿Por qué esos diputados no proponen alternativas de libertad y derechos políticos, sabiendo que los cubanos quieren y necesitan una nueva vida?

El gobierno no puede responder a estas preguntas con la verdad, este libro sí, aunque usted seguramente enriquecerá y mejorará esta respuesta.

Ya tenemos nuestra explicación de dónde estamos, de cómo hemos llegado aquí a este estado, y cómo ha afectado y sigue condicionando al pueblo cubano esta cultura del miedo con todo el daño antropológico que hace vivir en la pecera. Pero también tenemos conciencia de la resistencia que ha plantado durante décadas el pueblo cubano, y por eso el fracaso del comunismo aquí, en nuestra patria. Y tenemos conciencia de las capacidades y potencialidades que tenemos los cubanos para construir una sociedad próspera, justa y libre. Pero también tenemos conciencia de que podemos liberarnos, de que hay caminos de cambio. No hay por qué preguntarse por qué seguimos soportándolo sino no soportarlo más.

Muchos preguntan por qué los cubanos no salen a las calles a protestar. Ya algunos salen, como las Damas de Blanco, en algunos pueblos y ciudades con un testimonio de valor, aunque sin demandas políticas concretas, pero sí desafiando el miedo. Quizás esa sea la mayor demanda política pues es el miedo la más opresiva carga que tiene el pueblo cubano. Son admiradas pero no seguidas.

Vuelve la recomendación de muchos fuera de Cuba que dicen: «lo que hay es que sacar a los Castro del poder». Y aquí les responden: «eso mismo, vengan a hacerlo». Pero esa discusión no tiene final porque no tiene principio. El protagonista del cambio en Cuba es el pueblo cubano. Siempre he dicho que al pueblo de Cuba nadie con ninguna arenga o exhortación, y ni siquiera con el ejemplo, lo saca a la calle. Pero el pueblo de Cuba cuando salga a la calle lo hará por sí mismo, a su manera, y entonces nadie lo meterá en sus casas. Eso debería tenerlo en cuenta todo el que trata de empujar a los cubanos a tomar una decisión. Todos los cubanos sabemos que a los cubanos no nos gusta que nadie nos empuje por la espalda, ni siquiera que nos toquen cuando hay que dar un paso audaz o riesgoso. Pero también el gobierno debe tener lo dicho en el párrafo anterior muy en cuenta: «cuando salga a la calle, al pueblo de Cuba nadie lo meterá en sus casas».

En Cuba hay mucha gente que vive mal, muy mal, con mucha pobreza y pasando penurias día a día. Y así vivieron sus padres y sus abuelos, y la vida entera no les ha alcanzado para progresar porque no está eso entre las posibilidades. Tratan a los cubanos como siervos, cuya condición no les permite ese progreso porque no está en el programa de los amos.

Algunos dicen o querrán decir que estoy abogando por la confrontación y es todo lo contrario; estoy abogando por el fin de una confrontación donde el pueblo ha sido golpeado constantemente. Y es importante que la confrontación no sea superada ni tenga que ser superada con otra confrontación, pues ya saben lo que pienso de las confrontaciones, inclusive si se llaman revoluciones, y a dónde han conducido al pueblo cubano. Lo reaccionario no es estar contra la violencia, lo reaccionario es la violencia en la que los pueblos ponen la sangre y suben al poder a otros tiranos. No hemos visto otra cosa. Como vimos, ningún movimiento violento en la historia de Cuba ha conducido a que el pueblo tome verdaderamente el poder, porque el poder del pueblo solo es verdadero si hay democracia, pluralismo, si se respetan los derechos de todos y si no se excluye a nadie, ni a mayorías, ni a minorías, ni a individuos. Pero también la democracia es verdadera si ese poder de la mayoría puede construir la justicia, el bienestar para todos, y todos somos la mayoría, que hará un plebiscito. Por cierto, ya es hora de que el pueblo de Cuba pueda expresarse en plebiscitos, referendos y elecciones libres con todas las garantías democráticas. No solo es lo justo, sino que comenzaría la etapa del ejercicio de la soberanía popular y nos libraríamos de muchas mentiras y palabrerías de los que quieren hablar por el pueblo cubano mientras el pueblo no tiene voz.

Un movimiento cívico pacífico donde los propios ciudadanos reclamen los derechos que verdaderamente les empodere no solo es posible sino que seguramente es el camino del pueblo cubano. El proyecto Varela fue y es una demanda ciudadana mediante una iniciativa de ley que movilizó a decenas de miles de ciudadanos diciendo no al miedo y demandando la libertad de expresión, de asociación, la libertad económica y elecciones libres. Es ya por la multitud de los demandantes (más de 40.000 firmantes registrados) y por lo radical de las demandas (el cambio a la democracia) una muestra del movimiento cívico masivo que ya existe y que tiene todas las potencialidades de multiplicarse bajo ese signo del Proyecto Varela u otro que, en definitiva, tenga esas tres condiciones: la condición de que el pueblo sea el «protagonista», que sea «pacífico» y que tenga por «objetivos inequívocos y viables» la libertad, los derechos y la soberanía para los cubanos.

Comprendemos entonces cómo están indisolublemente ligados la solución pacífica —no violencia, no sangre, no venganza, no golpes de estado, no intervenciones extranjeras—, con la solución radical necesaria, radical porque va a la raíz del problema: el reconocimiento de los derechos políticos y civiles, incluyendo el multipartidismo, y elecciones libres que dejen al pueblo conducir y decidir en el proceso, con el resultado de democracia y justicia que genere confianza y un lugar digno para cada cubano. Reconciliación, participación de todos sin exclusiones, ejercicio de la soberanía popular e instrumentos democráticos que den al pueblo la posibilidad de cambiar todo lo injusto y hacer lo nuevo manteniendo y mejorando todo lo que sea bueno.

Ese es el camino del pueblo y así mismo se titula la propuesta y exhortación que hicieron cientos de disidentes en julio de 2011. Ese es el camino del pueblo, un camino que es mucho más que el documento que lo anuncia, pero ese camino es el desafío que tiene ante sí el propio pueblo cubano, porque su camino, si es pacífico, si es para la democracia, la justicia y el bien de todos, solo puede hacerlo el propio pueblo cubano.

Lo que ocurre ahora es que ya los cubanos saben que este camino es posible y aunque no cumpla con «los indicadores reconocidos por políticos, comunicadores y politiqueros en el mundo» el pueblo está haciendo este camino, como todo lo suyo, a su manera. Pero ocurre que el gobierno, los que mandan, mantiene cerradas las puertas al futuro, ahora peligrosamente y contra todo el clamor popular, recreándose o complaciéndose en el mismo sistema de mentiras que ha creado con la cultura del miedo durante décadas y engañándose a sí mismo. Que la gente quiere otra vida, una vida nueva y diferente y eso se llama ¡libertad!

Esto debe reconocerlo no solo el grupo de poder, sino muchos en el mundo y algunos aquí en Cuba que, a esta hora, nada menos que a esta hora, vienen con relativizaciones, hablan de desarrollar la empresa privada en el comunismo. O hablan de apoyar los cambios de Raúl Castro o se burlan de los cubanos diciendo que a estos no les interesan los derechos humanos sino vivir mejor. Todo esto es muy insultante y lo pueden hacer porque el pueblo de Cuba no tiene voz. Si la mayoría vive mal, en la pobreza, es precisamente porque le han privado de los derechos políticos y civiles durante 60 años. Porque la cosa empezó en 1952.

Algunos inspirados en la Teología de la Liberación, o sencillamente en el Evangelio, dijeron en Latinoamérica: «queremos ser voz de los que no tienen voz». Ese profetismo llevó a muchos al martirio y a sufrir la persecución mientras denunciaban la injusticia y la miseria que sufrían y sufren multitudes. También en Cuba algunos han levantado la voz por los que no tienen voz, a veces sin el reconocimiento o la comprensión y hasta con la burla y el rechazo de los que no se pueden expresar con su propia voz.

Pero en este momento debemos decir y decimos: «es hora de que cada cubano, de que cada ser humano se exprese con su propia voz. De que el pueblo hable con su propia voz. Esto es irremplazable para los que tienen que tomar esa voz».

La situación de indefensión, la cultura del miedo, el poder totalitario no son la última y definitiva realidad. Hay una realidad que supera estas opresiones aunque parezcan aplastantes e insuperables y es que somos todos hijos de Dios. Y de ahí la siempre renaciente semilla de la libertad y la vida que cada ser humano, religioso o no, lleva en el alma. Y por eso siempre vuelve a surgir el ser humano con la esperanza y la determinación de la liberación.

Los cubanos podemos proclamar nuestra esperanza proclamando nuestra determinación de ser libres, haciendo nuestro propio camino, el camino del pueblo.

Un camino donde el perdón desplaza a la culpa, la reconciliación al rencor y a la enemistad, donde la verdad desplaza a la mentira, donde la fraternidad desplaza al odio, la confianza desplaza al miedo, la solidaridad al egoísmo, la justicia al abuso y la marginación, la prosperidad a la miseria, la democracia a la tiranía, la paz desplaza a la guerra y la angustia, y a la esclavitud la desplaza la libertad. ¡Eso es Liberación!

La orientación de la sociedad cubana en el futuro inmediato depende de la forma en que realicemos los cambios, en que superemos y terminemos esta etapa para comenzar la próxima. No se puede pedir permiso. Desde el poder quieren privar al pueblo del derecho a proyectar, preparar y construir su futuro, porque saben que es un futuro de libertad. En Cuba se nos está prohibiendo preparar ese futuro, trabajar ahora en la noche para la mañana siguiente, porque alguien ha dicho que la noche no se acabará. Pero la noche no será eterna, se está acabando. Sí habrá amanecer y nuevo día. Es más: *¡apurémonos, ya está amaneciendo!*

DOCUMENTOS

AHORA LA LIBERTAD

BASTA DE ENGAÑOS

El gobierno del régimen militar ha negado a los cubanos el derecho universal de la libertad de viajar durante más de medio siglo y aún le sigue negando ese derecho sin perspectivas transparentes de cambios. Ha desgarrado con la mayor crueldad a millones de familias cubanas y aún lo sigue haciendo.

Voceros del gobierno desde hace meses especulan sobre posibles cambios migratorios y algunos como el señor Ricardo Alarcón, Presidente de la Asamblea Nacional, justifica el estado de cárcel en que mantienen a Cuba diciendo que no pueden perder el «capital humano». Esa expresión, propia de esclavistas, refleja la concepción de los que tienen el poder en Cuba sobre los seres humanos, a los que consideran su capital, su propiedad y no les tratan como personas con dignidad y derechos. Para el régimen los habitantes de Cuba son siervos y no ciudadanos.

Si es verdad que el Gobierno realizará cambios migratorios, ¿por qué no informa al pueblo de qué cambios hará y cuándo? Desprecian tanto al pueblo que no le respetan ni su derecho a saber. ¿O es que los cambios que se proponen no son los derechos que demandamos en el Proyecto Heredia?

El Proyecto Heredia o Ley de Reencuentro Nacional y por el fin de la discriminación contra los cubanos en Cuba, es una propuesta ciudadana apoyada en la Constitución para que, de una vez y de manera legal, inequívoca y transparente se garantice:

- El derecho a entrar libremente a Cuba y a salir libremente de Cuba para todos los cubanos sean o no profesionales o técnicos, sin permiso de salida o de entrada, por el tiempo que la persona decida, sin impuestos, ni confiscaciones, ni despojos de propiedades, sin pagar cada mes que vivan en el extranjero un rescate al gobierno, pagando todos los trámites en moneda nacional y eliminando para siempre *ese castigo de salida definitiva que es del destierro,* que se impone a los cubanos que deciden vivir fuera de Cuba. Fin de las humillantes cartas de liberación como condición para viajar a los médicos y otros profesionales.

- La restitución de todos los derechos ciudadanos a los cubanos de la diáspora y a sus hijos como cubanos plenos que son, sin exclusiones, y el fin de todas las restricciones y los requisitos de obtener permisos, de manera que los cubanos que viven fuera de Cuba puedan entrar a su país cuando quieran y por el tiempo que quieran y vivir en su patria si lo deciden.

- Fin de las humillaciones, deportaciones internas y maltratos contra los cubanos que, en nuestro propio país, huyendo de la pobreza y de la falta de oportunidades, se trasladan de unas a otras provincias.

- Fin de todas las desigualdades y limitaciones de acceso a cargos y de exclusiones por motivos políticos e ideológicos y de otras privaciones como es el derecho a Internet.

El régimen persigue con todas su fuerzas represivas a los activistas que colectan firmas para el Proyecto Heredia, mientras habla de posibles reformas migratorias. Algunos le hacen coro facilitando el engaño contra el pueblo. Estos acompañan al régimen en esta especulación despótica mediante declaraciones, publicaciones, conferencias y la propagación de doctrinas en las que piden el voto de confianza para el gobierno de Raúl Castro y no los derechos, el voto y la confianza para el pueblo.

La conferencia *Un Diálogo entre Cubanos,* que comienza hoy en la Casa Sacerdotal de La Habana, es organizada y dirigida por los que, en Cuba, no solo desprecian la oposición pacífica, sino que niegan su existencia, expresamente en sus publicaciones, y avanzan cada vez más en el túnel del alineamiento con las mentiras del régimen y con el proyecto de continuidad del totalitarismo, en el que están encaprichados los privilegiados del poder. Así están alentando a la oligarquía a seguir negando los derechos a los cubanos. De esta manera, estos que gozan del privilegio de tener voz y espacios protegidos conspiran contra la verdadera reconciliación y la paz que solo puede lograrse si se respetan todos los derechos de todos los cubanos, su libertad de expresión y asociación, y se celebran elecciones libres. Esos derechos los seguiremos reclamando aun cuando estemos solos frente a estas maniobras y conspiraciones contra la soberanía popular.

Estos «organizadores» hablan con los conceptos de «las perspectivas de la relación entre emigrados cubanos y su país de origen, teniendo como referencia el proceso de reformas o actualizaciones económicas que se iniciaba en Cuba». Denunciamos que esos son los mismos términos que emplea el régimen para negar la condición plena de cubanos a los que han salido de nuestra Patria en busca de la libertad que no existe en Cuba y a los que el propio régimen mantiene en condición de desterrados, como lo hace con los que actualmente salen con la categoría impuesta de salida definitiva. Esa categoría de «salida definitiva» se emplea inclusive en la última Ley de la Vivienda, emitida hace solo unos meses. ¿Cuál es la perspectiva entonces?

El Movimiento Cristiano Liberación en una declaración emitida el 30 de marzo pasado afirma: «*La Diáspora es Diáspora porque son cubanos desterrados a los que el régimen les niega los derechos como se los niega a todos los cubanos. No es en ese marco de opresión, sin derechos, ni transparencia en el que tiene que insertarse la Diáspora, eso sería ser parte del cambio fraude*[17]».

Solo en el contexto de la cultura del miedo y de represión con que el régimen silencia al pueblo, se puede desarrollar la penosa maniobra en la en que se combinan algunos que toman posición política desde la Iglesia, otros desde sus vitrinas intelectuales y mediáticas, otros desde sus intereses económicos y otros desmarcándose de la Diáspora, para con su participación contribuir al cambio fraude, que es el proyecto del gobierno expresado en la frase que dice «cambios para más socialismo». Aunque el totalitarismo se ha sostenido por más de cincuenta años, no ha sometido el corazón de los cubanos, ni puede fabricarse un pueblo a la medida de un régimen sin libertad, ni una iglesia y una diáspora en función de su poder. Basta ya de despotismo, de doctrinas, de conferencias excluyentes y condicionadas, de jugadas de distracción y maniobras para justificar y consolidar el cambio fraude, que es el cambio sin derechos que deja a la mayoría de los pobres más pobres y a todos los cubanos sin libertad. Los cubanos de la Diáspora y los que vivimos dentro de Cuba somos un solo pueblo, víctimas del mismo régimen opresivo, y tenemos la misma esperanza y el mismo reclamo de libertad.

TODOS CUBANOS, TODOS HERMANOS. Y AHORA, LA LIBERTAD.

Movimiento Cristiano Liberación
La Habana, 19 de abril de 2012

---

[17]   Ver «No al cambio fraude, sí a la liberación». La Habana, 30 de marzo de 2012. www.oswaldopaya.org.

EL CAMINO DEL PUEBLO

Esta es la propuesta y el propósito que tiene para el pueblo de Cuba el movimiento democrático cubano, también llamado oposición pacífica y disidencia:

Trabajamos y luchamos con amor por Cuba y con la esperanza puesta en las capacidades, el valor y la buena voluntad de todos los cubanos, sin clasificarlos ni dividirlos por sus ideas, creencias, raza o posiciones políticas, pues todos somos cubanos y todos somos hermanos. Y todos, sin exclusión, vivan dentro o fuera de Cuba, ahora seremos protagonistas de los cambios hacia la libertad y la paz, aquí, en esta tierra hermosa que Dios nos dio a todos como Patria y Hogar.

Visión

Solo a los cubanos nos corresponde definir y decidir sobre los cambios que necesita nuestra sociedad y realizar nuestro proyecto nacional. Pero para que los ciudadanos puedan verdaderamente diseñar, decidir y construir su futuro, deben ser garantizados por las leyes sus derechos y lograrse un ambiente de confianza y respeto para todos. De esta forma podremos realizar un verdadero diálogo nacional e iniciar el proceso de cambios legales sin exclusiones, para que el pueblo pueda conservar todo lo positivo que ha creado y cambiar soberanamente aquello que decida cambiar.

Propuesta básica

Las componentes esenciales de la transición por la que luchamos pacíficamente y que ahora presentamos al pueblo cubano son:

1. Cambios en las leyes para que se garanticen las libertades de expresión, de prensa, de asociación y religión, el derecho de los cubanos a establecerse en cualquier parte de nuestro país donde prefieran vivir, el derecho de los cubanos a salir libremente de Cuba y a entrar libremente, el derecho de todos los cubanos a tener negocios y empresas privadas en nuestro país, todos los derechos de los trabajadores, el derecho de los cubanos a elegir y a ser elegidos para los cargos públicos mediante una nueva ley electoral, el fin de toda discriminación contra los cubanos en su propio país y la liberación de todos los encarcelados por motivos políticos.

2. Lográndose los espacios de participación que se abrirán con estos cambios en las leyes y con el respeto en la práctica de los derechos de los ciudadanos, convocar a un Diálogo Nacional y a elecciones libres para todos los cargos públicos y para una Asamblea Constituyente.

3. Todos los cubanos sin exclusiones, sin odios ni venganzas, hacer este camino de transición en la verdad y con transparencia, en la reconciliación, la libertad, la solidaridad, la fraternidad y la paz, construyendo una sociedad más humana y más justa en nuestra Patria soberana e independiente.

PASOS PARA EL CAMBIO

- Crear una Comisión Nacional integrada por miembros del gobierno y de la oposición democrática y por otros componentes de la sociedad civil, incluyendo representantes de los sindicatos, iglesias y fraternidades, que garantice el derecho al acceso, en igualdad de oportunidades, a los medios masivos de difusión, de todos los cubanos individualmente, de sus opiniones e ideas, de agrupaciones políticas y cívicas, de iglesias, de fraternidades, de organizaciones sociales y de grupos de ciudadanos. Libre acceso a Internet para todos los ciudadanos y a la información nacional y extranjera por todos los medios tecnológicos.

- Los miembros del movimiento democrático cubano que proponemos este camino de transición demandamos espacios en los medios masivos de difusión que costea el pueblo del cual formamos parte, para exponer nuestras propuestas, ideas y críticas y que el pueblo pueda juzgar por sí mismo, y el derecho de todos los cubanos a fundar medios de difusión privados y sociales.

- Despenalización de la opinión. Cambios en el Código Penal y otras leyes para que se garanticen la libertad de expresión y otros derechos. Prohibición de todos los mecanismos de vigilancia, clasificación y represión contra los ciudadanos.

- Facilidades, espacios y ambiente de respeto para que estudiantes, trabajadores, vecinos, campesinos y otros grupos puedan reunirse y organizarse democráticamente. Legalización de movimientos cívicos, partidos políticos, organizaciones de derechos humanos y todas las asociaciones de ciudadanos que lo soliciten legalmente. Promoveremos una nueva Ley de Asociaciones para que garantice este derecho sin ambigüedades.

- Cese de toda restricción a los cubanos de su derecho a viajar libremente y fin del requisito de «permiso de salida» para todos los ciudadanos, incluyendo a médicos, profesionales, artistas, técnicos y religiosos. Fin de las confiscaciones de las propiedades a los que emigran, y de las restricciones y necesidad de permisos para que los cubanos que viven en el exterior puedan entrar en su país. Fin de la categoría de «salida definitiva» y del cobro en divisas de documentos de todo tipo. Reconocimiento de todos los derechos ciudadanos a todos los cubanos, vivan dentro o fuera de Cuba. Todo cubano tendrá el derecho de continuar habitando su casa y nadie podrá desalojarlo, ni despojarlo o privarlo de su propiedad o del inmueble que habita legalmente, ni reclamarle indemnización alguna por concepto de ser su antiguo propietario.

- Cese de toda restricción a los cubanos para trasladarse dentro del territorio nacional o establecerse en una provincia diferente a aquélla en la que residen. Prohibición de la persecución, maltrato, humillación y deportación a los ciudadanos que ejercen este derecho.

- Nueva Ley Electoral que garantice el ejercicio de la soberanía popular, para que todos los electores puedan ser nominados para todos los cargos electivos, directamente por los propios ciudadanos, sin comisiones de candidatura, para que puedan elegir libre y democráticamente a sus representantes para cada cargo. Creación de una nueva Comisión Electoral Nacional integrada por ciudadanos propuestos por el gobierno, la oposición democrática y otros miembros de la sociedad civil.

- Que permanezcan garantizados gratuitamente, para todos los cubanos, los derechos a todos los servicios de salud y a los de educación, pero sin condicionamientos políticos e ideológicos.

- Reclamamos salarios y pensiones justos y que los precios sean acordes a los salarios para reducir y eliminar la abismal diferencia entre estos y los precios. Los cubanos viven sentenciados a la pobreza y sin oportunidades de superarla. Los bajos salarios, las restricciones de todo tipo, los precios e impuestos desproporcionados encubiertos en la doble moneda y la pobreza que sufre el pueblo, hacen que en realidad sea el pueblo el que subsidia al gobierno, a su ineficacia y a sus privilegiados, y no el gobierno el que subsidia al pueblo. Ese abuso debe ser superado inmediatamente.

- Los cambios económicos más profundos solo deben realizarse bajo el control de los ciudadanos a través de instituciones democráticas para evitar corrupciones, las llamadas piñatas, privilegios, abuso y ventaja de los que tienen posiciones de poder económico y político, exclusión de la mayoría del pueblo pobre y desinformado, aumento de las ya grandes diferencias económicas y para comenzar una nueva etapa de construcción del desarrollo sostenible e integral. Los recursos naturales de Cuba, el trabajo de sus ciudadanos, todo lo que el pueblo ha creado con amor y esfuerzo a través de toda su historia no debe ser ni privatizado, ni objeto de inversionistas, ni vendido, ni negociado sin el consentimiento del pueblo. Pero no puede haber consentimiento si ni siquiera hay conocimiento ni mecanismos de control ciudadano, ni para que el pueblo pueda decidir soberanamente. Por eso los cambios profundos que generen justicia e igualdad, en beneficio de todos los cubanos, del desarrollo integral, de la sanidad ecológica, de la independencia nacional, de la justicia social y de la elevación de la calidad de vida de todos, deben realizarse una vez que los cubanos tengan en la ley todos los derechos y elecciones libres para que soberanamente el pueblo, que es quien mejor sabe y juzga su propio bien, pueda dialogar, opinar y decidir sobre su proyecto económico nacional. Cuba no puede ser subastada, ni repartida como un pastel. Cuba es hogar y fuente de riqueza de todos los cubanos.

- Debe garantizarse el derecho a la libre contratación de los trabajadores y el respeto de sus derechos, y eliminarse las empresas empleadoras que rentan la fuerza de trabajo cubana a las empresas extranjeras y se quedan con gran parte de la ganancia que corresponde a los trabajadores. Las leyes deben garantizar a todos los cubanos el derecho de establecer sus propias empresas y negocios privados y a contratar trabajadores respetando todos sus derechos.

- Llamamos la atención de todos los gobiernos, uniones de estados, organizaciones internacionales, empresarios, iglesias y personalidades para que todo diálogo, negociaciones y acuerdo con el gobierno cubano lo realicen con transparencia y nunca a espaldas del pueblo, ni sin dialogar con la oposición democrática cubana y otros sectores de la sociedad civil, si es que quieren cooperar con los cambios pacíficos y no alentar las exclusiones e injusticias que solo traerán más dolor para Cuba.

PROMOVEREMOS

- La realización de un plebiscito para que el pueblo decida soberanamente sobre los cambios.
- El reclamo de cambios en las leyes y todos los proyectos e iniciativas pacíficas que vayan encaminados al logro de la democracia, los derechos, la libertad, la reconciliación y la soberanía popular.
- La participación de los ciudadanos en este camino de cambios mediante la demanda de sus derechos y el diálogo respetuoso de la diversidad.

MENSAJE FINAL

Entre los que luchamos pacíficamente por la democracia en Cuba hay amplia diversidad y riqueza de ideas y proyectos. Este documento contiene nuestra base común, nuestra posición y determinación común en defensa de los intereses más legítimos del pueblo cubano y sus derechos. Los gobiernos, instituciones y pueblos de toda América, de Europa y del mundo, si quieren apoyar al pueblo cubano respetando su autodeterminación, apoyen y tomen como referencia esta base común del movimiento democrático cubano. Si en algo estamos muy unidos es en el amor a Cuba y en el objetivo de lograr todos los derechos para todos los cubanos; la libertad, la reconciliación, la paz y la democracia verdadera para que el pueblo pueda ejercer su soberanía y decidir sus proyectos, los cambios y su futuro.

PARA ESO HACEMOS EL CAMINO PACÍFICO DE CAMBIOS: EL CAMINO DEL PUEBLO

Los cubanos tenemos derecho a los derechos.
Hagamos el camino del pueblo.
Los que firmamos a continuación somos parte de la base común del movimiento democrático cubano que proclama su base común en el documento: EL CAMINO DEL PUEBLO.

NOMBRE   FIRMA   AGRUPACIÓN

EL ESPACIO DEL PUEBLO

La sociedad cubana necesita cambios en todos los órdenes, por eso no debemos aceptar que con algunas medidas y pequeñas aperturas el Gobierno sustituya los cambios verdaderos y justos, mientras mantiene las rígidas restricciones y negaciones al ejercicio de muchos derechos.

La falta de transparencia y de libertad de expresión son las primeras grandes carencias en este proceso, sobre cual el pueblo no tiene control. El pueblo no sabe, ni se le da derecho a saber dónde vamos, ni cómo vamos a quedar los cubanos. Los diálogos entre élites y las decisiones en las esferas del poder no son el espacio del pueblo. El espacio del pueblo debe ser garantizado para que pueda ejercer sus derechos, sin falsos paternalismos que a larga son cadenas tiránicas. El espacio del pueblo se logra por el camino del pueblo.

Otra gran carencia es la falta de participación democrática y efectiva de los cubanos en las decisiones políticas y de todo orden que afectan sus vidas. Sin libertad de expresión ni de asociación ni pluralismo de partidos ni elecciones libres, el pueblo está privado de ejercer su soberanía, y los ciudadanos ni son libres ni pueden decidir.

Es necesario el diálogo entre cubanos sin exclusiones ni condicionamientos, pero ese diálogo no debe ser condición para el reconocimiento de los derechos políticos de los cubanos. El diálogo con transparencia puede servir como instrumento para implementar los cambios en la ley y en la sociedad, que garanticen el ejercicio de los derechos políticos y de todos los derechos para todos los cubanos. Con diálogo o sin diálogo, ahora deben ser garantizados esos derechos.

Si algunos apoyan o apoyaron este Gobierno, eso no implica que no quieran la libertad política. Pero lo que no se puede negar es que ahora nadie en Cuba tiene ni libertad, ni derechos políticos; ni los que se identifican en uno u otro grado con el Gobierno, ni los que lo rechazan abiertamente o en silencio. Lo justo es darle la voz al pueblo, a todos los cubanos, pero para que sea a todos tiene que ser mediante la garantía de los derechos civiles y políticos para todos. Esos son los cambios que Cuba necesita para que el pueblo tenga su espacio. El espacio del pueblo es la democracia. ¿Por qué no?

El documento «El Camino del Pueblo» suscrito por más de mil ciudadanos, muchos de ellos miembros de la oposición pacífica, dentro y fuera de Cuba, enuncia una hoja de ruta para el cambio democrático, para lograr ese espacio para el pueblo, respetando otras iniciativas.

Es una realidad, aunque algunos insistan en negarla, que todos los movimientos democráticos, llamados también oposición pacífica cubana, expresan en sus declaraciones y programas como fundamentales los siguientes objetivos:

- La liberación de todos los prisioneros políticos.
- El derecho de los cubanos a entrar y a salir libremente de Cuba sin exclusiones ni condicionamientos.
- La libertad de expresión, información y el acceso a los medios de difusión para todos los cubanos.
- La libertad de asociación incluyendo la diversidad de partidos en un amplio pluralismo político.
- Elecciones libres y democráticas en las que los ciudadanos puedan nominar y elegir directa y democráticamente a sus gobernantes y tomar decisiones soberanamente.

Estos son los cambios vitales y urgentes que necesita el pueblo ahora, por justicia y para impedir que se siga consumando el cambio fraude, que pretende la continuidad del totalitarismo, timar y «darle la mala al pueblo» y estafarle su vida también a la nueva generación.

La pobreza para la mayoría de los cubanos es una sentencia impuesta por este sistema político, «una condición» de la que no se les da oportunidad de salir. Así como los privilegios para una nueva aristocracia son «la otra condición» que quieren conservar a costa de la sentencia de aquella mayoría.

En resumen, dentro de ese cambio fraude que, según el gobierno, es para tener más socialismo, los grandes castigados son los pobres y entre estos los trabajadores de todo tipo, los jubilados, los jóvenes y las mujeres y hombres desempleados.

Y por no tener la libertad de expresión, ni el derecho para organizarse en partidos políticos y en sindicatos libres, y porque no pueden elegir en elecciones libres, es por lo que los pobres son ahora más pobres. Pero si los cubanos se lo proponen y demandan sus derechos políticos, entonces sí podrán elegir, diseñar los cambios y cambiar todo lo que quieran cambiar.

Los cambios políticos que demandamos ahora son beneficiosos para todos los cubanos, no importa si se identifican o no con el gobierno, si están dentro o fuera de Cuba, si son pobres o ricos, creyentes o no, porque los cubanos ahora no tenemos esos derechos políticos. Algunos tienen poder, pero no derechos. Los derechos son también camino para lograr la confianza, la justicia, la reconciliación y la paz que todos queremos para Cuba. Sin embargo, no basta con los derechos; lo más importante es el amor entre cubanos y la buena voluntad de todos, pero sin derechos no hay justicia y sin justicia no se construye la paz. Como dijo el Papa Juan Pablo II: «El secreto de la Paz verdadera reside en el respeto de los Derechos Humanos».

Hoy debemos auto-convocarnos todos; toda la sociedad civil incluyendo la oposición pacífica, todos los trabajadores incluyendo los comerciantes, artistas, intelectuales, profesionales, también los desempleados, jubilados, estudiantes, miembros de todas las iglesias y fraternidades, todos unidos, todas las cubanas y cubanos dentro y fuera de Cuba, para que demandemos estos cambios políticos que son los que le devolverán al pueblo su voz, sus derechos y la posibilidad de decidir democráticamente sobre los cambios y sobre su futuro, con justicia y oportunidades para todos.

Cada agrupación, todos los movimientos políticos de oposición, de derechos humanos o cívicos, con su propia identidad, sin negar sus programas, ni abandonar otras demandas, todos los cubanos dentro y fuera de Cuba, pacíficamente, debemos ahora apoyar estos cambios y esta demanda de derechos políticos; trabajando por lograr estos objetivos y expresando que estamos unidos solidariamente en esos propósitos. Porque son el espacio para el pueblo, «EL ESPACIO DEL PUEBLO».

Movimiento Cristiano Liberación
La Habana, 1ro de junio de 2012

EL ESPACIO DEL PUEBLO

Los propósitos que nos unen

Los que suscribimos estos propósitos manifestamos que nos unen solidariamente los objetivos que aquí enunciamos y que trabajaremos pacíficamente para lograrlos sabiendo que constituyen una urgente necesidad para nuestro pueblo:

- La liberación de todos los prisioneros políticos.
- El derecho de los cubanos a entrar y a salir libremente de Cuba sin exclusiones.
- La libertad de expresión, información y el acceso a los medios de difusión. La libertad de asociación, incluyendo la diversidad de partidos en un amplio pluralismo político.
- Elecciones libres y democráticas en las que los ciudadanos puedan nominar a sus candidatos y elegir a sus gobernantes y representantes y tomar decisiones soberanamente.

NOMBRE Y APELLIDOS   DIRECCIÓN

LA ÚNICA OPCIÓN DEL PUEBLO ES LA LIBERTAD

El Movimiento Cristiano Liberación nació inspirado en el Evangelio que es la fuente del humanismo cristiano. Aunque no es un movimiento confesional, muchos de sus líderes y militantes son miembros activos de la comunidad católica en todo el país o de distintas comunidades cristianas; otros no se identifican o practican una religión. Nuestra raíz cristiana nos inspira para dirigirnos a ustedes, Obispos, todos los sacerdotes, mujeres y hombres consagrados, pastores de las comunidades, laicos y a todos los cubanos dentro y fuera de Cuba.

Estos son momentos de peligros y esperanzas para Cuba. La falta de libertad y derechos mantiene sumergido al pueblo en grandes desventajas. El Gobierno complica la situación porque se niega a la apertura democrática, y mientras los cubanos quieren cambios verdaderos y transparencia, se les impone el fraude.

En Cuba, la iglesia católica, aunque perseguida, ha estado siempre junto al pueblo y proclamando el Evangelio. La confusión que se ha generado a partir de ciertas posturas políticas, tomadas por quienes se han convertido en los principales y casi únicos voceros, responsables de la imagen pública de la Iglesia, no le hace justicia ni a ella misma ni al pueblo.

La confusión se produce porque no es fácil distinguir la misión y la autoridad del Arzobispo de La Habana como pastor, a quien respetamos mucho, de su discurso y su accionar políticos. Este discurso, que se hace sistemáticamente, se proyecta como la posición de la iglesia y le sirve de plataforma de poder excluyente y privilegiado a un pequeño grupo de laicos que se comportan como «el partido» en la Iglesia. Esos laicos se alinean con la doctrina del cambio-fraude generada por el propio régimen y propagada por sus voceros y sus cómplices, mas sabemos que la Iglesia no se identifica con esa ni con ninguna otra posición política. La Iglesia ni tiene ni es un partido.

El núcleo de la doctrina del cambio-fraude consiste en negar los derechos al pueblo y sustituir los cambios hacia la democracia verdadera por la continuidad del totalitarismo. Supone que la única opción de la sociedad cubana es dar el voto de confianza a Raúl Castro y su gobierno.

Esta doctrina de la continuidad del totalitarismo tiene, entre otros, los siguientes propósitos:

- Negar la existencia de la oposición, cuando no desprestigiarla, y negar que tengamos proyectos y alternativas de cambios pacíficos.
- Presentar a sus escogidos como únicos interlocutores posibles y capaces para el diálogo con el Gobierno. Un único sector, supuestamente independiente, después de negar la existencia de la oposición o descalificarla.
- Sustituir el Diálogo Nacional, que estamos proponiendo, por una negociación en las alturas, excluyente, elitista y sin transparencia.
- Compensar el estado de destierro y humillación de los cubanos de la Diáspora con su supuesta inserción en el mismo sistema político, sin derechos, que los condena a su condición de exilados.
- Continuar negando a los cubanos el derecho a salir y entrar libremente a su país, sustituyendo este derecho por lo que llaman transformaciones en las regulaciones migratorias.
- Rebajar la dignidad de los cubanos propagando la injuria de que no quieren, ni merecen, derechos políticos, sino que supuestamente solo aspiran a vivir mejor económicamente.
- Legitimar y consolidar la desigualdad más despiadada, garantizando los privilegios de los poderosos y su estatus de nuevos ricos al estilo capitalista, mientras condena a la pobreza a la mayoría de los trabajadores y desempleados bajo el lema cínico de que «cambios es más socialismo».
- Atribuirle la condición o calidad de «cambios» a las medidas que facilitan algunos negocios privados, mientras el régimen insiste en que no realizará cambios políticos ni apertura a los derechos.

El alineamiento de algunos laicos católicos, no representativos de la mayoría, con esa doctrina o estrategia del Gobierno, les ha dado poder dentro de la Iglesia para dominar publicaciones como *Espacio Laical* y *Palabra Nueva*, centros de contenido cultural y eventos. Imponen líneas, determinan a quién excluir o incluir y actúan como verdaderos comisarios políticos, muchas veces en el mismo estilo represivo del Gobierno. Repiten hasta la saciedad que la oposición no existe cuando, en verdad, nos tratan como rivales desde la Iglesia e intentan descalificarnos dentro y fuera de Cuba. Lo escandaloso es que se involucran galopante y directamente, en la legitimación o lavado de cara de este cambio-fraude y que lo hacen comprometiendo la identidad de la Iglesia.

No podemos dejar de denunciar el malestar que aún experimentan muchos cubanos, católicos o no, ante las maniobras irrespetuosas y arrogantes del régimen antes, durante y después de la visita del Papa. Larga sería la descripción de los ultrajes sufridos, que van desde la imposición a trabajadores y militantes comunistas de asistir a las misas, hasta la suplantación de los paramédicos de la Cruz Roja por agentes represivos. La mayoría de los opositores pasaron muchos de esos días en calabozos, o confinados en sus casas, vigilados y amenazados. Pero esta, la oposición que según dicen «no existe en Cuba»; ha sido la que durante décadas ha luchado abiertamente por los derechos de las personas, la libertad (también la libertad religiosa) y la reconciliación.

Es una realidad que la Iglesia en Cuba sirve con amor y sin distinciones al pueblo, ha sido y es un espacio de libertad y tolerancia para todos, mientras el régimen ha negado esa libertad en la sociedad. Por eso consideramos que esas expresiones políticas de algunos, tan parciales y alineadas con la doctrina oficial, aunque se emitan desde la Iglesia no reflejan el sentir de la comunidad católica en su conjunto, pero sí demuestran que hay cierta falta de comunicación y diálogo dentro de la Iglesia y de espacios para contrastar opiniones.

La Iglesia puede promover el Diálogo Nacional si dialoga con todos y puede ser mediadora si reconoce y acoge a todas las partes. No le estamos pidiendo espacios políticos, ni que tome posiciones políticas. Hemos luchado pacíficamente por todos los espacios y todos los derechos para todos los cubanos en la sociedad. En la Iglesia hemos tenido, y agradecemos, la solidaridad, el acompañamiento espiritual y humano, pero jamás hemos pretendido convertirla en nuestra tribuna, ni exigirle en los templos los derechos, cuando sabemos que es el gobierno quien se los niega y roba al pueblo, porque eso sería confundir a otra de las víctimas con el verdugo. Y la Iglesia, como el pueblo y con el pueblo, sigue siendo víctima de la opresión, pero también casa de todos y antorcha de la esperanza.

Las tensiones y las diferencias de opinión dentro de las iglesias, las familias, las agrupaciones y la sociedad son muestra de la intensidad con que los cubanos buscamos una salida, un camino pacífico para lograr los cambios. Inspirados en las virtudes del Padre Varela, a los cubanos nos anima la misma esperanza, sabiendo que estamos unidos en la visión y las metas de esos cambios que son la libertad, la justicia, la democracia y la reconciliación. La fuerza mayor para lograrlos solo vendrá del amor y la solidaridad entre cubanos.

Ante Dios Nuestro Padre, Señor de la Historia, ponemos nuestros propósitos.

Oswaldo José Payá Sardiñas
A nombre del Movimiento Cristiano Liberación
La Habana, 16 de mayo de 2012

NO AL CAMBIO FRAUDE, SÍ A LA LIBERACIÓN

Por una parte agradecemos que Su Santidad Benedicto XVI haya venido a Cuba a predicarle a nuestro pueblo la Palabra de Dios y a bendecirlo. Por otra parte las maniobras desleales del régimen para confiscar los encuentros del Papa con el pueblo, y la represión contra la oposición pacífica, han sido un escándalo del cual muchos cubanos son conscientes.

Consideramos que esta represión contra la oposición no ha sido ajena al desprecio, la exclusión y descalificación que los opositores, católicos o no, venimos sufriendo por parte de cierta élite dentro de la Iglesia. Esta élite a través de sus medios como las revistas *Espacio Laical* y *Palabra Nueva*, y en muchos eventos, viene practicando durante años la descalificación de la oposición pacífica y promoviendo el apoyo a las supuestas líneas de cambio del Gobierno. Es en este ambiente en el que hoy en el Centro Padre Félix Varela, antiguo Seminario, «el empresario y político cubano, radicado en los Estados Unidos, señor Carlos Saladrigas», disertará sobre: *Actitudes y políticas que hemos de asumir para lograr la inserción de los cubanos de la Diáspora en el quehacer social de la Isla.*

El Movimiento Cristiano Liberación denuncia que esa misma élite que mencionamos insiste públicamente en que en Cuba no existen movimientos y partidos independientes. Nunca hemos procurado espacio político dentro de la Iglesia, sino los derechos para todos los cubanos en la sociedad. Eso todos lo saben. Pero ya es penosamente notorio que el espacio que la Iglesia pudiera ofrecer a todos para el diálogo entre cubanos, católicos o no, con respeto a la pluralidad y abierto a la participación, ha sido confiscado, al menos en La Habana, por esta élite que con apoyo de la jerarquía se comporta como el partido político de la Iglesia, que ni es un partido ni debe tener partidos.

Este pequeño grupo que se apropia del espacio de todos los laicos en los temas políticos y sociales, no solo excluye a otros, sino que niega la realidad de nuestra lucha por la libertad y nuestro derecho a existir. Coincide con el Partido Comunista en su pretensión de ser partido único, pero en la iglesia, y coincide en la exclusión y la descalificación de los que no se someten.

No solamente se da la coincidencia de esta élite con los métodos excluyentes e impositivos del Partido Comunista, sino que en gran medida ha coincidido en la promoción de la línea que atribuye a la oligarquía el papel protagónico en los supuestos cambios y pide el voto de confianza para el gobierno de Raúl Castro.

Nuestro Movimiento denuncia el intento del régimen de imponer un cambio fraude, es decir, cambios sin derechos y la inserción de muchos intereses en este cambio que escamotea la democracia y la soberanía al pueblo de Cuba. El intento por vincular a la Diáspora en este cambio fraude es hacer a la víctima partícipe de su propia opresión. La Diáspora no tiene por qué «asumir actitudes y políticas para insertarse en el quehacer social de la isla». La Diáspora es Diáspora porque son cubanos desterrados a los que el régimen les niega los derechos como se los niega a todos los cubanos. No es en ese marco de opresión, sin derechos ni transparencia, en el que tiene que insertarse la Diáspora, eso sería ser parte del cambio fraude.

La gradualidad solo tiene sentido si hay perspectivas transparentes de libertad y derechos. Los cubanos tenemos derecho a los derechos. ¿Por qué no los derechos? Ya es hora. Ese es el cambio pacífico que impulsamos y reclamamos. Cambios que signifiquen libertad, reconciliación, pluralismo político y elecciones libres. Entonces la Diáspora dejará de ser Diáspora, porque tendrán todos los cubanos derechos en su propio país libre y soberano. Por eso luchamos.

Oswaldo José Payá Sardiñas
A nombre del Movimiento Cristiano Liberación
La Habana, 30 de marzo de 2012

PROYECTO VARELA
PETICIÓN CIUDADANA
APOYADOS EN NUESTROS DERECHOS CONSTITUCIONALES

Los que firmamos al final de este texto, solicitamos a la Asamblea Nacional del Poder Popular que someta a Consulta Popular, mediante un Referendo, cada una de las cinco propuestas siguientes:

1.A. Que se realicen las transformaciones necesarias a las leyes para que, preservando el bien común y el respeto a los Derechos Humanos universalmente reconocidos y a la dignidad humana, se garantice a los ciudadanos:

1.A.1 El derecho a asociarse libremente según sus intereses e ideas, de manera que puedan constituir legalmente asociaciones y organizaciones sociales, políticas, económicas, culturales, sindicales, estudiantiles, religiosas, humanitarias y de otra índole, respetándose el principio del pluralismo y la diversidad de ideas presentes en la sociedad.

1.A.2. Los derechos a la libertad de expresión y de prensa, de manera que las personas, individualmente o en grupos, puedan manifestarse y expresar sus ideas, creencias y opiniones por medio de la palabra hablada y escrita y por cualquier medio de difusión y de expresión.

1.B. Las leyes que garanticen estos derechos deberán entrar en vigor en un plazo no mayor de sesenta días después de realizado este Referendo.

2.A. Que se decrete una amnistía para todos los detenidos, sancionados y encarcelados por motivos políticos y que no hayan participado en hechos que atentaron directamente contra la vida de otras personas. Esta ley de Amnistía deberá entrar en vigor en un plazo no mayor de treinta días después de realizado este Referendo.

3.A. Que se realicen las transformaciones necesarias a las leyes para que se garantice a los ciudadanos los derechos a constituir empresas privadas, tanto

255

individuales como cooperativas, para desempeñar actividades económicas que podrán ser productivas y de servicio y a que se puedan establecer contratos entre los trabajadores y las empresas para el funcionamiento de estas empresas, en condiciones justas, en las que ningún sujeto pueda obtener ingresos provenientes de la explotación del trabajo ajeno. Estas nuevas leyes deberán también garantizar el respeto a los derechos de los trabajadores y los ciudadanos y los intereses de la sociedad. Estas nuevas leyes deberán entrar en vigor en un plazo no mayor de sesenta días después de realizado este Referendo.

4.A. Transformar la Ley Electoral para que en sus nuevos textos garantice:

4.A.1. La determinación de circunscripciones electorales para la elección, en cada caso, de Delegados a las Asambleas Municipales del Poder Popular, de Delegados a las Asambleas Provinciales del Poder Popular y de Diputados a la Asamblea Nacional del Poder Popular.

4.A.2.1. Que cada una de las circunscripciones determinadas para las elecciones municipales elija, por voto directo de sus electores, un Delegado a la Asamblea Municipal del Poder Popular. Cada elector podrá votar por un solo candidato a Delegado.

4.A.2.2. Que cada una de las circunscripciones determinadas para las elecciones provinciales elija, por voto directo de sus electores, un Delegado a la Asamblea Provincial del Poder Popular. Cada elector podrá votar por un solo candidato a Delegado.

4.A.2.3. Que cada una de las circunscripciones determinadas para elecciones nacionales elija, por voto directo de sus electores, un Diputado a la Asamblea Nacional del Poder Popular. Cada elector podrá votar por un solo candidato a Diputado.

4.A.3. Que los ciudadanos sean nominados como candidatos a Delegados a las Asambleas Municipales y Provinciales y como candidatos a Diputados a la Asamblea Nacional del Poder Popular, únicamente y directamente mediante firmas de apoyo de los electores de la circunscripción que corresponda, según las condiciones que se exponen en los puntos 4.A.4, 4.A.4.1, 4.A.4.2 y 4.A.4.3 de esta petición.

4.A.4. Que las condiciones necesarias y suficientes para que un ciudadano quede nominado como candidato sean:

4.A.4.1. Cumplir con las condiciones que disponen los artículos 131, 132 y 133 de la Constitución de la República para que un ciudadano tenga derecho al voto y a ser elegido.

4.A.4.2. La presentación ante las autoridades correspondientes, con un plazo no menor a los treinta días anteriores a las elecciones, de las firmas apoyando su candidatura, de no menos del cinco por ciento del número de electores de la circunscripción que aspira a representar. Cada elector solo podrá apoyar, de esta forma, a un aspirante a candidato a Delegado a la Asamblea Municipal del Poder Popular, a un aspirante a candidato a Delegado a la Asamblea Provincial del Poder Popular y a un aspirante a candidato a Diputado a la Asamblea Nacional del Poder Popular.

4.A.4.3. Residir en la circunscripción correspondiente si aspira a ser candidato a Delegado a la Asamblea Municipal del Poder Popular, residir en la provincia correspondiente si aspira a ser candidato a Delegado a la Asamblea Provincial del Poder Popular y residir en el país si aspira a ser candidato a Diputado a la Asamblea Nacional del Poder Popular. En cualquier caso, para ser candidato, deberá residir en el país al menos durante el año anterior a las elecciones.

4.A.5. Que los electores, los aspirantes a candidatos y los candidatos tengan derecho a reunirse en asambleas, sin más condiciones que el respeto al orden público, para exponer sus propuestas e ideas. Todos los candidatos tendrán derecho al uso equitativo de los medios de difusión.

4.B. La nueva Ley Electoral con los contenidos aquí expresados deberá entrar en vigor en un plazo no mayor a los sesenta días posteriores a la realización de este Referendo.

5. Que se realicen elecciones generales en un plazo comprendido entre los doscientos setenta días y los trescientos sesenta y cinco días posteriores a la realización de este Referendo.

1.NOMBRE...
DIRECCIÓN...
FIRMA................................N.I...

2.NOMBRE...
DIRECCIÓN...
FIRMA................................N.I...

3.NOMBRE...
DIRECCIÓN...
FIRMA................................N.I...

4.NOMBRE...
DIRECCIÓN...
FIRMA................................N.I...

5.NOMBRE..

DIRECCIÓN..

FIRMA..............................N.I...

6.NOMBRE..

DIRECCIÓN..

FIRMA..............................N.I...

7.NOMBRE..

DIRECCIÓN..

FIRMA..............................N.I...

8.NOMBRE..

DIRECCIÓN..

FIRMA..............................N.I...

9.NOMBRE..

DIRECCIÓN..

FIRMA..............................N.I...

10.NOMBRE..

DIRECCIÓN..

FIRMA..............................N.I...

Solo entregar a ciudadanos con derecho al voto, en sus manos, después de tener su consentimiento. Después de analizarlo, el ciudadano lo firmará si está de acuerdo y debe devolverla, la firme o no. La Constitución garantiza su derecho a realizar esta petición en los artículos 63 y 88.g).

PROYECTO HEREDIA

1. Campaña por el derecho de los cubanos a viajar libremente

Querido hermano cubano: le adjuntamos una boleta en la que encuentra la propuesta de ley de Reencuentro Nacional, que es una ley para que cesen y se eliminen para siempre todas las discriminaciones contra los cubanos en su propio país. Estamos seguros de que cuando usted lea los «considerando» y el texto de la ley que proponemos descubrirá la justeza y la necesidad de que se garanticen estos derechos en las leyes. En la práctica se violan estos derechos todavía y algunos pueden ser violados nuevamente porque no son ley. Esta propuesta fue presentada apoyándonos en el artículo 63 de la Constitución, ante la Asamblea Nacional del Poder Popular, por dos ciudadanos en diciembre de 2007. Ahora vamos a presentarla con tu firma y la de 10.000 cubanos más, porque todavía en Cuba viajar no es un derecho. Hay que pedir permiso a Inmigración y, si el interesado es médico, enfermera o profesional, el Ministro del ramo es quien decide si le da o no la llamada «carta de liberación». Eso es una negación de la libertad de la persona. La Constitución, en su artículo 88.g, garantiza el derecho de los ciudadanos a la «iniciativa de ley», es decir, a presentar propuestas de ley, pero deben hacerlo en un número de, al menos, 10.000 electores. Lee detenidamente y, por el bien de todas las familias cubanas, apoya con tu firma esta iniciativa de ley, que es tu derecho constitucional. Si alguien trata de impedir que ejerzas el derecho a firmarla, comete un delito sancionado por el Código Penal. Gracias.

Oswaldo José Payá Sardiñas
La Habana, 27 de julio de 2010

2. Petición ciudadana a la Asamblea Nacional del Poder Popular y presentación del Proyecto de Ley de Reencuentro Nacional

La Habana, 18 de diciembre de 2007

Señor Ricardo Alarcón de Quesada,
Presidente de la Asamblea Nacional del Poder Popular.
Señores Diputados a la Asamblea Nacional del Poder Popular.
Estimados compatriotas:

Nosotros, ciudadanos cubanos, apoyados en el artículo 63 de la Constitución de la República, presentamos a ustedes esta Petición Ciudadana, con las consideraciones que la fundamentan.

Considerando: que la República de Cuba es signataria de la Declaración Universal de Derechos Humanos, que en su artículo 13 afirma que «toda persona tiene derecho a circular libremente y a elegir su residencia en el territorio de un Estado... y a salir de cualquier país, incluso del propio y a regresar a su país».

Considerando: que los Estados signatarios de la Declaración Universal de Derechos Humanos se han comprometido a asegurar, en cooperación con la Organización de las Naciones Unidas, el respeto universal efectivo a los derechos y libertades fundamentales del hombre.

Considerando: que el Estado cubano propuso y patrocinó en diciembre de 1998, en la Asamblea General de la Organización de las Naciones Unidas, una resolución titulada «Respeto del derecho a la libertad universal de viajar e importancia de la reunificación de las familias» que fue aprobada por una amplia mayoría de los Estados miembros de la Organización de las Naciones Unidas.

Considerando: que algunas regulaciones y prácticas vigentes violan los derechos de los ciudadanos cubanos a viajar, a salir libremente de Cuba y a regresar libremente al país, y a su vez niegan estos derechos a los cubanos que residen de manera permanente fuera de Cuba.

Considerando: que muchas familias cubanas sufren la separación, por vivir algunos de sus miembros en otros países y por las restricciones de las regulaciones y las prácticas de las instituciones oficiales que les impiden el libre encuentro y la reunificación en su propio país.

Considerando: que el artículo 42 de la Constitución proscribe «la discriminación por motivo de raza, color de la piel, sexo, origen nacional, creencias religiosas y cualquier otra lesiva a la dignidad humana».

Considerando: que existen regulaciones y prácticas que violan los artículos 9 inciso b) y 43 de la Constitución al impedir el libre acceso de los cubanos a hoteles, playas, cayos y otros lugares de recreación y descanso, así como la libre circulación de los cubanos por todo el territorio nacional y su derecho a domiciliarse en cualquier provincia o barrio de Cuba.

Considerando: que el artículo 63 de la Constitución garantiza que «todo ciudadano tiene derecho a dirigir quejas y peticiones a las autoridades y a recibir la atención o respuestas pertinentes y en plazo adecuado, conforme a la ley».

Considerando: que el artículo 9 de la Constitución de la República de Cuba expresa que «el Estado realiza la voluntad del pueblo trabajador y […] garantiza la libertad y la dignidad plena del hombre, el disfrute de sus derechos, el ejercicio y cumplimiento de sus deberes y el desarrollo integral de su personalidad».

Solicitamos: que la Asamblea Nacional del Poder Popular discuta y apruebe el siguiente Proyecto de Ley de Reencuentro Nacional.

Deseándoles a ustedes, diputados, a sus familias y a todas las familias cubanas la paz y la felicidad en estas Navidades y el próximo año 2008. Respetuosamente,

Oswaldo José Payá Sardiñas
Minervo Lázaro Chil Siret

3. Proyecto de ley de reencuentro nacional: proyecto Heredia

Titulado así en homenaje al poeta y patriota cubano desterrado, Don José María Heredia.

Por cuanto: el artículo 1 de la Constitución de la República proclama que «Cuba es un Estado socialista de trabajadores, independiente y soberano, organizado con todos y para el bien de todos, como república unitaria y democrática, para el disfrute de la libertad política, la justicia social, el bienestar individual y colectivo y la solidaridad humana».

Por cuanto: el artículo 42 de la Constitución proscribe «la discriminación por motivo de raza, color de la piel, sexo, origen nacional, creencias religiosas y cualquier otra lesiva a la dignidad humana».

Por cuanto: el Estado cubano propuso y patrocinó en diciembre de 1998, en la Asamblea General de la Organización de las Naciones Unidas, una resolución titulada «Respeto del derecho a la libertad universal de viajar e importancia de la reunificación de las familias» que fue aprobada por una amplia mayoría de los Estados miembros de la Organización de las Naciones Unidas.

Por cuanto: es necesario promulgar una ley que reconozca y garantice el derecho a la libertad universal de viajar, facilite la reunificación de las familias cubanas dentro del país y supere prácticas discriminatorias contra los cubanos por su condición de cubanos, por ser de una determinada región del país o por sus ideas políticas y religiosas.

Por cuanto: el artículo 70 de la Constitución establece que la Asamblea Nacional del Poder Popular «es el único órgano con potestad [...] legislativa en la República».

Por cuanto: el artículo 75 de la Constitución enumera, entre las atribuciones de la Asamblea Nacional del Poder Popular, «aprobar [...] las leyes».

Por tanto: la Asamblea Nacional del Poder Popular, en uso de las atribuciones que le están conferidas en el artículo 75 inciso b) de la Constitución de la República, adopta la siguiente:

LEY DE REENCUENTRO NACIONAL

Capítulo I: generalidades

Artículo 1.a) Esta ley tiene como finalidad recuperar algunos derechos ciudadanos consagrados por la Constitución de la República, aunque hasta ahora no reconocidos o no respetados en las leyes o en la práctica; alcanzar otros derechos no plasmados, ni tampoco negados en la Constitución, pero proclamados en la Declaración Universal de Derechos Humanos y en otros instrumentos internacionales de protección de los derechos humanos de los que la República de Cuba es signataria.

Artículo 1.b) En consecuencia con el apartado anterior, esta ley facilita el libre contacto y encuentro entre los miembros de las familias cubanas y su reunificación voluntaria en nuestro país, garantiza los derechos a la libre circulación y selección de su lugar de residencia a todos los cubanos dentro de nuestro país, garantiza a los cubanos el derecho de salir libremente de Cuba y el derecho de entrar libremente en Cuba y permanecer, si es su voluntad, disfrutando de todos los derechos reconocidos a los cubanos en la Constitución y las leyes, y reconoce y garantiza los derechos ciudadanos a los cubanos que residen fuera de nuestro país y a sus hijos.

Capítulo II: de la ciudadanía

Artículo 2. Se proclama la condición plena de cubanos de todos los exiliados y emigrados y de sus hijos, y se les restituyen todos los derechos plenos como ciudadanos cubanos, incluido el de regresar y establecerse en su Patria. Las regulaciones que se establezcan serán para facilitar el ejercicio de este derecho de manera rápida, ordenada y segura, y nunca para negar este derecho a ningún cubano.

Artículo 3. Los hijos de los ciudadanos cubanos podrán acogerse a la ciudadanía de sus padres. Para ello solo se requerirá que la soliciten.

Artículo 4.a) Los cubanos que hayan perdido su ciudadanía cubana podrán recuperarla previo trámite de reclamación.

Artículo 4.b) Al ser aprobada esta ley, las instituciones oficiales cubanas establecerán las regulaciones que garantizarán en la práctica las facilidades para que los cubanos relacionados en el apartado anterior de este artículo, y en los artículos 2 y 3 de esta ley, puedan obtener su pasaporte cubano y otros documentos que testifiquen su condición de ciudadanos cubanos en un plazo no mayor a los treinta (30) días a partir de presentada la solicitud por escrito del interesado ante las autoridades consulares o las autoridades dentro de Cuba, mediante familiares o representantes legales. En la solicitud de ciudadanía o pasaporte, solamente será necesario demostrar mediante pasaporte de cualquier país, certificación de nacimiento o declaración jurada, que el solicitante ha nacido en Cuba o que uno de sus progenitores nació en Cuba. Si la persona solicitante es menor de edad, la solicitud deberá hacerla al menos uno de sus progenitores.

Capítulo III: de la igualdad

Artículo 5. Todos los ciudadanos cubanos, hombres y mujeres, residan en Cuba o en el extranjero, de manera temporal o permanente, gozan de todos los derechos ciudadanos consagrados en la Constitución de la República y en las leyes, y están sujetos a iguales deberes.

Artículo 6. Cesa toda práctica discriminatoria contra los ciudadanos por su condición de cubanos. Todos los cubanos podrán disfrutar de todos los hoteles, playas, balnearios, restaurantes y centros de recreación. También podrán utilizar, sin separación, todos los medios de transporte públicos y tendrán acceso libre e igual a Internet, correo electrónico, telefonía básica y celular, televisión satelital y por cable, y otros adelantos tecnológicos. La violación de este artículo será sancionada por la ley.

Artículo 7. Cesa toda práctica discriminatoria contra los ciudadanos por sus opiniones políticas o creencias religiosas. Todos los cubanos tienen derecho a ocupar cualquier puesto de trabajo o cargo según sus capacidades y a cursar estudios universitarios en cualquiera de los centros de educación superior del país. Se elimina la práctica discriminatoria y excluyente de que «la universidad es para los revolucionarios». La violación de este artículo será sancionada por la ley.

Capítulo IV: de la movilidad

Artículo 8. Los cubanos pueden circular libremente por todo el país y establecer su domicilio en la provincia y zona de su elección. Ningún cubano puede ser declarado ilegal en su propio país.

Artículo 9. Se prohíbe el destierro interno. Ningún cubano puede ser excluido de residir, visitar o transitar por alguna provincia o zona del país.

Artículo 10. Se proscribe la categoría de «zona congelada» aplicada a barrios y áreas residenciales privilegiadas exclusivas, restringidas para la mayoría de los cubanos, por constituir una forma de discriminación contra los cubanos en su propio país y una violación de la Constitución y los derechos ciudadanos.

Artículo 11. Todo ciudadano cubano tiene derecho a establecer contrato de trabajo dentro y fuera de Cuba; tanto por entidades estatales como privadas, y a recibir íntegramente el salario convenido como fruto de su trabajo, cumpliendo con los impuestos establecidos por la ley; y a que se le respeten sus derechos laborales.

Artículo 12. Todo ciudadano cubano tiene derecho a viajar al extranjero. Para ello, solo necesitará presentar su pasaporte actualizado en los puertos marítimos o aéreos establecidos legalmente.

Artículo 13. Todo ciudadano cubano tiene derecho a emigrar, sin que esto menoscabe su condición de cubano ni constituya motivo de descalificación o difamación. Se elimina la excluyente y ominosa categoría de «salida definitiva» para los ciudadanos que han emigrado o deseen emigrar. Se respetarán, en todo momento, las propiedades, cuentas bancarias y bienes de los cubanos que emigren a partir de la entrada en vigencia de esta ley, así como sus derechos ciudadanos.

Artículo 14. Ningún cubano que desee emigrar podrá ser castigado, de ninguna forma, por este motivo. Por tanto, no se les pueden imponer obligaciones de trabajo, ni condiciones o plazos de espera, para ejercer su derecho a salir libremente del país.

Artículo 15. Se elimina tanto la obligación de presentar una «carta de invitación», como la de solicitar un permiso de salida del país y una «carta de liberación» o permiso del centro de trabajo para poder salir al exterior, ya sea para viajar temporalmente o para emigrar. Ningún cubano tendrá que realizar trámites migratorios en oficinas oficiales para viajar fuera del país, salvo en los casos de menores de edad para notificar la autorización de sus padres o tutores.

Artículo 16. Cesa toda práctica del Ministerio del Interior de abrir un expediente y una investigación al ciudadano que quiera salir de Cuba.

Artículo 17. Los trámites para viajar al extranjero y para emigrar se cobrarán en pesos cubanos y en un monto acorde al poder adquisitivo de los ciudadanos.

Artículo 18. Todo cubano que resida en el exterior, ya sea de forma temporal o permanente, podrá entrar y permanecer en territorio nacional y salir de él solo con la presentación de su pasaporte o documento legal autorizado. Se elimina la necesidad de obtener una visa o permiso especial para entrar en Cuba a los cubanos que residen en el exterior por cualquier causa.

Artículo 19. Todos los cubanos que residan en el exterior pueden regresar a vivir en Cuba de forma temporal o permanente, según su propia decisión. Para ello deberán formalizar su solicitud de residencia en Cuba una vez que hayan regresado al país.

Artículo 20. Ningún cubano podrá ser expatriado. Tampoco se le podrá prohibir la entrada en territorio de la República de Cuba por vías legales y por los puertos marítimos y aéreos establecidos legalmente. La prohibición de salir del país solo podrá ser ordenada por un juez o tribunal competente, de acuerdo con la ley.

Artículo 21. Se proscribe toda clasificación y práctica discriminatoria contra los cubanos exiliados o que hayan emigrado, o que emigren, por cualquier causa.

CAPÍTULO V: DE LA PROPIEDAD

Artículo 22.a) Todo ciudadano cubano tendrá el legítimo derecho de continuar habitando su casa y nadie podrá despojarlo o privarlo de su propiedad o del inmueble que habita legalmente. Nadie podrá reclamar a ninguna familia, y tampoco al Estado, una vivienda que el gobierno le haya confiscado antes de la entrada en vigor de esta ley y que esté habitada legalmente por otra familia, a la que tampoco podrá reclamársele indemnización.

Artículo 22.b) No se aceptarán ni se procesarán reclamaciones de devolución, indemnización o compensación por casas y otros inmuebles que estén habitados legalmente por individuos o familias y constituyan su vivienda familiar; ni se reconocerán reclamaciones similares de ciudadanos cubanos a través de otros Estados.

Artículo 23.c) Tampoco podrán devolverse a sus antiguos dueños o descendientes, ni privatizarse, propiedades que tengan una función social o en las que estén instalados centros o instituciones, como son, entre otras: escuelas, círculos infantiles, centros educativos, culturales y de promoción social y humana, hospitales, policlínicos, casas del médico de la familia, hogares de ancianos y de maternidad y centros relacionados con la salud, viviendas o comunidades de viviendas, parques, círculos sociales, acueductos, tierras que hayan sido entregadas a campesinos, áreas de playas, campismos y otras áreas naturales de recreación, vías de comunicación, presas, canales, parques naturales, áreas protegidas, terrenos deportivos, cuencas y bahías, manantiales, minas y yacimientos, funerarias, puertos, terminales de ómnibus y ferrocarriles, aeropuertos, áreas de circulación y uso público y cualesquiera otros terrenos, industrias, empresas, instituciones e instalaciones de interés nacional y beneficio colectivo.

DISPOSICIONES FINALES

Primera: la Asamblea Nacional del Poder Popular y los ministerios y demás organismos de la Administración Central del Estado competentes, revisarán y modificarán cuantas disposiciones legales o reglamentarias se vinculen con los derechos reconocidos en la presente ley, y dictarán cuantas medidas y reglamentaciones complementarias sean necesarias para garantizar de manera más eficaz el ejercicio de estos derechos.

Segunda: se derogan cuantas disposiciones legales o reglamentarias se opongan a lo dispuesto en la presente ley, que comenzará a regir a partir de la fecha de su publicación en la *Gaceta Oficial de la República*.

PROGRAMA «TODOS CUBANOS»

El Proyecto Varela sigue siendo una demanda ciudadana en la que se reclaman legalmente los derechos fundamentales. El programa «Todos Cubanos» no niega estos derechos, ni el Proyecto Varela, sino que visualiza el futuro partiendo desde esta situación y ofrece un plan, una nueva base constitucional y un camino detallado para los cambios pacíficos.

Durante cerca de dos años se desarrolló un Diálogo Nacional en el que participaron miles de cubanos que viven dentro y fuera del país ofreciendo sus opiniones y aportes por escrito sobre la realidad que vivimos y los cambios deseados para Cuba.

Ahora, presentamos a la sociedad cubana el programa «Todos Cubanos» (PTC), fruto de ese diálogo, como propuesta, no para cerrar el diálogo, sino para abrirlo haciéndolo más profundo y participativo. He aquí una alternativa pacífica para lograr los cambios que Cuba quiere y necesita.

Iniciaríamos, así, una nueva etapa en nuestra historia legitimada por un referendo en el que los cubanos, protagonistas de su propia historia, haciendo uso de su derecho soberano señalarían, democráticamente, el camino y la meta. Con la participación de todos, sin exclusiones, y con respeto a todos los derechos de todos los cubanos, se realizarían las transformaciones en las estructuras y las instituciones, pero conservando todo lo positivo que ha creado nuestro pueblo en las últimas décadas y durante toda su historia. Cambian las instituciones, pero no para excluir o poner en desventaja a ninguna persona, sino por el bien de todos.

El programa «Todos Cubanos» (PTC) contiene cuatro documentos que forman parte de un sistema:

- Una propuesta de reforma constitucional.
- Una propuesta del plan de cambios titulada Plan Cuba Primero.

- Una propuesta de una nueva ley electoral.
- Una propuesta de una nueva ley de asociaciones.

Si el PTC es aprobado en referendo, entonces entraría en vigor con toda legitimidad, sin ruptura institucional y mediante ese paso de superación que es la institucionalización de todos los derechos en un ambiente de libertad, de reconciliación nacional, de solidaridad y con la participación responsable de todos los ciudadanos. De la ley a la ley. La Constitución quedaría modificada de manera que garantice los derechos humanos, económicos, políticos y sociales para todos los cubanos, y un sistema democrático y pluralista con profundo contenido humanista y social. También se garantizan todos los derechos de los trabajadores, las libertades económicas y los derechos de los cubanos a tener sus propios negocios y empresas privadas, sin que el país derive hacia extremos mercantilistas pero liberando todas las capacidades, la creatividad y la laboriosidad de los cubanos para lograr el bienestar, la justicia social y el desarrollo sostenible.

La independencia nacional, la integridad territorial, la soberanía nacional y popular, el carácter unitario de nuestra República y la libertad de todos los cubanos son afirmados expresamente en este PTC, y todos sus contenidos y su propio espíritu son coherentes con estos principios, inseparables unos de otros, en los que se forjó nuestra Nación.

Una profunda conciencia de la necesidad de proteger el medio ambiente y de educar a la nueva generación en esta responsabilidad, marca cada aspecto de este PTC. El programa «Todos Cubanos» sienta las bases de un humanismo integral con una visión de futuro de una sociedad más justa, más humana y más libre para las nuevas generaciones, para las que también hay que preservar un medio ambiente sano. Todo el proceso de cambios y transformaciones establecidos en el PTC se desarrollará en dos etapas: la preliminar y la constituyente.

La etapa preliminar comienza al ser aprobado el PTC en referendo por el pueblo soberano de Cuba, y tendrá una duración de entre 240 y 270 días. A partir de este momento, comienza la constituyente, que durará entre 810 y 900 jornadas.

En la etapa preliminar se realizan elecciones libres y democráticas para elegir a un nuevo parlamento y al presidente de la República, que gobernarán durante la etapa constituyente. Esta toma su nombre porque en ella se redactará una nueva Constitución para el país.

Durante el periodo preliminar se garantizan legalmente todos los derechos, incluyendo las libertades económicas, y se comienza a reanimar la economía. Se posibilita así la participación de todos los cubanos en la vida económica, cultural y política del país y se preparan las primeras elecciones libres. Al finalizar esta fase, toman posesión de sus cargos el nuevo gobierno y el nuevo parlamento electos en los comicios. Una vez aprobado el PTC en referendo, se crea un grupo de contacto integrado por dos componentes: representantes de la Asamblea Nacional del Poder Popular y del Comité Gestor del referendo sobre el programa «Todos Cubanos», que es el movimiento ciudadano que promueve este referendo.

El grupo de contacto tendrá la misión de coordinar la integración de un nuevo Consejo de Ministros, que gobernaría durante la etapa preliminar, de un nuevo Tribunal Supremo y de la Comisión Electoral Nacional, que regulará todo el proceso electoral que se desarrollará en esta etapa.

El nuevo Consejo de Ministros, que será conocido como Gobierno de Reconciliación y Unidad Nacional (GRUN), tendrá una composición equilibrada entre los propuestos por el Comité Gestor del referendo sobre el PTC de una parte, y los propuestos por la Asamblea Nacional del Poder Popular de la otra, de manera que quedará integrado por un 50% de miembros propuestos por cada uno de estos componentes. El Comité Gestor del referendo hará sus propuestas considerando las opiniones y recomendaciones de los grupos y las organizaciones de derechos humanos y cívicos que pertenecían a la oposición democrática y pacífica antes de ser aprobado el PTC. El Gobierno de Reconciliación y Unidad Nacional (GRUN) y el Tribunal Supremo tomarán posesión veinte días después del referendo, y entonces la Asamblea Nacional de Poder Popular entrará en receso. El GRUN tendrá la misión de garantizar las elecciones libres y los derechos a todos los ciudadanos, y de implementar el Plan Cuba Primero en cumplimiento de la Constitución contenida en el PTC y en sus disposiciones transitorias.

Al comenzar la etapa preliminar, se legalizan las asociaciones de derechos humanos y el Comité Ciudadano de Reconciliación y Diálogo, promovido por el Comité Gestor del referendo, porque cumplen una función inmediata e imprescindible para la aplicación de este PTC desde su inicio y para la defensa de los derechos comprendidos en él.

El Comité Ciudadano de Reconciliación y Diálogo y sus comités locales son organizaciones ciudadanas, encargadas de preservar el proceso de abusos de poder y de desviaciones del PTC, además de ser un instrumento de democracia participativa.

El Plan Cuba Primero dispone que el GRUN nombre comisiones y subcomisiones nacionales que lo auxiliarán en el cumplimento de sus tareas. Estas comisiones serán integradas, de manera equilibrada, por miembros propuestos por los dos componentes del Grupo de Contacto, y tendrán la misión de velar por el cumplimiento del Plan Cuba Primero en cada Ministerio e institución del Estado y en la sociedad, y de implementar este plan.

Con la aprobación del programa «Todos Cubanos» en referendo, se liberan inmediata e incondicionalmente todos los prisioneros y detenidos por motivos políticos pacíficos y de conciencia. Además, se considerarán inmediatamente las reclamaciones por encarcelamientos injustos y abusivos. También queda abolida la pena de muerte. En el Diálogo Nacional se manifestó la disposición y el espíritu de perdón y reconciliación entre los cubanos. El PTC es coherente con este espíritu al garantizar legalmente la participación, el respeto y las oportunidades para todos los cubanos, independientemente de su posición política. La decisión sobre una posible amnistía general y sobre su alcance deberá tomarla toda la sociedad cubana, responsablemente, durante la etapa constituyente, en un ambiente de serenidad, diálogo y democracia. Será punible cualquier acción de revancha o de venganza y cualquier acto o declaración que incite al enfrentamiento entre los cubanos o a la agresión contra otros por sus actuaciones en la etapa anterior a la aprobación del PTC o por cualquier otra causa. No se permitirá el uso de los medios de difusión para proferir ofensas o atentar contra el decoro de otras personas.

El PTC devuelve la voz al pueblo y establece un Estado de Derecho con tribunales independientes. Todos los ciudadanos tendrán derecho a formar partidos políticos, inclusive los comunistas, en igualdad de derechos, sin ventajas de unos sobre otros y sin privilegios para ningún grupo o corriente ideológica. Por eso se disuelven el actual Partido Comunista de Cuba y la Unión de Jóvenes Comunistas, pero los comunistas no son excluidos y pueden participar con todos los derechos, aunque no tendrán privilegios ante la ley. La Constitución aprobada con el PTC proclama que la soberanía reside en el pueblo, por lo que la facultad atribuida hasta ahora al Partido Comunista de ser órgano rector de la sociedad y otros poderes exclusivos que posee ahora violan los derechos ciudadanos y son incompatibles con la soberanía popular y con la nueva propuesta de Constitución. No podrán formarse partidos políticos en base a raza, sexo o clase, ni que en sus programas o en la práctica nieguen el derecho de otros ciudadanos a formar partidos y organizaciones políticas diferentes, ni que nieguen cualquiera de los derechos humanos universalmente reconocidos o los establecidos en el PTC, ni que atenten contra la democracia, el carácter unitario de nuestra República o la integridad territorial, la independencia y la soberanía nacional y popular.

Todos los miembros de los cuerpos armados prestarán juramento de fidelidad a la Patria y a su carácter irrenunciable de Nación soberana, independiente, unitaria, democrática y libre; al pueblo soberano y al PTC aprobado en referendo por el pueblo cubano. Este juramento contiene también el compromiso de obedecer a la autoridad civil, respetar y proteger el proceso de elecciones libres y democráticas definido en este programa, y acatar sus resultados. En la etapa preliminar se implementará un proceso de diálogo en el que participarán los mandos y soldados de todos los cuerpos armados, el Comité Ciudadano de Reconciliación y Diálogo y sus comités locales. De él saldrán las recomendaciones pertinentes para la realización de las transformaciones de los cuerpos armados, que serán dirigidas por el Consejo de Ministros constituido en la etapa constituyente. Los ciudadanos militares no podrán ocupar cargos elegibles o de gobierno, ni ser jueces civiles. Para que un ciudadano pueda presentarse a las elecciones u ocupar cargo de ministro tendrá que dejar su condición de militar.

El PTC garantiza que ninguna familia, ni ningún ciudadano perderá la propiedad de su casa ni podrá ser desalojado de la que habita en ningún caso. Se eliminarán todas las restricciones y controles abusivos y violatorios de las libertades fundamentales que paralizan el desarrollo de la vivienda e impiden la solución de este dramático problema que sufren muchas familias cubanas. Se redactará una nueva ley de la vivienda que potenciará todas las capacidades del Estado, de la sociedad y de las familias para superar las carencias y limitaciones en este campo, y eliminará las despóticas categorías de «zonas congeladas».

La Salud Pública y la Educación continuarán siendo gratuitas, así como todos los servicios públicos que hasta ahora son gratuitos. No se privatizarán hospitales, ni ningún centro o institución dedicado a la salud, ni escuelas, universidades o centros dedicados a la educación.

Se modificarán los planes de enseñanza de manera que se libere de condicionamientos políticos e ideológicos el sistema de educación en Cuba para que este eduque en la libertad, el respeto y el ejercicio de todos los derechos humanos consagrados en este PTC, en la solidaridad, la responsabilidad ciudadana, la tolerancia y el respeto mutuo. El Estado garantizará la educación laica armonizándola con el derecho de los creyentes que lo deseen a que sus hijos sean educados en la fe religiosa que profesan.

Los medios de difusión del Estado no serán privatizados. Se reconoce el derecho de los ciudadanos, empresas, sociedades, partidos políticos, instituciones, iglesias y organizaciones sociales y políticas a fundar nuevos medios masivos de difusión, sean periódicos, revistas, emisoras de radio y televisión, redes de Internet y otras. Pero durante las elecciones se prohíben los anuncios pagados para promover candidatos.

Se reconoce el derecho de entrada y salida del país para todos los cubanos; se elimina la ominosa categoría de «salida definitiva» para los que han salido o deseen salir del país, y se respetan las propiedades de los que emigren a partir de este momento. Se proclama la condición plena de cubanos de todos los exiliados y de sus hijos, y se les restituyen todos los derechos plenos como ciudadanos cubanos. Todos los cubanos exiliados tienen derecho a entrar libremente en su país y a regresar para vivir en Cuba, si lo desean. El GRUN dispondrá las medidas legales para facilitar el ejercicio de estos derechos de manera ordenada y gradual.

Ninguna empresa, instalación, terreno, bien mueble o inmueble de propiedad estatal, aunque tenga estatus privado, será privatizado durante la etapa preliminar. El Consejo de Ministros en la etapa constituyente, atendiendo al interés nacional y al bien común, tomará las decisiones sobre las transformaciones de la propiedad. Los sectores estratégicos, como la industria básica y la energética, no serán privatizados. No puede haber privatización mientras no se haya institucionalizado el derecho. Solo así se evitará la corrupción, la piñata y la repartición de los recursos del país contra los intereses de la mayoría.

El Plan Cuba Primero, desde el primer momento de su aplicación, garantiza el derecho de los cubanos a formar empresas privadas, instituir negocios, comerciar dentro del país y con el exterior. El PTC garantiza el derecho de los trabajadores a la libre contratación velando por el respeto a todos sus derechos, incluyendo el derecho a formar sindicatos libremente y el derecho a la huelga.

Se realizará una reforma monetaria que devolverá el valor liberatorio a la moneda nacional, fortalecerá el poder adquisitivo de los cubanos y dotará a la Nación de una moneda única con auténtico valor de cambio que permitirá que Cuba, y todos los cubanos sin exclusiones, puedan participar en la vida económica nacional e internacional. La reforma monetaria se realizará como parte armónica de todas las transformaciones socioeconómicas que se producirán en el país, por lo que deberá corresponder al espíritu humanista y al contenido de justicia social y de equilibrio del PTC para lograr la revitalización real de la economía cubana.

Se realizará también una reforma agraria que tendrá como principio fundamental la entrega de la tierra en propiedad, en sus diversas formas, a quienes la trabajen o la hagan producir en beneficio nacional y de los propietarios. En este proceso se considerarán tanto los criterios de los expertos sobre lo más conveniente para el país como los criterios y los intereses de las familias y las comunidades en los entornos específicos donde se aplique la misma. La entrega de tierras se hará siempre a partir de las propiedades estatales, respetándose las propiedades individuales y de las cooperativas de los pequeños agricultores, de manera que ninguna familia o comunidad sea despojada de la tierra que trabaja en propiedad o usufructo, ni de la vivienda que habite, cualesquiera sean los terrenos en los que esta vivienda se encuentre. Así, la reforma agraria se realizará para garantizar el bien común y la promoción en el crecimiento económico y humano de los sectores rurales en el sentido más amplio y profundo, priorizándose a aquéllos que siempre trabajaron en el campo y deseen incorporarse al desarrollo rural.

La nueva ley electoral tendrá vigencia solamente para las elecciones que se celebrarán en la etapa preliminar. La democracia representativa y la participativa no son excluyentes sino que se refuerzan y enriquecen. Los ciudadanos nominarán, directamente o a través de movimientos electorales, a los candidatos a los distintos cargos elegibles y señalarán, mediante voto directo y secreto, tanto a los delegados a las asambleas municipales y provinciales, como a los diputados a la Asamblea Nacional del Pueblo de Cuba, y al presidente y vicepresidente de la República. Los ciudadanos tienen derecho a asociarse legalmente para formar movimientos electorales con el fin de promover candidaturas, para los diferentes cargos elegibles, de ciudadanos que se identifican con sus principios. El Parlamento elegido en las elecciones celebradas en la etapa preliminar se denominará Asamblea Nacional del Pueblo de Cuba y tendrá, además de la facultad legislativa, la misión de redactar una nueva Constitución que será sometida a referendo. Esta Constitución será la que regirá en el país cuando expire el plazo de vigencia del programa «Todos Cubanos».

El Plan Cuba Primero en su etapa preliminar, al institucionalizar los derechos, introduce inmediatamente a los ciudadanos en la participación en la vida política, cultural y económica del país y les dota de instrumentos democráticos y participativos para controlar todo el proceso. Este periodo termina con las elecciones para la Asamblea Nacional del Pueblo de Cuba y para presidente de la República. Aquí comienza la etapa constituyente, donde el gobierno elegido democráticamente profundiza en los cambios definidos por el programa «Todos Cubanos».

Las transformaciones de este PTC son constructivas e incluyentes, están orientadas hacia el bien común, garantizan los derechos individuales y siembran la reconciliación y el ambiente de tolerancia, respeto y fraternidad entre todos los cubanos. Los profundos contenidos humanistas y sociales del programa son inseparables de la democracia y la libertad que defiende. Esto puede ser considerado como utópico, pero si analizamos la historia, inclusive la más reciente, descubriremos que el programa «Todos Cubanos», precisamente por esa coherencia, es más realista, ya que solo en el ejercicio de todos los derechos puede un pueblo lograr el desarrollo integral, y solo construyendo la justicia social la democracia es verdadera.

Solidaridad con Cuba significa apoyar lo que los cubanos quieren y necesitan. Eso es lo que se expresa en este programa. Por tanto, solidaridad con Cuba significa apoyar el derecho de los cubanos a ser consultados en un referendo para que ellos decidan su futuro.

Los cubanos, lejos de renunciar a este sueño, están despertando para realizarlo.

NI SOCIALISMO IRREVOCABLE NI CADENA PERPETUA

EL 27 de junio del año 2002 el pueblo de Cuba amanecía ultrajado. El día antes, por turno, uno por uno, todos los diputados de la Asamblea Nacional del Poder Popular habían gritado obedientemente ante Fidel Castro: «Acepto».

De esa manera despojaban al pueblo de Cuba, en la letra de la Constitución, de su derecho soberano a cambiar y escoger su sistema político, social y económico. Creyeron que declarando «irrevocable» el sistema totalitario podían anular la voluntad y los sueños de un pueblo entero.

Detrás de esa sentencia a vivir eternamente sin libertad, estaba el miedo del Gobierno al grito de liberación que miles de cubanos comenzaron a dar apoyando valientemente el Proyecto Varela. Este proyecto había sido presentado en las oficinas de la Asamblea Nacional del Poder Popular el día 10 de mayo del 2002, con el apoyo de 11.020 firmas de ciudadanos cubanos residentes en Cuba y desde entonces es signo de liberación que sigue siendo apoyado y firmado por muchos cubanos.

Semanas después, en junio del año 2002, el Gobierno de Fidel Castro paralizó a Cuba y suspendió las clases en las escuelas y los trabajos en todo el país durante varios días. Así y con gran despliegue represivo y mediático, facilitaba la intimidación contra millones de ciudadanos para que firmaran una supuesta petición de cambio en la Constitución. De esta manera el régimen pretendía dejar sin base legal al Proyecto Varela. Al final «el cambio en la Constitución» consistió en una condena a cadena perpetua contra el pueblo de Cuba.

Todos lo supieron y todos lo saben. Cuando los cubanos demostraron que podían perder el miedo, el régimen comenzó a temblar, porque ese socialismo irrevocable, que no es otra cosa que la tiranía absoluta, solo puede sostenerse con el miedo de la gente y negando los derechos y la libertad al pueblo.

Pero ya el pueblo sabe, y esperamos que los que gobiernan también sepan, que esa sentencia a cadena perpetua no se cumplirá. El pueblo quiere otra vida, quiere cambios pacíficos, quiere la democracia y la logrará. El Proyecto Varela despertó la esperanza y abrió un camino que ya la opresión no puede volver a cerrar. Ese es el camino del pueblo hacia la libertad.

Oswaldo José Payá Sardiñas
Movimiento Cristiano Liberación
La Habana, Cuba, 27 de junio de 2012

ÍNDICE

CPSIA information can be obtained
at www.ICGtesting.com
Printed in the USA
LVHW112303011118
595707LV00001B/126/P

9 781948 517065

Biotechnology: The Biological Principles

BOOK LOAN

Please RETURN or RENEW it no later
than the last date shown below

The Biotechnology Series

This series is designed to give undergraduates, graduates and practising scientists access to the many related disciplines in this fast developing area. It provides understanding both of the basic principles and of the industrial applications of biotechnology. By covering individual subjects in separate volumes a thorough and straightforward introduction to each field is provided for people of differing backgrounds.

Titles in the Series

Biotechnology: The Biological Principles M.D. Trevan, S. Boffey, K.H. Goulding and P. Stanbury
Fermentation Kinetics and Modelling: C.G. Sinclair and B. Kristiansen (Ed. J.D. Bu'lock)
Enzyme Technology: P. Gacesa and J. Hubble

Upcoming Titles

Monoclonal Antibodies   Animal Cell Products
Biosensors   Chemical Engineering for Biotechnology
Industrial Fermentation   Waste Treatment
Plant Cell and Tissue Culture Bioreactors

Overall Series Editor

Professor J.F. Kennedy   *Birmingham University, England*

Series Editors

Professor J.A. Bryant   *Exeter University, England*
Dr R.N. Greenshields   *Biotechnology Centre, Wales*
Dr C.H. Self   *Hammersmith Hospital, London, England*

The Institute of Biology *IOB*

This series has been editorially approved by the **Institute of Biology** *in London. The Institute is the professional body representing biologists in the UK. It sets standards, promotes education and training, conducts examinations, organizes local and national meetings, and publishes the journals* **Biologist** *and* **Journal of Biological Education**.

For details about Institute membership write to: Institute of Biology, 20 Queensberry Place, London SW7 2DZ.